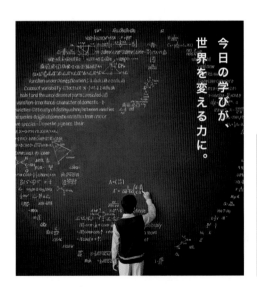

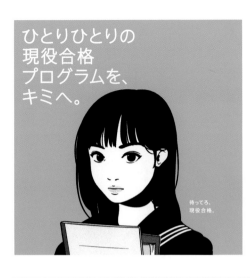

東大スクラッチブック

この度は『東大2022　東大スクラッチブック』をお手に取っていただきありがとうございます！

「『スクラッチブック』とは何だろう？」と思う読者の方も多いかもしれません。「スクラッチ」とは「スクラッチアート」から来ています。黒い面を削る（スクラッチする）と、下に隠れていた数々の色彩が現れるスクラッチアート。削り手次第で、同じ紙から全く違うカラフルなアートが誕生します。この本は、さまざまな人が東大で描いた「スクラッチアート」を集めた「スクラッチブック」です。

新型コロナウイルスの流行は、さまざまな場所に変化をもたらし

『進撃の巨人』編集者
川窪慎太郎さん

ドキュメンタリーディレクター
信友直子さん

©萩庭桂太

ました。大学もその一つです。授業のオンライン化、課外活動や行事の制限、キャンパスへの入構規制、留学の中止……。多くの現役東大生にとって、大学生活は受験生時代に思い描いていたものとは違う形になりました。東大に限らず、友人となかなか会えない孤独やキャンパスライフの喪失など、現在の大学生活のマイナスな面が世間でも多く取り上げられています。受験生である読者の皆さんの中にも、大学生活への憧れが、勉強をするモチベーションが、薄れてしまった人がいるのではないでしょうか。

多くの人は、現在の大学生活を削る前のスクラッチアートのように「真っ黒」と例えるかもしれません。しかし「真っ黒」に見える

写真提供:国際交流基金(JF)

国際交流基金理事長
梅本和義さん

ウクレレサークル
創設者
早川健太さん

アメフト部の
敏腕スタッフ
岸さとみさん

角川俳句賞を
史上最年少で受賞
岩田奎さん

状況下でも、削り出せば多くの楽しい出会いが東大にはあります。制限を加えられた環境の中でも、東大生はそれぞれ自分なりの「スクラッチアート」を削り出しています。そのような「スクラッチアート」や、東大で自分なりの「スクラッチアート」を削るヒントを、本書では集めてみました。

さまざまな思いを込めて作り上げてきた『東大２０２２』。皆さんがいつか東大で自分の「スクラッチアート」を描く一助になれば幸いです。

『東大２０２２』編集長
米原有里

東大のジェンダー
平等を目指す
川瀧紗英子さん

休学し、島根県で
教育ボランティア
宇都星奈さん

難民２世の学習を
支える
持田勘多さん

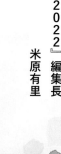

『進撃の巨人』編集者
人生で一番漫画を読んだ東大時代

漫画編集者 **川窪慎太郎**さん

05年東大経済学部卒、06年講談社に入社。
週刊少年マガジン編集部で漫画編集者として活躍する。
担当作は『進撃の巨人』『五等分の花嫁』『ふらいんぐうぃっち』など。

中学に入学した当初は、成績は学年で下から3番目。
「イケてない」中高時代だったが成績を上げ東大に進学し、
留年というハプニングがありながらも、
卒業後は講談社に入社。漫画編集者として活躍し、
担当作の『進撃の巨人』は爆発的大ヒットとなった。
そんな川窪慎太郎さんに、
学生時代の思い出や仕事の流儀について聞いた。

学年底辺から東大へ

――幼少期はどのように過ごされましたか

小学生の頃から漫画が大好きで、漫画の立ち読みばかりしていましたね。僕の帰りが遅いと、母が「慎太郎はどこかで立ち読みしてるんじゃないか」と通学路にあるコンビニまで探しに来るような子どもでした。

すごく好きだったのは『シュート！』と言うサッカー漫画です。実は、現在所属している週刊少年マガジン編集部の作品なのですが、当時はもちろん出版社などは気にしていませんでした。後はやっぱり『ドラゴンボール』ですね。これは今でいう『鬼滅の刃』のような、当時の小中学生なら一度はハマったであろう作品で、僕も当然のように好きでした。

――東大を目指した経緯を教えてください

通っていた私立の小学校が中学以降は女子校になるため、必然的に中学受験をしました。席順が成績で決まるほど、勉強に力を入れている小学校だったので、環境や親に流されるまま、中高一貫の進学校に入学しました。

それからの中高6年間はなかなかつらかったです。中学は部活が必須だったので、軟式野球部に所属していたのですが、キャッチボールのペアを探す際に、自分から声をかけられず、靴ひもを結ぶふりしてその場をやり過ごしたり（笑）。それくらい引っ込み思案だったので、友達もできず、学校になじめませんでした。深夜ラジオの「オールナイトニッポン」や「Ｊｕｎｋ」を夜中に録音して聞いているような、いわゆる「イケてない」中高生でした。

成績は、入学して最初のテストで学年２２５人中２２３位だったんですよ。ただ進学校だったこともあって、高２くらいから周囲に流されて勉強するうちに、成績が上がり始めました。勉強はつらかったですが、努力すれば少しずつ順位が上がっていくのがやりがいになって、難関校を狙えるくらいまで学力がつきました。同級生の多くが早慶に進学する環境の中、友達がいなかった僕は「あいつらと違う大学に

東大で「大学デビュー」

行きたい」と、東大を目指しました。文Ⅱを選んだのも、明確な理由があったわけではなく「就活で有利そう」というなんとなくの印象でした。

――どのような大学生活を過ごしましたか

「中高の失敗は繰り返さない」という思いがあったので「このクラスで一番楽しそうなやつらに声をかける!」と決め、顔合わせに臨みました。心臓がバクバクしているのを感じながら「ここさえ頑張れば」と盛り上がっている集団に声をかけたら、上手くなじめて。クラスの友人と一緒に、チャラいスノーボードのサークルに入り「大学デビュー」しました(笑)。それからはいわゆる「普通の大学生」らしい生活を送っていましたね。午前中を駒場の駅前のマックで過ごして、3限の授業に出ようとしたら友人に「えー行くの?」と引き止められて、結局出ないでそのまま遊びに行ったり(笑)。

当時の東大の「遊ぶ」サークルは、男子は東大生、女子は他の女子大の学生限定のものばかりでした。男女とも東大生の「遊ぶ」サークルがないのも変だとサンバサークルという建前の「バサー」を作り、仲間内で楽しんでいました。後輩が入学してくる頃には既に仲良くなっていて、新しいメンバーを入れる必要もないか、と新歓をせず一代で終わってしまいましたが。

経済学部に進学したのも、文Ⅱから進学しやすかったというだけで、3年次からは、ほとんど大学に行ってないですね。付き合っていた彼女と一緒にBOOKOFFで漫画を立ち読みした

留年し2度目の就活

り、漫画喫茶に行ったり。当時読んだ『海皇紀』や『HUNTER×HUNTER』は、今でも自分の中で一番印象に残っている作品です。

――なぜ漫画編集者を目指したのですか

明確にやりたい仕事はなかったものの、転勤したくない、スーツを着て満員電車に乗るのだけは嫌だ、と思っていました。後は、どうせなら自分の好きなもの、漫画や小説を仕事にしたいという思いもありました。それら全てがそろっていたのが出版社でした。

実は4年次に留年していて。4年次秋の時点で、あと34単位取得しないと卒業できない状態だったんです。過去の「不可」の成績を教員に掛け合って「可」にしてもらったり、全然知らない先生に「卒論を書くので単位もらえませんか」とお願いしたりもしました。なんとか34単位をかき集め、先生方からは卒業しても良いと言われたものの、東大の事務は認めてくれず。結局2単位足りずに留年となりました。

僕自身は秋に34単位足りないと分かった時点で、留年の可能性を考えて、もう一度就活を始めていました。今勤めている講談社からは、既に内定をもらっていたのですが「留年するなら内定の持ち越しはできない」と言われ、一から受け直しました。ペーパテストの試験監督をしている内定同期から「川窪くん、頑張って」とか言われながら（笑）。最終面接の時、社長は当然僕のことを知っていて「川窪はもういいだろ」と笑いながら、2度目の

内定をくれました。

――漫画編集者としてどのようなお仕事をされていますか

漫画編集者の仕事は大きく分けて二つあります。一つは連載作の担当です。打ち合わせや、完成した原稿の入稿作業、宣伝の仕方を考えたりと、作品に関するさまざまな業務をします。

もう一つは、新人作家さんと一緒に連載を目指す仕事です。漫画賞への応募や持ち込みがきっかけで担当編集者になったり、時には僕たちが漫画の専門学校に行って新人発掘を行うこともあります。編集者がアドバイスしながら連載を目指すのですが、短くても連載まで3年以上かかるのが普通です。

作品に「作家の声」が見えるか

編集者の中には自分の中でやりたいことが明確にあって、ストーリーや設定を考える人もいます。僕はそのタイプではなく、打ち合わせでは作家が表現したいものを引き出すことを理想としています。企画の立ち上げ時には「なぜこの漫画をやりたいと思ったのか」「この漫画を通じて何を表現したいのか」をまず知ろうとしますね。どちらかというと漫画の中身よりも、中心に何があるのかの方が先です。一度企画を始めると4、5年と長い期間取り組むことになるので、作品の中心にあるのが大したものじゃないなら、やらない方が良いと思っています。編集者として漫画を読むときは、その作品の裏側に「作家の声」が見えるかを大事にしていますね。

とはいえ「なぜやりたいの」とストレートに聞いても、明確に答えられる人は少ないですし、答えをひねり出そうとして適当なことを言ってしまう場合もあります。そのため直接的な質問は避け、自分が一番聞きたいことの二つ隣の質問をするようにしています。例えばサッカー漫画をやりたい作家さんがいたら「どういう漫画なの?」「主人公は?」と質問をする前に「いつからやりたいと思ってたの」「なんで今この話しようと思ったの」というような質問をたくさんして、作家の考えている事を探るといったふうに。

他にも打ち合わせでは、作家に対する違和感を感じ取るセンサーを効かせ

入社1年目で出会った『進撃の巨人』

© 諫山創 / 講談社

るようにしています。私生活でも「なんで?」と気になることが多いタイプなのですが、打ち合わせでは意識的に多くの「はてな」を持つようにしています。言いたいことを表現できる人ばかりではないので、作家が出すサインを見逃さないよう心掛けていますね。

――大ヒットした担当作『進撃の巨人』についてお聞かせください

僕が講談社に入社して1年目の7月ごろに、漫画の専門学校の集団持ち込みがあったんです。僕が見た持ち込みの中の一つが『進撃の巨人』でした。当時19歳だった諫山さんに、その場で名刺を渡して「よろしくお願いします」と。それが「担当として一緒にやっていきましょう」という合図なんです。諫山さんは当時のことを「エレベーターでけだるそうにしている人がいるな、と思っていたら持ち込みの時にその人が出てきて、後に担当になる川窪さんだった」と話しているみたいです(笑)。

その後2年くらい絵の練習をしてもらいながら、3作品を賞に出しました。そのうちの一つが良い賞を取ったタイミングで、ちょうど『別冊少年マガジン』が創刊されることが決まったんです。新人の作品もいくつか連載を始める、とのことだったので、編集部内で行われた連載作を決めるコンペに『進撃の巨人』を提出しました。それで連載が決まった感じですね。

作品の宣伝の仕方を考えるのも担当編集の仕事なので、この11年いろいろなイベントを行ってきました。例えば２０１４年には、ビルの壁にプロジェクションマッピングで「巨人」を出現させました。「60メートルの巨人」が、どうやったらリアルに伝わるかを考えたときに、実寸大の「巨人」を作るの

『進撃の巨人』ともがいた10年間

が一番だろうと。講談社のビルから垂れ幕を下ろすなども考えたのですが、友人からのアドバイスで、当時盛り上がりつつあったプロジェクションマッピングを採用しました。

　他にも実物大のジオラマを作れたら面白いと「進撃の巨人展」を企画しました。1分の1スケールのジオラマはさすがに無理でしたが、原画を並べるだけじゃない『進撃の巨人』らしい「体感型展覧会」になりました。

――2021年4月で11年間の連載に幕が下りました。今のお気持ちはいかがですか

　正直いうと「終わった」感じはしていないです。まだ最終巻も発売されて

© 諫山創 / 講談社

いないですし（注：取材当時）、2022年のタイアップの話が来ていたりするので「来年も再来年もまだ『進撃』の仕事やってるんだな」と。

けど……。流石にちょっと燃え尽きた感じはありますね（笑）。この11年間は毎日『進撃』の事を考えていたので……。打ち合わせがある日もない日も、外にいる時も家にいる時も、移動中も。作者の諫山さんの次くらいには『進撃』について考えていたと思います。僕の年齢的にも、こんなにあくせく働いて、見えない未来に向かってでもがく10年間は、もうないだろうなと。

――漫画編集者として大切にしていることを教えてください

「誰に対しても恥ずかしくない仕事をする」

「恥ずかしくない仕事をする」ですかね。担当した漫画に対して部数や雑誌内での順位が出たりしますが、そうした結果が作品の良し悪しを決めるわけではないと思っているのであまり気にしません。それよりも作品を作る過程において、作家、同僚、読者や家族など、誰に対しても恥ずかしくない仕事をしたかを一番大事にしています。簡単に言えば、打ち合わせで手を抜かなかったかや家にいる時にどれくらい漫画の事を考えたかなど。

自分の関わった漫画を読んで学んだり傷ついたりする人がいる仕事なので、その人たちに対してちゃんとしたものを提示できたかという尺度を持つようにしています。くだらないギャグだったり、少しエッチな漫画もありますが、それを見た人に「くだらない仕事してんな」と言われても「誰にでも見せられるものしか作ってない」と返せるような仕事を心掛けています。

——最後に、東大を目指す受験生へのメッセージをお願いします

今まで生きてきて、学んだ大切なことの一つに「大抵のことは終わってみたら良い思い出になる」ということがあります。人の死や誰かを傷つけてしまったことなどは当てはまりませんが、それ以外の大抵のことは良い思い出になります。僕だったら中高6年間友達がいなかったことや、毎日学校に行きたくなかったこと、大学で留年したこともそうです。だからこそ、未来への不安や今嫌だと思っていることを恐れる必要はありません。東大に落ちても、それもいつか良い思い出になるはずです。東大に落ちたからといって人生終わるわけではないし、受かったからといって何になるわけでもない。それよりも、いつ会えなくなるか分からない家族や友人といったことに、真摯に向き合うことの方が、僕は大事だと思います。いずれにせよ今すべきは、恐れも不安も消えないけれど、できる限りの努力をすること。それだけだと思います。

東大生が描くスクラッチアート

前編

東大生にはどのような人がいて、
新型コロナウイルスの流行で制限が加わる中、
どのように活動を続けているのだろうか。
ここでは東大の内外で活躍する東大生を紹介する。
描かれる「スクラッチアート」をみてみよう。

俳句をアートとして扱いたい

岩田奎（いわた・けい）さん
文学部・4年

東大を受験したのは何となく。「周りに東大を受ける人が多かったからという消極的な理由です」と語る岩田さんだが、一時期は特に関心の強かった芸術系の大学に行くことも考えたという。しかし芸術以外にもいろいろ関心があったことと、深く狭いだけでなく広くもありたい、という思いから東大文Ⅲへの進学を決めた。

前期教養課程では「駒場すずかんゼミナール『学藝饗宴』（通称すずかんゼミ）」、「読み破る政治学―多読・精読・乱読ゼミ―（通称牧原ゼミ）」などいくつかのゼミに所属し意欲的に取り組んだ。ゼミを通じて多様なバックグラウンドや専門分野を持つ人と知り合ったことで、自分の世界を広げることができたと語る。東大に入って一番良かったことも「いろんな人と出会えたこと」。受験生に対しても「東大に

来たから出会える人が必ずいるはずです。多分、一生の友人も見つけられますよ」とエールを送る。

進学選択にとらわれるな

「世界文学という広い枠組みの中で俳句について考えたい」という思いから、進学選択では文学部人文学科現代文芸論専修へ。しかし東大を選んだ理由の一つが「決断の先延ばし」だった岩田さんにとって、専門を決める進学選択はプレッシャーだったという。決断への大きな不安から後期課程の情報収集に尽力したが、その結果たどり着いた結論は「進学選択って、そんなに一大事じゃないな」。進学選択を一大事として捉えると、良い成績を取ることが最も大事になってしまう。そのために履修を制限したり学業以外のことを諦めたりする方が、よほど損だと思った。だから進学選択のことは考え過ぎず、伸び伸びと駒場の2年間を過ごす方がいい。「進学先は、進学選択時の何となくの興味で選べば良いんじゃないかな」と今では思っているそうだ。充実した駒場時代を送った岩田さんらしいアドバイスだ。

東大卒業後は民間企業に就職の予定だ。広告など何かを作る仕事をしたいと語る。院進も考えたが、ゆっくり時間を取って俳句を突き詰めるよりも、生活や労働の中で何を作れるか考えたいと思って就職を選んだ。東大での生活も残りわずかだが、東大でやり残したことは「特に残っていないです」とすがすがしい表情。昨年、在学中での受賞を目指していた角川俳句賞を受賞したことで「一つのメルクマールは達成した」気持ちだという。

開成高校に入学後「何か面白そう」と思って俳句部に入った。高2、高3の時は高校生向けの俳句コンクール「俳句甲子園」に出場。高3ではチームとして優勝しただけでなく、個人としても最優秀賞に選ばれた。他にも多くの輝かしい実績を持つ岩田さんだが、最も自信があるのは俳句を作る速度だという。「野球でたくさん打席に立たないと打率が上がらないように、俳句もたくさん作らないと良い句は生

作品に「思いは込めない」

まれない」という考えからだ。元々作る速度は速かったが、俳人の波多野爽波が提唱した「俳句スポーツ説」が、スピード感を大事にすることへの裏付けになっているという。

俳句の面白いところは「短いところ」。作る上でも面白く、見る上でも「こんなに短い鑑賞体験はなかなかない」と語る。しかし難しいのもまた「短いところ」。五七五の短さの中に自我が表出すると陳腐なものになってしまうため「己を虚しくすること」が要求される。表現したいことはさまざまあるが、作品自体に思いを込めることはないという。「伝えたいことなど何もない。でも表現したいことは山ほどあるのだ」。劇作家の平田オリザ氏の言葉が、自らの俳句に対する考え方に近いと語る。

新型コロナウイルスの流行によって最も困ったのは、句会ができなくなったこと。自分の作った句の良し悪しを見極めるためには、句会で他者からの評価を受けることが必要不可欠だからだ。そこで岩田さんは、高校からの同期で同人誌仲間の2人とＺｏｏｍをつなぎ、オンライン上で句会を行なった。1回の集まりは3時間。そのうち作る時間が1時間、互いの良い句を選ぶ時間が30分、評論し合う時間が1時間半だ。Ｚｏｏｍ上の句会では「ひたすらたくさん作りました」と当時を振り返る。その狙いは「多作多捨」。とにかくたくさん作れば、その中から良い句が一握り残ると考えた。集まりを何回か繰り返したことで、4月から5月にかけてある程度の数の句ができたため、それらをまとめて第66回角川俳句賞に応募。同年8月に史上最年少での受賞となり、見事ピンチをチャンスに変えた。岩田さん自身も「角川俳句

賞は、コロナがなかったら取っていなかったと思います」と語る。受賞の鍵となったオンラインでの句会は、今でも頻繁に続いているそうだ。

俳句×演劇、俳句×ラップ

創作活動以外に、高校生を対象とする俳句賞「25」の実行委員も務める岩田さん。この活動も、新型コロナウイルスの流行によって大きな影響を受けた。ちょうど岩田さんが委員長になる頃にコロナ禍が直撃し、公開選考会や各種の調整をオンラインに切り替えるなど対応に追われた。しかし対面でのイベントの場合、参加者は主に関東に限られてしまうが、オンラインイベントになったことで前よりも全国から高校生が参加しやすくなった。「地域間格差解消の一助となったのでは」とコロナ禍での活動をポジティブに捉える。

今後の創作活動については「角川俳句賞の最年少受賞によって幸運にも注目していただいているので、これからも多くの作品を作って雑誌などに発表していきたい」と語る。また「俳句をアートという枠組みの中で相対化して扱いたい」という思いから、他のアート分野とのコラボレーションにも意欲を見せる。実際に角川俳句賞受賞後は、演劇と俳句、ラップと俳句のコラボレーションなど、他の分野の人との活動も積極的に行っている。前者については実際に東京都三鷹市の劇場で上演し、後者についてもインディーズで楽曲を発表した。従来の俳句のイメージを大きく塗り替える岩田さんの活動は、俳句になじみのない多くの人の心を引きつけることだろう。

岩田さんがインディーズで発表した楽曲、しあ & masunoji『HAITEKU（feat. 岩田奎）』MV の一場面（岩田さん提供）

「がんばってね」と声をかけてもらえるチームを

岸さとみ（きし・さとみ）さん
文学部・3年

アメフト部で広報担当として活躍する岸さん。しかし入学前はアメフト部の存在も知らなかったという。アメフト部に入るきっかけの一つは言葉で発信することへの関心だった。

「言葉に関わる勉強や仕事がしたい」。小さい頃から読書が大好きだった岸さんがそう強く思ったのは、高校時代、辞書編集者の仕事を描いた小説『舟を編む』を読んだときだったという。まずは大学で言語学か文学を勉強しようと思い始めた頃、高校の友人が東大を志望校にすると言った。都内の進学校に通っていたが、それでも「東大は雲の上の存在でした」。友人が目指す姿に「私でも行けるのかな」と思うように。高2の夏、東大のオープンキャンパスで文学部の模擬授業や研究室見学を体験し「本がいっぱいあって良い環

境だな」と印象深く、東大を第1志望に据えた。「東大でなければ絶対駄目だとは思わなかった」と言うが、勉強を重ね、文Ⅲに入学した。

言葉にこだわって

東大入学直後、部活やサークルがテントを立てて新入生を勧誘する「テント列」で、存在も知らなかったというアメフト部に「絡まれた」。元々スポーツ観戦が趣味で、目標に向かってチームで支え合う姿に感動をもらっていたといい、自分も感動を与えられる側にとアメフト部のスタッフになることを決めた。言葉を使って発信できることに魅力を感じ、広報にあたる「マーケティング」部門に所属。マーケティング部門は当時できたばかり、チームも関東学生アメフトで最上位リーグに当たるＴＯＰ８に初めて昇格した直後だった。

入部直後からチームの盛り上がりに向け、岸さんはじめマーケティング部門は試合集客に奔走した。「多くのお客さんに会場で応援してもらえることが選手の力になって、日本一という目標につながるという思いがありました」。５戦５敗という最上位リーグの厳しさを感じる中で迎えた２０１９年の秋季最終戦、横浜スタジアムには東大側として過去最多、８００人近い観客が集まった。東大は序盤からのリードを守り、ＴＯＰ８で初勝利。「お客さんが本当に喜んでくれて、その姿を見たこちらもうれしかったです。これがもし日本一の瞬間だったらどんなにすごいだろう、その景色を見たいと、今のやる気につながっています」

試合集客数１０００人の目標を掲げて翌シーズンへの準備が進む中、２０２０年３月、新型コロナウイルスによる影響が襲う。チームは練習もできなくなった。７月末になってようやくチームは練習を再開。しかし、対面活動を最小限にする方針からマーケティング部門は対面での活動を控えることになった。「チームの活動は再開されても自分が練習場に行けないのは悔しかったです。選手とも話せず自分がチームに貢献できているのかさえ不安でした」

悔しさと不安の中で

不安の中、岸さんは100ページ近い部の活動報告誌『YEAR　BOOK』の制作に主担当として取り組んだ。部の流れを変えた過去の試合をOBOGへのインタビューで振り返る「ターニングポイント」という新企画も立ち上げた。巻末には抱き合う二人の選手の写真に〝TRAILBLAZING THE FUTURE〟（未来を切り拓く）の文字が添えられ、厳しい状況の中でも明るいメッセージが込められている。無観客となった秋季リーグでも、応援してくれるファンとのつながりを守るべく配信システムを使った中継を開始するなどの挑戦をした。「リアルタイムで応援のコメントをもらえるなど反響を感じて、このような状況下でも応援してもらえるチームなんだなとびっくりしたし、うれしかったです」

今年から文学部人文学科現代文芸論専修に進学し、翻訳をテーマに勉強も進めている。進学選択では、文学を勉強して将来の自分の身になるのか、もっと社会と直接関係する分野にしないと後悔するのではないかという不安もあったという。しかし勉強を進めるうちに「自分のやりたいことを選んでよかったと納得できました」

岸さんら作成の『YEAR　BOOK』より
（エデンオブミラージュ合同会社提供）

東大、楽しみにしてて

勉強と並行して、週6日17時から21時までアメフト部で活動を行い、多忙なスケジュールをこなす。昨年に引き続き『YEAR　BOOK』の制作を取りまとめながら、取材対応、提携企業とのやり取りなど手広く担当している。現在、活動の中心は対面だが、チームから新型コロナウイルスの感染者が出た場合チーム全体の活動が制限されるため、人との食事が気軽にはできないなど普段の行動にも緊張感が漂う。コロナ禍でも活動を続け、ストイックな日々を過ごす岸さんに、今後の目標を聞いた。

「日本一の目標に向けて、最後まで全力で駆け抜けたい。そのためにマーケティングとして、ゆくゆくは地域や同じ東大生から応援してもらえるようにチームづくりや環境づくりをしていきたいです。多くの人に試合を見に来てほしいですし、地域の人に『がんばってね』と声をかけてもらえるような種まきをしていきたいと思います」

高校生にはまずは東大を「楽しみにしてて」と話す。「入学時点からめちゃくちゃ漢詩に詳しい人とか、すごい人に出会えたのが私はとても面白かったです。限られた範囲かもしれないけれど、今よりは会う人の幅がきっと広がるし勉強になります」。受験に向けては徹底しすぎることも心配だという。「何が何でもという気持ちは大事だけれど、東大だけが全てでも正解でもないはずです。絶対東大と思いすぎるとつらくなってしまうし、広い視野を意識してほしいです」

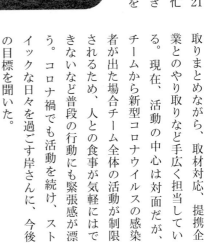

ウクレレに魅せられて

早川健太（はやかわ・けんた）さん
工学部・3年

「東大に行こうと決意した最大の理由は『面白い人がたくさんいそう』と思ったことです」。中学、高校で出会った東大卒の先生の中には、数学の先生なのに現代文が得意、といったように「変わっているけど憧れる」ような能力を持つ人物が多くいた。また一般に日本一の大学だと考えられている東大に来る学生の層には上限がなく、それだけ幅広いさまざまな人に会えるはずだと考えた。

化学の道に進みたいという希望の下、理Iを受験。理系ながら国語と英語を得意としていたことが、東大受験には有利に働いた。数学や物理で大きく差がつく大学を受験するよりも、むしろ東大の方が勝算があったという。

東大入学後に受けた化学の授業は、自らが思い描いていたものと違っていた。一方で、人間の行動をシミュレーションする授業に興味を持ち、進学選

択ではその授業の担当教員が教える工学部システム創成学科を志望することに決定。同時に「さまざまな科学技術の結晶であるスマートフォンへの感

動」からモノづくりにも興味を抱き、工学部精密工学科も志望。迷った結果、第1志望はシステム創成学科としたが内定せず、精密工学科に進学した。

進学選択という制度について「入学時に化学系の学科に決めてしまっていたら、モチベーションを失っていたかもしれないので、前期教養課程で新たな進路を探す猶予を持てたことはありがたかったです」と語る一方、もし絶対に学びたい分野があるのであれば、東大を必ずしも選ばない方が良いかもしれないと話す。「その分野に関係ない科目の点数も加味されるため、競争に負けて志望学科に進めないリスクがあるので」

「面白い人」に出会いに

課外活動に目を向けると、そこには持ち前の行動力を生かして活躍する早川さんの姿がある。東大入学後、ウクレレサークル「ウクレレ・ヒキナ」を立ち上げた。ウクレレとの出会いは中3。ウクレレの魅力に取りつかれ、大学では多くの仲間とウクレレを演奏することを夢見ていた。東大にウクレレサークルがあることを期待して入学したものの、ないことが分かると、まずは早稲田大学のウクレレサークルに入会。サークル運営のノウハウを学びつつ「東大にウクレレサークルを作りたい」と積極的に発信した。すると、楽器会社の社長やプロのウクレレ奏者、さらには同じようにウクレレを愛する東大生とのつながりが生まれ、サーク

ルの設立に向けて多くのサポートを得ることができた。「自分から行動することで、こんなにも世界が広がるんだと感動しました」

現在は40人から50人程度の規模となった「ウクレレ・ヒキナ」を運営する上で大切にしていることは「意思決定者をはっきりさせること」。サークルのさまざまな行事に当たって、それぞれの方針や段取りを進めていくメンバーを任命し、進行が曖昧になることを防ぐことが大切だと力説する。現在はオンラインの活動がメインとなっており、新入生に向けたウクレレ教室や2週間に1回程度のレクリエーションを開催。「家の中でも楽しめるウクレレの需要は、高まっているんじゃないかな」とコロナ禍でも前を向く。「与えられた環境の中でできることが何かを考えるのが、リーダーの責務です」

違和感を謎解きに

ウクレレを楽しむ傍ら、謎解きクリエイターとしても精力的に活動している。中学生の時に参加した謎解きイベントをきっかけに「謎解きの持つ知的な輝きや熱量、作品としての美しさ」のとりこになった。高校では、謎解き制作団体を設立。そのTwitterアカウントで自作の謎解きを投稿すると、大きな反響を得た。また、文化祭では大掛かりな謎解きイベントを主催。さらに、すでにSNSで人気を集めていた開成高校の謎解き団体にコラボレーションを持ち掛けると快諾され、開成高校の文化祭にも招待された。「当たり前のように東大を目指している彼らに学業面でも大きな刺激を受けました」

現在も企業などからの依頼を受け、

謎解きを制作する。面白い謎を作るコツは「日常で見つけるささいな違和感を大切にする」こと。それが他人にも受け入れられるかはある意味「運次第」だが、制作経験を積むことで「大外れ」をなくすことはできるという。

行動力でチャンスをつかみ、自分の世界を切り開いてきた早川さん。その行動力と成功の裏には「失敗してもどうにかなる」という心構えと「リスクとリターンを冷静に分析する」事前準備がある。「一歩踏み出すことが怖い人は、自分が具体的に何を恐れているのかを考えてみるべきです」

今後の学生生活については「明確なビジョンがあるわけではないですが」と前置きしつつも、三つの理想を掲げる。まずは留学。「自分がマイノリティーになる経験は、きっと財産になると思うので」。次に起業。「これはただの憧れです」。そして、研究で何らかの成果を挙げること。「自分は東大でこの分野を極めた、と胸を張れるものを一つ作りたいです」

合格は自己分析の先

受験生へのメッセージをお願いすると「よく耳にする『最後まで諦めなければ受かる』という言葉は、あくまで合格の必要条件でしかありません。受験勉強とは、冷静に自己を分析し、見つけた穴を淡々と埋めていくことで不合格の確率が下がっていく作業だと思います」とアドバイス。「東大生はことあるごとにチヤホヤされる集団ですが、存外大したことない人もたくさんいます。でも、ここでしか会えないであろう優秀な人も大勢います」

授業から広がる難民2世との出会い

持田勘多（もちだ・かんた）さん
教養学部・3年

「入学の時点でやりたいことが決まっていた、というわけではありませんでした」。1年次から難民2世（難民の親の呼び寄せで来日した子どもや、難民を親に持つ日本で生まれた子ども）の学習支援に精力的に取り組む持田さんだが、実は大学入学以前にはこのような活動に携わるとは思っていなかったという。

高校時代はテニス部に所属し、社会問題への関心が特に高かったわけではなかった。高校には東大を志す人が多く、自身も受験することに疑問を持っていなかった。受験科類は文Ⅲ。「東大の場合、入学してから専門を決めるまで2年間悩むことができる点が、興味の的を絞り切れていなかった私にとって魅力的でした。さらに文Ⅲに進めば、幅広い進学先の可能性を残せるのではないかと思っていました」。で

きるだけ可能性は狭めないことを意識しての選択だが、高校在学中に宗教学に引かれて関連書籍を読むなど、絞れない中でも文Ⅲが興味分野に比較的近いという意識はあったという。

入学後最初の1Sセメスターで「地域文化論Ⅰ」という授業を履修したことが、現在の生活を形作る転機となった。「ヨーロッパの移民問題を中心的に扱う授業だったのですが、その中で、日本に保護を希望し難民申請をする人々がいることを学びました。しかしこの申請は容易に通るものではなく、政府に申請を認められる率（難民認定率）が極めて低いことも知り、非常に驚きました。授業をきっかけに難民や彼らを取り巻く政策などについて調べてみたところ、これは問題があるな、と感じました」

進学した教養学部の文化人類学コースが具体的な進学先の選択肢に入ったのはこの時。社会学専修など、文学部にも社会問題を取り扱える環境はあるが、教養学部ならより幅広い学問領域の視点と手法で研究することができるのではと感じた。文Ⅲから教養学部への進学には、文Ⅰ・文Ⅱに比べて高い点数が要求されるが、興味のある分野の授業を着実に履修することで希望するコースへの進学が実現した。

東大には、ひとたび関心を持った問題への理解を深められる環境もあった。難民に対する学習支援を行い、東大生も所属する学生団体「J－FUNユース」に参加。さらに学びを深めようと1Aセメスターに受講した全学自

学生団体で後援会イベントを開いた（写真は持田さん提供）

やりたいことは決まっていなかった

自分の「難民像」にはっとする瞬間

由研究ゼミナールでは、実際に多様なバックグラウンドを持つ難民の教育支援を行う社会福祉法人を訪れ、ここでも学習支援を始めることになった。

携わっている活動は主に難民2世の子どもたちの学習支援で、小学校から高校までの学校での勉強をサポートしている。家庭教師や個別指導と近いところもあるが、日本語を母語としない子どもたちだからこそ教えるときに気を付けることもある。「難民2世の子どもたちは、家では基本的に母国の言葉か民族の言葉で生活していますが、学校では日本語で授業を受けています。幼い頃から日本で暮らしている子であれば日本語の日常会話に支障はありませんが、授業で使う聞き慣れない用語の意味をつかむのに苦労することがあり、そこをかみ砕いて説明するようにしています」。自分の説明が理解につながり、子どもたちが少しずつ成長していく様子を見ることに喜びがある。子どもたちにとっても、お兄さんお姉さん世代の大学生と触れ合うことで、勉強へのやる気が生まれる良い機会になっている。

難民の子どもたちに教える持田さん（写真は持田さん提供）

「難民」という言葉には「普通の人とは違う」「支援を受けるだけの存在」という固定的なイメージを持ちやすいが、実際に子どもたちと関わると、その先入観を裏切られる瞬間が多いという。例えば難民2世の子どもたちがハマっていたものの一つが『鬼滅の刃』。熱中する様子は日本人のそれと全く変わらないという。新型コロナウイルスの流行以前は、料理やプレゼントなどのもてなしを受けることもあった。固定的な難民観を作り出しているのは

もらったカチン民族の模様の手作りポーチ（写真は持田さん提供）

「支援する側」なのではないか、とはっとさせられるそうだ。

２０２０年以降は学習支援活動の一部がオンラインに移行し、新たに受け持つ子との関係性構築に難しさを感じることもある。一方子どもたちにとっては、自宅で授業を受けられるという安心感があることや、教室までの移動時間がなくなったことで部活動に時間いっぱい取り組めるようになるなどのメリットも。ステレオタイプな「難民―日本人」の間柄を越える場は、コロナ禍でも失われていない。

二つの団体で1年次から活動し、中でもミャンマーの少数民族カチン族の難民と触れ合うことで、教養学部での研究の主題も見えてきている。

キリスト教徒の多いカチン族難民は、教会を中心に緩やかに集い、働き先や子どもの学習塾などの生活情報を相互に交換し合っている。最近ではこのコミュニティーを起点に、難民たちの間からカチン族の言葉とビルマ語（母国語）を学ぶ機会が自然と生み出されている。持田さんはこの場の創出に関心を持ち、難民2世にどのようにして二つの言葉が継承されていくのか、という点について、フィールドワークなどを通して学び、今後も難民について深く理解していきたいと意気込んでいる。

受験生へのエールを、とお願いすると「受験するときに打ち込めるものがなくても、何かを見つけられるのが東大。自分なりの楽しみ方を見つけて」と語った。大学時代はよく「人生の夏休み」に例えられる。一生懸命学ぶも良し、ボランティアにいそしむも良し。東大生の「夏休み」は遊びほうけるばかりではない。

自分なりの楽しみ方を見つけられる場所

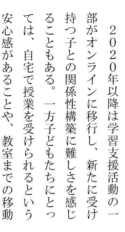

東大生からの応援メッセージ 1

現役東大生から受験生に向けて、エールを送ります！（続きは176ページへ）

1

2

5

3

4

*1.*岩田さん「受験などたかが季語くらいに思いましょう」

*2.*岸さん「気負わず、全力で！！」

*3.*アメフト部の皆さん「WARRIORS（アメフト部）で待ってます！」

*4.*早川さん「自分の能力を解答用紙に『正射影』せよ」

*5.*持田さん「人生の夏休みを楽しみに！」

チ

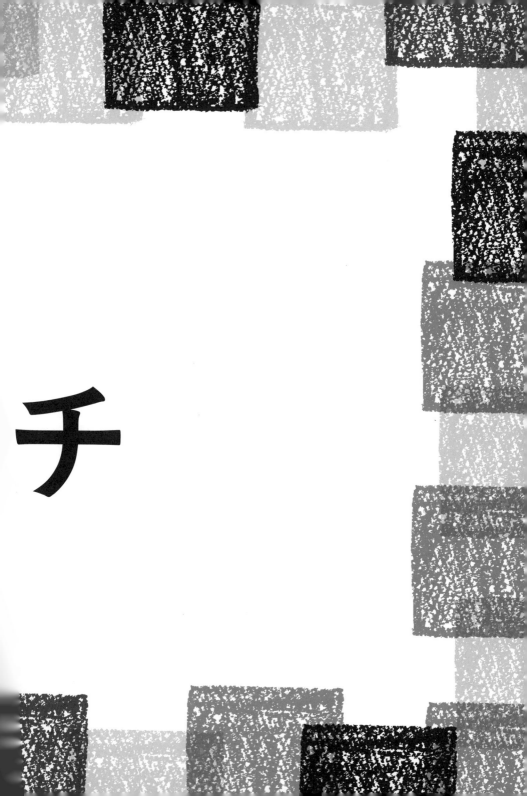

東大2022
東大スクラップブック

東大2022目次

第1章 東大受験をスクラッチ

第2章 前期教養課程をスクラッチ

第3章 後期課程をスクラッチ

第4章 東大卒業後をスクラッチ

表紙デザイン 渡邊民人(タイプフェイス)
本文デザイン・組版 清水真理子(タイプフェイス)

CONTENTS

スクラッチ

第1章 受験編

東大受験を

日本最難関とされる東大入試。
見事難関をくぐり抜けた東大生たちは
どのように勉強していたのだろうか。
この章では現役東大生や教員の勉強法アドバイスや、
東大のさまざまな選抜制度などを紹介する。
この章を読んで、
自分なりの受験メソッドを削り出してほしい。

アンケートでスクラッチ①～受験編～

出身地・出身高校

出身校の区分は中高一貫校の私立が45％で、昨年より6ポイント減少。中高一貫でない公立は33％で昨年からほぼ横ばい。共学校出身者が52％、男子校出身者が33％だった。出身校の所在地は東京都の176人（33％）が最多。関東地方の高校出身者は57％だった。

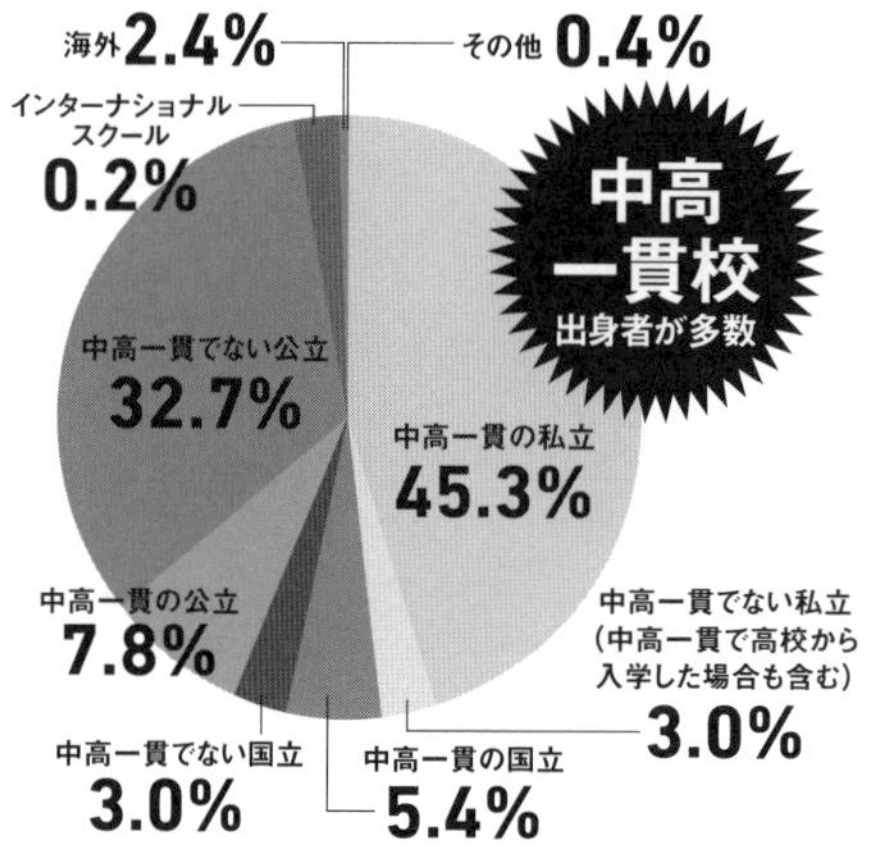

男女比

2021年度入試の全合格者に占める女子学生の割合は初めて21％を超え、過去最高だった。科類別に一般選抜合格者の女子学生比率を見ると、最高は文Ⅲの41％。残りの科類は割合の大きい方から理Ⅱ（24％）、文Ⅰ（23％）、文Ⅱ（17％）、理Ⅲ（15％）、理Ⅰ（10％）だった。

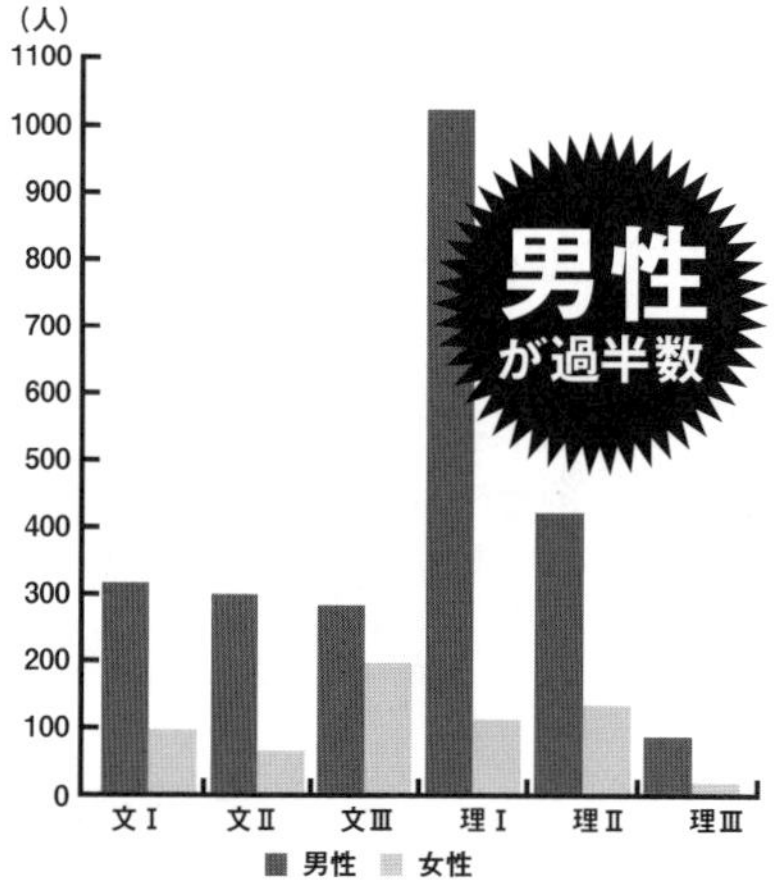

入試制度

大学入学共通テストの難易度について尋ねると、「センター試験と同じくらい」が48％と約半数。「センター試験より点が取りにくい」が28％で、「センター試験より点が取りやすい」の18％を上回った。大学入学共通テストはセンター試験に比べて学力を測るのに適切かという質問に対しては、「適切だ」が20％、「適切でない」が24％、「どちらともいえない」が51％だった。

新入生アンケート科類別回答人数（人）

文Ⅰ	75
文Ⅱ	59
文Ⅲ	69
理Ⅰ	226
理Ⅱ	102
理Ⅲ	10
合計	541

※文章中の数値は少数第１位を四捨五入したもの
【出典】性別の項目のみ東大発表の資料、その他の項目は東京大学新聞社が2021年度入学者に実施した新入生アンケート（有効回答数541件）

東大教員・
東大生からの
勉強アドバイス

東大合格のためにはどうやって勉強すればいいのか。

悩める受験生諸君には、東大受験を突破してきた東大生と

問題を作成する東大教員（寄稿当時）の

教える勉強法を参考にしつつ、

自分にあった勉強法を模索してほしい。

国語

言葉の多様性に目を向けて

今《いま》井《い》亮一《りょういち》 助教
東京大学大学院人文社会系研究科
19年東大大学院人文社会系研究科博士課程修了。博士（文学）。サントリー文化財団鳥井フェローなどを経て、20年より現職。

国語は不思議な科目です。「日本語」ではなく「国語」なので、日本国籍をもつ日本語母語話者が、暗黙の対象なのでしょう。とはいえ、古文や漢文が母語だという人はまずいない。それを言い出せば、現代文の文章で使われている言葉も、日常会話の言葉とは違う。普段いわゆる方言を話している方には、文章語と日常語の落差が特に大きく感じられるはずです。私たちが最初に学ぶ言語、つまり母語は日常の会話から獲得されることを思えば、現代文の文章語も実は「母語」ではない。もっと言えば、母語を修練していく環境が違う以上、あなたと私の「日本語」は違うかもしれない。国語という科目名には、こんな内なる多様性を覆い隠してしまうような力があります。

じゃあ「国語」とは何か?と思うかもしれませんが、だからこそ国語の試験には、「説明せよ」という問題が頻出するのでしょう。大抵の文章は何かを伝えるために書かれているので、それをさらに説明しろというのは、考えてみればおかしな話です。しかし「翻訳せよ」と言い換えてみたらどうでしょうか。文化的距離が遠い古文・漢文は言わずもがな、互いの「母語」が違うと思えば、著者の日本語を自分の日本語で理解して書き換えるのは、文字通りの立派な翻訳です。教科を問わず小・中・高の教科書を比べると、似た事柄も違う言葉で説明されている。これも一種の翻訳と見なせるわけです。

いま教科書の例を出したように、この翻訳力は国語の試験にだけ必要なものでも、その勉強だけで鍛えられるものでもない。言葉に関連するあらゆる体験が涵養《かんよう》の場になります。自分が読めない文章は書けないので、まずは多様な言葉に接することが不可欠だと思います。

現役学生からアドバイス

現代文

文章の構造をつかめ

試験時間は、古典と合わせて文科は150分、理科は100分です。文理共通の第1問は評論で、2行程度で言い換えや理由説明をする小問が3、4問、100~120字で本文全体の論旨を踏まえて答える論述問題が1問、漢字の書き取りが3問ほど出題されます。文科生のみの第4問は主に随筆で、1、2行程度で言い換えや理由説明をする小問が4問出題されます。

高2までは学校の授業に集中して取り組み、教わる注意事項や豆知識などは積極的にメモを取り、分からない漢字、用語もすぐに調べてメモを取ってください。これらのメモを試験前に見返すと役に立ちます。難解な問題集に手を出すよりも、学校の授業に真剣に取り組みつつ基礎的な問題集を解くことで読解力を身に付けましょう。

高3からは東大模試を積極的に受験し、問題の形式や解答方法に慣れていきましょう。過去問は数をこなす必要はなく、秋ごろに直近1、2年分を解いて東大の傾向を把握すれば十分ですが、解いたら学校の先生たちに添削してもらうようにしてください。

問題を解くに当たっては、文の構造を捉えることが鍵です。評論では接続詞やキーワード、小説や随筆では加えて登場人物や作者の感情の描写に印を付けると、文の構造を捉えやすくなります。評論ではさらに対立や類似などの関係を図にすると文の構造を視覚的につかめます。主張・話題ごとに記号を振り、設問がどの話題に属するかを考えると解答する際に参考とする箇所が分かりやすくなります。

答案作成では問題文をよく読み自分の解答が設問の要求とずれていないか確認してください。解答に自分の思想や感想などを入れるのは厳禁です。本文の内容に沿って答えましょう。

本番は第1問を50分、第4問は30分で解き終えるのが理想です。現代文は苦手に感じる人が多いかもしれませんが、言い換えれば得意科目にすると強い味方になるということ。文の構造を捉える力を着実に身に付けて得点源にしましょう。

（文Ⅲ・2年）

おすすめの参考書

記述問題で2次対策

『高校生のための現代思想エッセンス　ちくま評論選　二訂版』

筑摩書房

毎日解いて実践力を

『LT 実戦長文読解』

浜島書店

（学校一括購入の場合のみ解答付属）

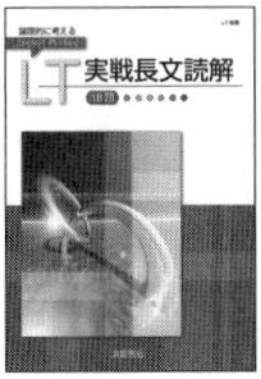

現役学生からアドバイス

古典

確実な知識で部分点狙え

古文漢文から大問1題ずつの出題で、文系は現代文2題と合わせて150分、理系は現代文1題と合わせて100分です。現代語訳と内容説明を中心に、各大問で文系は4、5問程度、理系は2、3問程度出題されます。難解な単語や古典常識は問われず、明らかな難問はありません。重要単語や文法、句法の正しい理解が問われます。解答欄はほとんどが1、2行と短く、要点を確実に読み取る力、解答欄に合わせて簡潔に書く力も要求されます。

高3の夏までに基礎知識を固めましょう。授業や参考書を活用しながら、古文であれば助動詞や敬語、漢文であれば再読文字や重要な句法を確実に理解しておけると良いです。古典常識はまとまった形で学習することが難しいため、授業で扱われた際にその都度メモしておけると後々役に立ちます。

高3の夏には、模試の結果から自分の弱みを分析し克服しましょう。単語や文法の理解に漏れがあった場合は、参考書や単語帳を用いて再度確認すると良いです。学校で扱った教材などを用いて勉強することも効果的です。

高3の秋までに過去問を解き始めましょう。直近の2年分を練習用に残し、それ以前の5~10年分ほどを演習できるとよいです。初めは時間配分を考えず、満足のいく解答を作ることを心掛けてください。解いたあとは学校の先生たちに添削してもらうことも重要です。共通テスト後から2次試験までは、以前解いた過去問を解き直し残しておいた直近2年の過去問も解いてみましょう。時間の配分を確認することも含め、力試しとして取り組めると良いです。また、重要単語や文法、句法を再確認しておくことも大事です。

本番では、それぞれ20分程度を目安に解けると理想的です。東大入試において国語は最初の科目。緊張をほぐすためにも、古文漢文のうち自分の得意な方から解き始めるのがお勧めです。古典は、基礎的な知識が問われ、部分点を取りやすい教科です。確実に点を稼ぐためにも、早いうちから基礎を固めていきましょう。

（文Ⅲ・2年）

おすすめの参考書

古典文法の基礎を固める

『読解する力がつく精選古典文法』

三省堂

(学校採用商品のため書店で購入不可)

漢文の基礎から発展まで網羅

『必携　新明説漢文』

尚文出版

数学

考えを整理し伝える力の基礎に

入江慶《いりえけい》 准教授

京都大学

12年京都大学大学院博士課程修了。博士（理学）。同数理解析研究所助教などを経て、18年より20年まで東大大学院数理科学研究科准教授。21年より現職。

コロナ禍の続く中、受験を控えている皆さんも様々な意味でハードな日々を送られていると思います。この状況に際して何か特別なことを書くのは私には難しいですが、その代わり、数学の学習を通じて得られる最も普遍的な学力の一つ（と私が考えるもの）について書きたいと思います。

皆さんが数学の問題を解くとき、まずは様々な計算や試行錯誤を経て答えに辿《たど》りつこうとされると思います。しかし答えが求まればそれで終わり、ではありません。答えに辿りついたあとは、そこに至る道筋を整理して「他人が読んで理解できる」答案にまとめる作業が欠かせません。この作業に習熟するには一定の練習が必要ですが、これは数学の学習で最も重要な部分の一つだと私は考えています。

「自分の考えたこと・理解したことを他人に分かりやすく説明する」という営みは、大学以降の数学の学習・研究ではますます重要になります。例えば、大学の数学科でよく行うセミナーという学習方法では、学生は学んできた内容を教員や他の学生の前で発表し、聞き手が説明の内容に納得するまで質疑応答が繰り返されます。数学の研究の現場においても、自分の考えたことを他人に説明しているときに、思わぬ見落としに気づくことや、逆に新たな視点を得て研究が大きく進むことがあります。

以上の例は数学を専門的に学習・研究する場合の話ですが、自分の考えを論理的に整理して他人に過不足なく伝える力は、文理を問わず多くの職業において必須のものと思います。数学の学習を通じてこの力を養うことが、先行きの不透明なこの時代においても、皆さんが将来へと進む助けとなることを願っています。

現役学生からアドバイス

理系数学

易問こそ方針の吟味を

6題構成・120点満点の試験を150分で解きます。近年は易化傾向にあり、定積分を求めるだけの問題が出た年もあります。しかし油断は禁物。定積分一つをとっても、積の形の式をどのタイミングで展開するのか、どんな変数で置換積分するのかなどさまざまな方針があり得ます。計算量の多い解き方を選べば、解けたとしても時間を浪費し、計算ミスが増えるでしょう。方針を選ぶ判断力が大事です。

高2までに数III以外の演習は終えるのが理想です。特に数IIの「式と証明」は集中的に演習し、式の対称性や次数、証明する命題の内容などに気を配りながら式変形を進める数学の基本スキルを習得しましょう。同じく数IIの「図形と方程式」は頻出の分野ですが、正確に論理を把握しないと軌跡や領域を正しく求められません。参考書を読んだり先生に質問したりして完全に理解してください。

高3からは数IIIに集中しましょう。中でも毎年2題ほど出題される微積分の習熟度が2次試験での出来を決めると言っても過言ではありません。積分計算のテクニックを使いこなせるようになるには時間がかかるので、可能なら高2から勉強を始めることをお勧めします。1日1題、制限時間5分で積分の問題を解きましょう。

高3の夏からは東大や模試の過去問を解き始めましょう。問題を解くときに大事なのは、最初に思いついた解法にむやみに飛びつかないことです。他に方針がないか検討し、試しに軽く計算してみて、解法を吟味する時間を1分は取るようにしましょう。

計算ミス対策も重要です。問題を解き終えてからミスを発見していては時間が無駄になる上、本番では精神的に動揺してしまうかもしれません。計算過程に3個以上はチェックポイントを設け、こまめに検算しながら解く習慣を身に付けましょう。計算ミスを発見するには、具体的な値を変数に代入したり、変数が0や無限大に近づく極限を取ったりしたときにつじつまが合うか調べることが有効です。

（工・3年）

おすすめの参考書

難問対策で差を付ける

『ハイレベル数学I・A・II・Bの完全攻略』
駿台文庫

数IIIのテクニックを網羅

『ハイレベル数学IIIの完全攻略』
駿台文庫

現役学生からアドバイス

文系数学

普段から計算ミスに注意

４題構成・80点満点の試験を１００分で解きます。出題範囲は数ⅠＡ・ⅡＢで、教科書の知識の応用で解ける問題が大半です。しかし問題は多くの基礎事項を発展・融合させて作られているので、簡単には完答できません。基礎事項の本質的な理解と運用が求められる試験といえます。

頻出分野は「場合の数・確率」と「微分・積分」ですが、他の分野からも満遍なく出題されています。まずは教科書の基本例題などを使って典型問題を一通り解けるようにしましょう。

教科書の基本例題レベルがすらすら解けるようになったら、次は教科書の応用例題レベルが中心の問題集で演習を積みます。加えて、もう一段上のレベルの問題もある程度演習できると理想的です。演習の中で自分の苦手分野を見つけ、その分野の問題を繰り返し解くなどして克服しましょう。２次試験では計算量の多い問題も出題されるので、計算の正確さや速さも意識すると良いと思います。この演習は高３の夏までに終えることが望ましいです。

高３の秋からの勉強は過去問演習が中心です。計10年分程度演習できれば十分だと思います。まずは最近の過去問から取り組むことをお勧めしますが、直近2年分は2次試験直前の演習用に残しておきましょう。5年分ほど解くと問題の雰囲気や最適な時間配分がつかめると思います。過去問演習で改めて苦手だと思う分野があれば、過去問演習の前に使った問題集に戻り、類題を解き直して確実に解ける状態にします。夏や秋に東大模試を受けた場合はその復習も行いましょう。

共通テスト後から2次試験までは、過去問や模試などで誤答した問題の解き直しを行います。加えて、残しておいた過去問を本番と同じ１００分で解いて、得点力を確認しましょう。

本番では解けそうな問題で確実に得点することが一番重要です。計算ミスには細心の注意を払いましょう。完答は難しそうでも、1点でも多く部分点を取るという意識で問題に食らいついてください。

（文Ⅲ・２年）

おすすめの参考書

基礎から応用まで網羅

『チャート式　基礎からの数学』シリーズ

数研出版

実戦向けの解法で部分点を狙う

『東大数学で1点でも多く取る方法　文系編』

東京出版

英語

古典が培う教養あふれる英語

西川杉子《にしかわすぎこ》 教授
東京大学大学院総合文化研究科
98年英ロンドン大学でPh.D.取得。神戸大学助教授（当時）などを経て、20年より現職。

英国の首相ボリス・ジョンソンは学生時代、「古典」を専攻している。欧米で古典とは、古代ギリシア・ローマの文化を指しており、学生はギリシア語ラテン語をはじめ、その時代の歴史、哲学やキケロやカエサルの名文を学ぶのである。現代社会で、非実利的な古典の勉強は時代錯誤と思われるかもしれないが、実は英国では、政治家や官僚でも古典を学んだ者は多い。

英国の政界で、今だに古典教育が重んぜられる理由の一つには、古典は教養の基礎という認識があるからだろう。ラテン語を厳密に学ぶことで英語の理解も深まるし、自分の思考を深めるレトリックも身につく。過去を学び、自分の文化の土台を知ることで、多文化と向かいあう基礎もできる。つまりは、古典重視の存続は、教養が社会で重視されていることに他ならない。

現在の国際社会での英国の存在は大英帝国の時代よりずっと薄いが、それでも英国の知識人層の発信力は極めて高い。専門文献だけでなく、時事評論や新聞の論説記事でも、一語一語選びぬかれた鋭い分析を目にすることがしばしばある。これは、鍛えぬかれた教養の力があってこそだろう。

１９８０年代に『イエス、ミニスター』という政治家と官僚の駆け引きを描いたコメディ番組があった。10年前に授業でこの番組を利用した際には、クラスの半分以上の学生が笑っていた。それが近年は、聞き取れても内容がよく掴《つか》めないと言う学生が増えてきた。特に、聖書やシェイクスピアをもじり、ラテン語まで引用する官僚の言葉の意味がわからないという。官僚の嫌味なセリフを完璧に聞き取る必要はないが、理解するための教養を身につけて欲しい。

大学で学んで欲しい英語は古典に重きを置く人たちによって生み出された言葉である。

現役学生からアドバイス

英語

出題形式に合う対策を

120分120点満点、大問は5題です。長文読解はもちろん、文法・リスニング・英作文などの幅広い出題形式かつ多い分量に対応できる英語力と高い処理能力が必須です。

高3になるまでの間は英単語・文法の基礎固めに注力しましょう。単語帳は数冊使うとより多くの単語をカバーできます。一方文法書はこれと決めた一冊をやり込むのが無難です。どの文法書も内容に大きな差がなく、数冊手を出したものの最後まで終わらせたものは一冊もない、という事態を避けるためです。高2の間に旧センター試験レベルの文法問題でほぼ失点しない実力を付けましょう。英作文が苦手なら文法書の例文の暗記を行うと良いです。高2の3月に過去問を1年分解き、到達度合いを確認してください。ここからは東大と東大模試の過去問を使い、大問ごとの対策をしましょう。

読解は小説やエッセイなど論理展開の曖昧な文章にも慣れることを目標にします。英文要約の練習も忘れずに行ってください。和訳は指定箇所だけでなく文章全体の文脈も踏まえて解答するように。出題形式が特殊なものが多い英作文は、短時間で無難な内容や文構成を組み立てることが重要です。リスニングは選択肢を選ぶに当たって直接役立つようなメモを効率良く取る練習をしましょう。

夏の東大模試の前に過去問1年分を再び解いてみてください。この時期からは大問ごとではなく1年分ごとに通して解く練習です。最初は制限時間を超えても良いので全ての問題を解き、10年分ほどセットで演習しスピードを上げましょう。苦手な大問は20年分ほど演習できると理想的です。

冬からは得点の最大化のために、解く順番や時間配分を調整します。例えば、リスニングは開始後45分で始まり30分ほどかかるため、中断されるとスムーズに戻れない長文読解とはぶつからないようにするなど工夫しましょう。リスニングの選択肢の英文を読む時間を数分計画に入れておけば、本番で慌てずに済みます。

（文III・1年）

おすすめの参考書

丁寧な解説で過去問演習を

『東大入試詳解25年英語』

駿台文庫

例文で効率的に英単語をマスター

『DUO 3・0』

アイシーピー

世界史

自分らしい「やんちゃ」な学びを

杉山清彦《すぎやまきよひこ》 准教授
東京大学大学院総合文化研究科
00年大阪大学大学院博士課程修了。博士（文学）。11年より現職。

東大入試の「世界史」といえば、長大な論述問題をはじめ、難関という印象とともに、よく考えられた問題、意欲的な出題といわれています。――皆さん解いてみて、本当にそう思うでしょうか？

東大に限らず、大学入試に臨む際、大学に入って学ぶ際に身につけていてほしい資質は、第一は、自分の先入観や世間の風評にとらわれず、自分の目で確かめ、自分の頭で考える姿勢です。歴史でいえば、かつて破局を招いた昭和の戦争も、帝大出や陸大出の秀才たちが自分の判断を過信し、人々も「お上のすることに間違いはない」といって受け入れた結果ではなかったでしょうか。「東大がなんぼのもんや」と思って過去問を吟味してみれば、どう見ても専門に走りすぎていたり、つまらない瑣末《さまつ》な語句の知識を要するものだったりと、ろくでもないものがいくらでもあります。

しかし、文句を言うだけでは何も始まりません。もう一つ必要なのは、「こんな語句使わせて意味あるんか」とか「ここをこう変えたら良うなるのに」などと、具体的に問題点を指摘し、代案を考えるくらいの積極的な姿勢です。ただ反射的に学習内容を反復するのではなく、一つ高みから見渡す目を忘れず、意味するところを考える――そのような、〝やんちゃ〟な姿勢と、目前の課題を着実に解決していく冷静さ、そのバランスが、入試だけでなく、のちのちまで役立つでしょう。

歴史は好きでも「世界史」（あるいは「日本史」）は嫌いという人がいるのも、そこに意味が見出せないからということが多いはずです。しかし、教えてもらうのを待つのではなく、自分で見出そうとする姿勢で、アンテナを張って学習に臨んでいれば、出来事の意味や事柄のつながりが立ち現れてくるはずです。それは、全ての学びに共通することだと思います。

現役学生から
アドバイス

世界史

論述練習が鍵を握る

地歴2科目合計で時間は150分、配点は各60点です。この内世界史の大問は計3題で、合計70~80分程度割くのが目安でしょう。第1問は600字程度である地域の通史や帝国、移民など特定分野の変容を概観する発展的な大論述1題です。第2問は例えば「宗教」のように大問全体のテーマに沿って托鉢《たくはつ》修道会とイギリス国教会について個別に問うなどの数十字程度の論述約5題、第3問は基礎的な一問一答約10問から成ります。幅広い地域・時代から出題されるので網羅的な知識が求められるほか、論述の総字数が例年約1000字で推移しているため素早い処理力も必要です。

まずは通史学習。高3夏ごろまでに一周が理想です。同時に、既習範囲の教科書に載っている用語を数十字で説明するなど基礎的なもので良いので、適宜参考書も使って論述問題にも慣れてください。

通史を終えるまで既習範囲の論述演習を続けます。以前学習した知識は、教科書や一問一答集などを使って定期的にメンテナンスを行ってください。高3夏には東大模試が実施されるので、模試の受験前に1年分過去問を解いて到達度合いを確認しましょう。第2問、第3問は、既習範囲であれば解けるようになっているはずです。

高3秋から過去問演習を開始します。最終的に約10年分解けると良いです。第1問の大論述は解答で使用する語句が八つ程度提示され、解答の論点を絞る手掛かりとなっています。語句の使い方を考えながら内容の構成を考えましょう。使い方が難しい語句が含まれていることもありますが、とりあえず分かる部分から書き、復習で知識の抜けをカバーしてください。

出来が良くなかった問題は何回か解き直すこと、書いた論述を先生などに見てもらうことも大事です。大論述は書く前に下書きする、構成だけ決めるなど自分に合った方法も探しながら演習しましょう。本番では大論述に50分、それ以外に20~30分という配分で解き切れると良いです。

（文Ⅲ・1年）

おすすめの参考書

資料を使って効率的に暗記を

『アカデミア世界史』
浜島書店

充実したコンテンツで知識補充に最適

『世界史B一問一答【完全版】2nd edition』
東進ブックス
（著作権の関係上表紙は掲載いたしません。）

日本史

自治体史を機に深まる歴史理解

小島庸平《こじまようへい》 准教授
東京大学大学院経済学研究科
11年東大大学院農学生命科学研究科博士課程修了。博士（農学）。同経済学研究科専任講師などを経て、19年より現職。

私が受験生だったのは20年も前のことで、もはやその頃の記憶は茫漠《ぼうばく》としており、あまり大層なことは言えそうにない。受験生の皆さんに日本史に関連して何かメッセージを、とのことだが、こと日本史に関しては、楽しみながら勉強して欲しいと言う他ない。

とはいえ、それでは記事として成立しないだろうから、一つおすすめするとすれば、皆さんがお住いの市区町村で発行されている自治体史に目を通してはいかがだろうか。私は横浜市鶴見区の出身で、勉強する際にはお隣の港北区の図書館をよく利用していた。そこには郷土史コーナーがあり、何とはなしに『横浜市史』や『港北区史』、『鶴見区史』などを拾い読みしていた。今から振り返ってみると、これが日本史に取り組む上で意味のある経験だったように思う。ぼんやり眺めていた寺社や道や山や池にも、それぞれに固有の歴史があることを知った。慣れ親しんだ地名や景観が、自治体史の記述によって歴史の重みを背負った存在として立ち現れ、三次元の空間が四次元に拡張されるような認識の転換があった。地元の歴史が教科書の記述と響き合うこともあり、その時には得も言われぬ知的興奮を覚えたものである。

文字史料や遺跡・遺物から過去の人間や社会のあり方を復元するのが歴史学の営みであり、日本史の入試問題で問われているのは、そのための洞察力であると私は理解している。こうした洞察力を養う機会は、皆さんの足元にいくらでも転がっており、自治体史はそのよき手引となるはずである。無味乾燥な受験のための勉強とはいえ、歴史を身近なものとして楽しみながら学んで欲しい。その成果をゼミや講義で皆さんと議論できる日を、心待ちにしている。

現役学生からアドバイス

日本史

教科書で「鳥の目」を得よ

4題の大問で構成され、60点満点。地歴のもう1科目と合わせて150分なので、解答時間は単純計算で75分です。例年、古代・中世・近世・近現代の各時代から1題ずつ出題されます。

まず、東大の入試問題は知識のみで解ける問題ではありません。各問題で提示される史料やデータを分析し、論理的に考えて、解を導き出す必要があります。論理的思考力が問われる分、細かい知識の暗記は必要ありません。教科書レベルの知識で十分太刀打ち可能です。ただ、教科書の語句の単純暗記というより、その語句がどんなことを表し、歴史の流れの中でどういう意味を持つのか正確に理解する必要があります。例えば、荘園公領制とはどのような制度のことを指して、この制度が他の出来事とどのように関連するか、といったことです。

日本史を勉強していると、つい個々の事件の理解に終始し、近視眼になりがちです。歴史を俯瞰《ふかん》する「鳥の目」の獲得が肝要です。では、どのようにして「鳥の目」を獲得すればいいのか？第1に教科書の精読です。その際、出来事と出来事の間の因果関係を書き込んで理解を深めましょう。第2に自分で年表を作る勉強法です。年表をきれいに作ろうとすると、おのずと時系列に沿った出来事の展開を整理し、論理的に組み立てる必要が出てくるので、歴史の流れを俯瞰して理解できます。

知識の定着を確認するには旧センター試験の過去問が有効です。だいたい時代ごとに大問が分かれているので、既習範囲からこなしましょう。高3の夏で8割で安定すれば十分です。

高3の夏休みから秋ごろまでに過去問を始めましょう。過去問の進捗状況を可視化するために、表の作成をお勧めします。また、学校の先生たちに添削してもらった問題は、1週間以内に必ず自力で解き直しましょう。思考の方法を体得するためです。

本番は1問15分を目安に。論理関係が曖昧になるのを防ぐため、1文は短くし、問われていることに過不足なく答えることを目指しましょう。（文Ⅰ・1年）

おすすめの参考書

教科書の流れの中で基礎を定着

『書き込み教科書詳説日本史　改訂版（日B309準拠）』

山川出版社

過去問前に論述問題のトレーニング

『“考える”日本史論述—「覚える」から「理解する」へ—』

河合出版

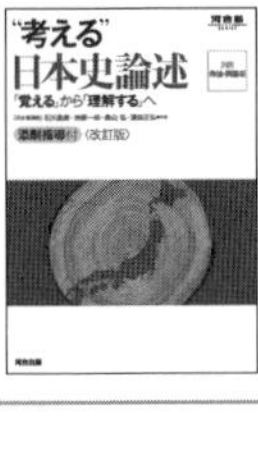

地理

地理を導きの糸として

高橋昭雄《たかはしあきお》 教授

東京大学東洋文化研究所

81年京都大学経済学部卒業。博士（経済学）。アジア経済研究所などを経て、02年より現職。

私は専業農家の長男として、房総半島にあるとはいえ、海のない小さな村で生まれ育ちました。身内には戦争以外で外国に行ったことのある者はおらず、私自身も大学を卒業するまで海外に渡航したことはありませんでした。

そんな環境の中で、地理の授業がまず役立ったのが、キノコ採集や自然薯《じねんじょ》掘りで、地図から地形を読んで、適地を探索してマーキングすることでした。その日の夕食がかかっているので必死でした。

農業は「イエの仕事」なのだから、農繁期には勉強よりもイエの手伝い優先、と言われて育ちました。では世界の農業はどうなっているのだろうか。ここでも、中学生高校生の私に、世の中にはいろいろな農業や農村があるのだ、と教えてくれたのはやはり地理でした。ただし、代々受け継がれるべきイエとしての「農家」という存在が日本に特殊なものであることに気づいたのは、アジアの農村研究を始めてからでした。

大学入試は理系だったので、社会は1科目のみ。もちろん地理を選択しました。身近な必要性や疑問から始めた勉強だったので、地理に割く時間が最も少なかったにもかかわらず、とてもいい点が取れたように記憶しています。

大学では紆余《うよ》曲折を経て経済学を学ぶことになりましたが、経済理論や経済史を突き詰めるよりも、アジアの農村の人々の毎日の暮らしを研究できたらと思うようになりました。井の中の蛙の私がこのような方向に向かったのには、中高での地理の勉強の影響が少なからずあったことは否定できません。大学に入って、受験マインドはリセットが必要かもしれませんが、進路に迷ったとき、地理にかぎらず、受験勉強が人生の何らかの導きの糸になる可能性はあるように思います。

現役学生からアドバイス

地理

時には飛ばす勢いも

大問3題、他の歴史1科目と合わせて120点満点、150分で解く試験です。系統地理に加え、国内外の地誌も出題範囲です。用語説明の問題もありますが、教科書の基礎事項を基に図表を読み解いたり、分析したりする総合的な問題がほとんどです。

教科書の知識が思考力の基礎となるので、学校の授業や定期試験は手を抜かずに取り組みましょう。時間のある高1や高2の時は資料集や地図帳を存分に活用し、隅々まで図表や論点を確認することが大切です。理想としては高3になるまでに全範囲に一度は目を通し、おおよそどのような内容か説明できるようになると良いでしょう。

高3になったら、東大の過去問を20年前までをめどに解き進めましょう。類似の分野や論点が何度も出てくるので、可能であれば本番までに3周繰り返し解きたいです。20年以上前になると系統地理以外は社会情勢が変わり、あまり参考にならないことが多いです。余裕があれば他の国公立大の直近の過去問で記述式の問題を練習するのも良いでしょう。

過去問を解く際に、間違えた問題や理解が曖昧な問題はその都度教科書や資料集、地図帳で該当箇所を探し、その分野全体を復習します。教科書などに載っていない論点はノートにまとめておき、時間のある時に見直しましょう。

旧センター試験の過去問も苦手な分野を洗い出したり、弱点に気付いたりするのに有用です。東大の入試対策にもつながるので、20年分は必ず解くようにしましょう。より多くの論点に触れるために、予備校などが出している模試の過去問も解くと良いです。

地理は安直に答えを出せばすぐに終わりますが、考え込むといくらでも時間がかかります。本番は他の歴史科目と同時に試験を受けるので、時間配分をあらかじめ決めておき、練習しましょう。東大の地理は決して満点を取らなければならない試験ではありません。自分の得意分野で最大限得点できるようにし、見当も付かないところは飛ばす勢いも重要です。

（文I・2年）

おすすめの参考書

豊富な資料で知識を定着

『新詳　資料地理の研究』

帝国書院

@帝国書院

過去問演習で傾向をつかむ

『東大の地理27カ年』

教学社

物理

「好き」を見つける余裕を

加藤岳生《かとうたけお》 准教授
東京大学物性研究所
99年東大大学院理学系研究科博士課程修了。博士（理学）。大阪市立大学大学院工学研究科講師などを経て、04年より現職。

受験勉強お疲れさまです。これから大学入試に向けて、体と心の健康に注意しながら準備していってください。さて、物理の勉強は進んでいますか？　具体的なアドバイスは現役の大学生がしてくれると思いますので、私は別の視点で応援メッセージを送りたいと思います。

物理に限らず学問をする上で、一番大事なことはなんでしょう？　それは「好き」になることです。イヤイヤ勉強していたら、身につくものも身につきません。では物理を好きになる最短経路は？　人にもよると思いますが、私は人間の心に宿る「知的欲求」と関係があると思っています。ニュートンの時代に思いを巡らせてみてください。地上世界の落体の運動と、天上世界の天体の運動が、全く同じ方程式で表せたときの興奮を。ハレーが彗星《すいせい》の軌道計算から次の出現年をみごと的中させた見事さを。当時の科学者がどのように興奮し知的欲求を満たしていったかを理解したり想像したりすることは大切です。学校や塾の授業ではなかなか触れる時間がないかもしれませんが、心のどこかに、そういった科学と人間の関わりについて思いを抱く程度の心の余裕はほしいです。興味があれば、物理学者の手による啓蒙《けいもう》書などを手にとってみるといいでしょう。実際、私が物理を志した原点は、高校のときに読んだファインマン『物理法則はいかにして発見されたか』です。

私は現在、固体物理の輸送現象について理論研究をしています。日々新しい物質が日々合成され、新しい物理の概念が徐々に明らかになっていく過程に関わっていくことはとても楽しいです。皆さんも大学に入学したら、ぜひ自分の心の知的欲求を満たせるような学問や研究テーマを見つけてください。

現役学生からアドバイス

物理

演習で時間配分に慣れる

試験時間は理科2科目合わせて150分。大問は三つで60点満点。例年、第1問は力学、第2問は電磁気、第3問は熱力学か波動の分野から出題されます。時間制限が大変厳しく、全ての問題を満足に解き切るのは難しいので、解けそうな問題を選択し、速く正確に情報を処理する能力が必要です。東大の問題は他大学と比較すると難度が高く、思考力が問われる問題が多いです。一方、パターン化された問題も出題されるので、演習量を積むことで対応しましょう。

高2までは、公式などの基礎事項の暗記に努めましょう。この時点で無理に東大の過去問を解く必要はありません。高3から分野別に標準レベルの入試問題に触れて、パターンをつかみましょう。このときに、自分の苦手分野を割り出し、夏休みの間に基礎に戻って克服することが大切です。

秋からは東大型の演習をスタートさせます。このとき、必ず75分の時間制限を設けて解きましょう。本番の厳しい時間制限に慣れることで、冷静に解答できます。直近の過去問は直前期の演習のために残しておき、古い問題から解いていきます。10〜15年分の演習ができれば十分です。東大の過去問の数は限られているため、同レベルの他大学の問題や秋の模試も十二分に活用しましょう。過去問演習や模試で自分の理解不足が見つかった場合は、東大レベルの演習と並行して、公式などを基礎から復習します。

本番は難易度と残り時間を考慮しつつ、解ける問題を落とさないのが大切です。まず、全ての大問に目を通し、解けそうなものから手を付けます。ただし、解き進める中で難しいと感じた場合や、一つの大問の解答時間が一定時間（20分など）を超え、もう得点が伸びそうにないと感じた場合は、他の箇所に移りましょう。全大問に手を付けた後、物理の解答時間が75分を超えない範囲で、解いていない問題を仕上げましょう。本番は焦ってしまいがちですが、問題の取捨選択の思い切りの良さが勝負を分けます。

（理Ⅱ・1年）

おすすめの参考書

丁寧な説明で基礎固め

『物理のエッセンス』シリーズ

河合出版

特定分野を集中演習

『実戦　物理重要問題集　物理基礎・物理』

数研出版

化学

化学の力が未来を変える

青《あお》木《き》淳賢《じゅんけん》 教授

東京大学大学院薬学系研究科

92年東大大学院薬学系研究科博士課程修了。博士（薬学）。同薬学部助教授（当時）などを経て、20年より現職。

今、皆さんの身の周りには化学が溢《あふ》れています。食品しかり、おくすりしかり、ありとあらゆるものが、化学の知識を使って創生されています。COVID—19の問題も化学の力が解決策を与えてくれるはずです。つまり、化学は現代において有用かつ必須な学問なのです。化学は物質を分子、原子、そして、電子レベルで考える学問です。化学はまた、生物学、物理学を学ぶ上で土台（基礎）となる学問です。さらに、生物学、物理学は医学、薬学、農学、理学、工学等の専門科目の土台となります。つまり、多くの理系の学生さんにとって化学は役に立ちかつ必須な学問です。学部の講義、大学院の入試、そして就職後において化学の知識は理系の皆さんの多くを支えるはずです。

筆者は今、薬学系研究科で生物と化学の融合領域『生化学』という分野で研究・教育活動を行なっています。『生化学』は、生体内での化学反応を理解する学問ですが、昨今の生化学は試験管内の化学反応にとどまらず、細胞や個体の働きを原子・分子のレベルで考える学問となっています。その基本は化学です。大学受験時にもし化学受験をしていなかったら今の自分はあり得ません。また、くすりを創生する上で、生化学に加え、有機化学などの化学の力を利用します。つまり、創薬には化学は偉大なのです。

大学入試の化学問題は数学や物理と同じで基本原理を理解してしまえばその応用で問題を解くことができます。東大入試の化学問題は化学の本質を考えさせる良問揃《ぞろ》いです。受験生の皆さん、ある程度の基礎を固めた上で、良問を多数解き、今後役に立つ真の「化学力」を大学受験時に身につけましょう。近い将来皆さんとお会いできることを楽しみにしています。

現役学生からアドバイス

化学

論理的思考力を体得せよ

試験時間は理科2科目合計で150分、時間配分は自由で、1科目60点満点です。大問は三つで理論、無機、有機の全分野から一様に出題されます。出題範囲が広いので、基礎をしっかり固めて抜かりなく学習する必要があります。見慣れない問題も出題されますが論理的に思考すれば決して難しくはありません。問題数や計算量が多く、時間制限が厳しいので素早くミスなく解答する力が重要です。

高2までは原理の理解と知識の定着に努めましょう。教科書の内容を人に説明できるまで理解し、計算問題に慣れることが重要です。定期試験や教科書準拠レベルの問題集を活用しましょう。化学は扱う範囲が広く暗記事項も多いため、定期的に過去に学習した内容を見返します。基本的な知識を高3の夏前までに固めるのが理想です。

高3の夏休みは入試標準問題を網羅した問題集を1周させて入試問題を解く上での基礎の定着を図りましょう。極力答えを見ずに知識の活用法や問題の背景原理を考えながら解き進めると、本番にその場で論理的に思考する土台が養われます。知識に曖昧な箇所があれば教科書に戻り確認します。自分の弱点や問題の特徴など気付いたことをノートなどにまとめると頭の中が整理されやすいです。1周し終えたら間違えた問題を中心にさらに1周しましょう。学校で有機など一部の分野が未習の場合は、まずは習った範囲を演習し、余裕があれば教科書などを用いて先の範囲を学習すると良いです。

11月までには過去問を使った演習に移行します。初めは難度の高さに圧倒されるかもしれませんが、10年分程度こなすと出題傾向やレベルに慣れるでしょう。慣れてきたら本番を想定して時間制限を設けます。

合格のためには全問完答の必要はありません。時間配分を意識し、解ける問題から確実に押さえていきましょう。時間がかかりそうな計算問題でも、白紙にせず途中式や考え方を残すと部分点に結び付くかもしれません。

（理II・2年）

おすすめの参考書

頻出分野の対策に

『実戦　化学重要問題集　化学基礎・化学』
数研出版

本番意識した制限時間で

『東大の化学27カ年』
教学社

生物

身近な動植物が研究の第一歩

馬《うま》谷《たに》千《ち》恵《え》 助教

東京大学大学院理学系研究科

16年東大大学院理学系研究科博士課程修了。博士（理学）。日本学術振興会特別研究員、理学系研究科特任研究員などを経て、16年より現職。

生物学とは、生き物すべてに対して、不思議に思うことを科学的に明らかにすることだと思います。どうして草花は多様な色や形をしているのか、どうして動物は○○のような行動を示すのか、ちょっと道端を歩いているだけでもたくさんの問いに出会います。受験生の皆さんは、教科書などをもとに、多くの生物学者が明らかにしてきた生き物の謎を勉強していることと思います。一方で、大学における生物学研究では「答えがない問い」がたくさん溢《あふ》れています。しかし、その問いの解決を支えるのは、教科書などに書かれている基礎的な知識になります。研究者は、すでに解明された生物の法則を組み合わせたり、発展させたりすることにより、問いに対する仮説を立てます。そして、様々な手法を用いて仮説を証明し、生き物の謎を解明してきているのです。このように研究も基礎的な知識をもとにしているということを踏まえると、身近な動植物と関連付けながら生物学を学ぶことは、生物学研究の第一歩と言えるかもしれません。

最後に、私の研究を少し紹介させていただきます。私は魚を用いて、性行動・摂食行動などの本能行動が引き起こされる仕組みを研究しています。これらの行動は、脳により制御されていますが、身体の中の状態（身体の性成熟度、栄養状態など）と、自分を取り巻く環境（水温、外敵の有無など）が整って初めて可能になります。私は脳でどのような変化が起こることにより適切な行動が可能になるのか、日々研究しています。

東京大学では他にも多様かつ最先端の生物学研究が行われています。大学に入学したら、ぜひ面白い生物学研究の世界も覗《のぞ》いてみてください。

現役学生からアドバイス

生物

分野のつながり意識せよ

大問3題構成、理科2科目で合計時間は150分、配点は各60点です。選択肢と論述といった問題形式で、純粋に知識だけを問う問題はありません。教科書レベルの基本事項を押さえていれば解ける問題が多いですが、20年度の第3問はそれ以外に、分野を超える知識のつながりを見通す目が求められました。実験考察や実験の歴史的な経緯を押さえていれば、問題が解きやすくなることが多いです。

高3の夏休みまでに、参考書を使って教科書レベルの知識の学習を一通り終わらせておくべきでしょう。生物は前の分野が理解できていなくても別の分野の学習がしやすい科目です。そのため、学習の順番を気にせず、好きな分野から勉強しても問題ありません。

論述勉強は参考書の論述演習問題の解答を覚えるのが効率がよく、知識の理解にもつながります。基礎知識の学習には、網羅的な参考書を使うと分野的なつながりを意識して勉強できます。ただ、必要以上の知識を覚えようとして、かえって不要な時間を取られてしまいかねないので注意しましょう。夏の模試を受ける前に1、2年分の過去問を解いて形式を把握しておくと、本番に近い形で挑めます。

高3の冬には、2次試験の形式、論述の量、試験時間に慣れるため、直近5年分程度の過去問を解くと良いでしょう。あくまで本番を想定した練習なので、内容の復習は過度にする必要はなく、一度ずつ解くので十分です。植物や遺伝子といった頻出分野の学習は重要です。一方で20年度、例年あまり見られない分類と系統の分野からも出題されたため、全ての分野で学習を怠らないこと、基礎知識に穴がないようにすることが望ましいでしょう。

本番は解けない問題を潔く飛ばして、まず得意分野の問題を解いて点数を確保するのが大事です。高3夏の模試などで練習し、試験における自分のやり方を早めに確立しましょう。あまり見かけない分野から出題されても、焦らず取り組むことが重要です。

（理II・1年）

おすすめの参考書

教科書レベルの基礎を固める

『大森徹の最強講義117講　生物』

文英堂

高レベルの問題で2次対策を

『改訂　ニューグローバル生物』

東京書籍

（学校採用商品のため書店で購入不可）

地学

教科書を書き換える側へ

竹内《たけうち》希《のぞむ》 教授
東京大学地震研究所
97年東大大学院理学系研究科博士課程修了。博士（理学）。同地震研究所助手などを経て、21年より現職。

みなさんは地学の教科書の記述が、時代とともに変わっていることをご存じでしょうか。私が高校生の時は、現在の教科書に載っている、日本列島の地殻変動や地下の地震波速度の詳細な分布を描き出すことができませんでした。また地表近傍の地球の活動を説明する基本的な枠組みであり、多くのページを割いて説明されている「プレートテクトニクス」でさえ、確立したのは50年前です。その意味で地学は若く、活発に進展している学問と言えます。

それでは、教科書に書いてあることはどのようにしてわかるようになったのか、想像できるでしょうか。いろいろな手法がありますが、観測や調査を通じて得られたデータを、物理や化学など、他の分野の知識を用いて解釈することが多いです。要するに、地球が発してくれたり遺《のこ》してくれている信号を懸命に探し、それから何とかして地球に関する情報を読み取ろうと努力しているのです。入試問題には、図表をもとに地球の情報を読み取る問題が比較的多く出題されているのではないでしょうか。私たちが日々奮闘している研究活動の一端を、ぜひみなさんにも体験して欲しいというメッセージだと思ってもらって差し支えありません。

教科書の記述はおそらく今後も変わり続けるでしょう。私の先生の世代が残してくれた研究成果が、現在の教科書に多く載っています。そしてゆくゆくはみなさんの世代が作り上げるものが載ることになります。高校の地学を勉強することにより、激しく変貌を遂げ続ける学問分野の入口に立つことになります。そしてそれが、教科書を書き換える喜びを知り、主体的に書き換え作業に参加するきっかけとなることを、切に願っています。

現役学生からアドバイス

地学

他科目の知識を総動員

大問3題から成り、例年第1問は天文、第2問は大気・気象・海洋、第3問は地質・固体地球の分野から出題されます。配点は60点、試験時間は理科のもう1科目と合わせて150分です。教科書の内容を基に、物理や図形の知識、計算を融合して考える能力が問われる試験です。

例えば天文では、太陽系だけでなく宇宙全体に関する出題が多いなどの多少の傾向はありますが、どの分野からも満遍なく出題されるため、教科書を読み込んで苦手な単元をなくしていくことが重要です。複雑な計算に慣れることも忘れないでください。

地学は参考書や問題集がほとんどないため、教科書の読み込みと過去問演習が主な勉強法となります。最も重要なのは教科書を何度も読むこと。高3の夏休みが終わるまでには全範囲を理解しましょう。その後に過去問を解き始めます。その際に物理の知識が必要となるので、特に力学を過去問演習に入れるレベルまで習熟させることが重要です。東大の場合、少しさかのぼると教科書の内容に忠実に沿った問題が比較的多く見られるので、入手可能なら2000年代の過去問から先に解くと良いでしょう。

秋以降はより実践的に理科2科目セットで7年分程度過去問を解き、時間感覚を養ってください。地学は年により記述量の差が大きいため、もう1科目を解いた後に地学を解くことをお勧めします。地学に十分に時間を割くには、もう1科目を速く解くことが鍵となります。また、複雑な数値計算はミスをしやすく点数につながりにくいので、その数値が他の問題の解答に影響しないなら最後に回すのも手です。一般的に計算が一番複雑なのは天文です。

東大の過去問を解き終えた後は、京都大学など他大学の過去問を解くと知識の穴が見つかって良いかもしれません。しかし、天文を中心に東大は独特な出題が多いので、他大学の傾向に飲まれないよう注意が必要です。地学の面白さを忘れずに、楽しみながら勉強を進めましょう。

（理・3年）

おすすめの参考書

しっかりと読み込み基礎知識を完璧に

『地学　改訂版』
啓林館

教科書内容をマスター

『もういちど読む数研の高校地学』
数研出版

教養学部長より

教養教育で「潜在力」鍛えよ

森山工《もりやまたくみ》 教授

東京大学大学院総合文化研究科長・教養学部長
94年東大大学院総合文化研究科博士課程修了。博士（学術）。広島市立大学助教授（当時）などを経て、12年より東大大学院総合文化研究科教授。21年より現職。

東京大学教養学部は、東京大学に入学した新入生の全員が集い、リベラルアーツ（教養教育）を学ぶところです。ここでは、中等教育の学びから大学の学びへのマインドセットの転換を図るとともに、文理の別や、狭い学術分野の壁にとらわれない幅広い教育がおこなわれます。それによって新入生は、前期課程の2年間にわたって、後期課程での専門教育への地ならしをおこないつつ、潜在的な学習能力を涵養《かんよう》するのです。

その一方で教養学部は、入学者の一人ひとりがその関心や適性や能力に応じて、みずからの履修をカスタマイズできるようなカリキュラムの柔軟性も保証しています。語学力や国際感覚を早期から鍛えるプログラムがあります。理系の素養を早期から伸ばすプログラムがある一方で、文系の素養を早期から伸ばすプログラムがあります。また、アート系と理数系を架橋するような文理融合の素養をターゲットにしたプログラムもあります。

このように教養学部は、一人ひとりの学生の主体性と強い動機づけによって、チャレンジングな学びができるような学習環境を整えています。そのなかで、自分自身の興味関心を自己相対化し、多様な学術分野の沃野《よくや》に目を開かれることもあるでしょう。自分が興味関心をもつ領域の幅を広げ、いくつもの領域にアンテナを張ることができるはずです。そのうちのあるものは長く太いアンテナで、あるものは短く細いアンテナかもしれません。けれども、そうしてアンテナの数を増やすことは、学生の潜在的な適性や能力を大いに耕すことに通じます。そうして培われた潜在力は、後期課程に進学して専門の学術分野に入ったのちにも、さらには大学を卒業して社会に出たのちにも、役立つものであると信じています。

合格体験記・浪人奮闘記

東大合格への道のりは、人によって多種多様。

順風満帆だった人もいれば、紆《う》余《よ》曲折を経た人もいる。

彼らは何を考え、実行し、合格を手にしたのか。

自分なりの「合格へのビジョン」を描くヒントを

つかんでほしい。

合格体験記

自分に合った勉強習慣の形成に成功
凡事徹底でつかんだ栄光

文科Ⅰ類　地方×公立×現役

朝《あさ》比《ひ》奈《な》龍《りゅう》之《の》介《すけ》さん
北海道札幌南高校（北海道）出身

「君の成績なら東大も十分狙える。どうだ、目指してみないか？」高1の春の校内模試の直後、先生にそう言われたのが東大を意識したきっかけです。政治や法曹に興味があったため高2に文Ⅰを志望することを決めました。

高1・高2の頃は生徒会や山岳部の活動に励みつつも、平日は1日2時間ほど勉強するよう心掛けました。校内模試の成績優秀者の欄から自分の名前が消えてほしくないという気持ちが勉強のモチベーションとなっていました。また、この時期に自分に合った生活リズムを確立できたのは大きかったです。そして、高3の春に新型コロナウイルス流行の影響で部活の引退が早まって以降、受験勉強に本腰を入れ始めました。平日は4時間、休日は9時間ほど勉強していたと思います。

元々海外に2年ほど住んでいたため、英語は得意科目でした。単語に関しては、一冊の単語帳を通学時間などを利用して完璧にすることを心掛けました。長文・リスニング対策には英字新聞や英語のニュース番組を活用し、東大入試に必要な膨大な量の情報を迅速に処理する能力を身に付けました。

一方で数学は苦手科目でした。解説が丁寧で復習しやすい『チャート式基礎からの数学』（数研出版）を愛用していました。元々は解法を暗記していたのですが、それでは応用問題に対応できないと気付き、高3の春の自粛期間に基礎的な原理の総復習を始めました。東大文系数学では原理や設定理解に関する記述を盛り込むことで部分点を稼げると思うので、やはり原理を学ぶのは大切だと思います。

国語は添削を中心に対策を進めました。東大の国語は形式が独特なので、実際の演習を重ねることで力を付けました。学校の先生だけでなくZ会の添削も利用しました。また、古典は鉄緑会の過去問題集を使用していました。

世界史は教科書を熟読し、論述に使

える表現をマスターしました。学校の進度は遅かったですが、過去問などの添削には助けられました。地理も資料集を中心に勉強し、添削を通じて論述の対応力を身に付けました。

学校の対応はかなり手厚く、勉強面だけでなく東大に合格した先輩から話を聞く機会を設けてくれたことも感謝しています。普段の課題や授業の復習を徹底したことが、ほぼZ会の添削と学校の教材だけで東大合格に必要な力を付けることができた要因です。模試では基本的にA判定を取っていましたが、慢心することはありませんでした。

直前期も自分の生活リズムを崩さず、2次試験対策中心の調整を続けました。共通テスト対策を始めたのも冬休みに入ってからですし、私立大学も共通テスト利用入試のみを受けました。地方勢の場合は特に、滑り止め受験の移動や対策によって2次試験までの貴重な時間が失われてしまいます。自分が本当に行きたい大学はどこなのかを考え、そこに受かるための最善の調整方法を自分で考えるべきだと思います。

2次試験本番は2日目こそ好感触だったものの、1日目の感触は悪かったです。ただ1日目の数学は苦手で「できなくて当然」というメンタルで臨んだため、落ち込むことはありませんでした。受験にトラブルは付き物ですし、慌てず気持ちを切り替えて普段の生活リズムを再現するのが大切です。

地方から東大を目指す高校生は情報が少なく不利だと思います。先輩などから情報をしっかり集め、自分に合ったスタイルを確立して合格をつかんでください。応援しています。

2021年度入試（文Ⅰ）

共通テスト合計	計 819
国語	64
英語	103
数学	30
世界史	46
地理	43
総合成績	386.10

自分に合った生活リズムで学校の授業中心の対策

↓

外的要因に惑わされず着実に実力を身に付ける

合格体験記

苦手科目を意識して自律的な学習を進める

学校の授業と課題を活用

文科Ⅱ類　首都圏×公立×現役

小《こ》林《ばやし》龍《りゅう》誠《せい》さん
埼玉県立浦和高校（埼玉県）出身

私は元より大学で経済学を学びたいと思っていました。そこで苦手な数学を受験しなくてもよかった早稲田大学政治経済学部を目指していたのですが、数学が必須科目に変更されるという発表があって。その話を聞いた高1の5月ごろに、どうせ数学を勉強するなら東大を目指そうと思い、志望校を変更しました。

高校では弓道部での活動や体育祭、文化祭などに気を取られ、受験勉強に集中することができませんでした。学校の授業の予習と復習で精一杯でしたが、高2の終わり頃から新型コロナウイルスの流行が始まり、休校期間中の空いた時間に本腰を入れて受験勉強をするようになりました。その間、自らスケジュールを立てて勉強し、夏休みには学校にこもって1日10時間以上勉強をする日もありました。しかし夏休みの努力に満足してしまい、秋には勉強のやる気が尽きてしまいました。11月に入り、ようやく危機感を感じてきましたが、夏休み後に立てたスケジュールの見直しを余儀なくされました。その後、12月には共通テストや2次試験の勉強を本格的に始めました。私は学校の授業の予習や復習を重視し、最後まで予備校には通いませんでした。

両親のサポートは大きかったと思います。模試で思うような成績を取れなかった時も、東大に行きたいという私の信念を応援し続けてくれました。クラスメートも、志望校は違えどみんなが頑張って勉強をしていることで一体感が生まれ、心の支えになりました。

国語では記述力が重要だと感じたため、記述対策のテキストで基礎を固めた他、学校の添削課題で長文解答の練習や過去問対策を行いました。また、趣味であった歴史小説などの読書は表現力や記述力の養成に役立ちました。古文・漢文は「赤本」でひたすら演習を積みました。

英語は語彙力を付けるため、自分の持っている単語帳を再確認して、知らなかった単語だけを書き出したノートを作成しました。これは特に役立ちました。しかしながら、模試で長文が全く読めずに文法理解の必要性を痛感したことから、夏から秋にかけて誤文訂正や整序問題を重点的に対策しました。

日本史や地理では、コツコツと知識を補強し続けた他、過去問を演習し、学校の先生に添削をしてもらうことで記述力を付けていきました。

最大の苦手科目であった数学には一番重きを置き、予習・復習を徹底したり、問題集を買って解いたりしました。しかし、最終的に自分が思ったほどの実力は付かなかったです。

こうして迎えた共通テストでは、思うような点数が取れませんでした。しかし、東大で経済学を学びたいという志の下で、その点数はあまり気にせずに強気で2次試験に臨みました。また、予備校に通わなかったことで、長期休みなどの時間を苦手な分野の克服や課題の消化のために使うことができました。予備校を利用するメリットは多分にあると思いますが、基礎に不安があり、課題が山積している人は焦って予備校に入らなくてもいいと思います。自分がするべき課題をこなす方が大切です。

受験生の皆さんには、周囲と成績を比較して不安にならないでほしいです。今まで努力してきた自分を信じて、何としてでも東大に滑り込んでやろうという気持ちを強く持ち続けてください。

2021年度入試（文II）

共通テスト合計	計 766
国語	63
英語	90
数学	34
日本史	41
地理	42
総合成績	363.62

学校の授業の予習・復習を欠かさず、添削課題も活用

↓

予備校に通わずして2次試験に耐え得る記述力を付ける

合格体験記

得意・不得意に沿った勉強内容　目標点を意識して自分のペースで

文科Ⅲ類　首都圏×私立×現役

佐野綾《さのあや》さん
女子学院高校（東京都）出身

中2の夏からイギリスにいて高1の夏に帰国したら、数学の進度が周囲より大幅に遅れていました。文系と決めていたので、私大受験に絞り高校で受ける数学の授業数を減らすこともできました。ですが、高校で良い先生に教わることができ授業が面白かったため、数学を続けて国公立大受験の可能性を残すことにしました。それが高1の終わりのことです。高2の秋に、家から通いやすく入学時に学部を絞る必要がない東大、その中で自分の興味とも重なった文Ⅲに志望を決めました。

　高2の秋までは勉強以外の活動で忙しくしていました。ミュージカルをやっていて毎日練習していた他、10月までは文化祭で行うクラブ活動の展示の準備に注力し、11月には英語ディベートの大会の決勝に出場するためアメリカにも行きました。年4回の高校の定期テストにはしっかり準備して臨みましたが、本格的に受験を意識して勉強を始めたのは高2の冬休みからです。

　どの科目も高3の夏までは基礎固めに注力しました。とにかく遅れていて苦手だった数学は『チャート式　基礎と演習』（数研出版）から始め、その次は『チャート式　解法と演習』（数研出版）をやるなど、少しずつ参考書のレベルを上げて取り組みました。古文と漢文も、まず単語や文法を中心とした参考書で基礎を固めました。基礎がしっかりしていれば、読解もできるようになります。

　高3の9月に過去問演習を始めました。得意な英語は『東大の英語　27カ年』（教学社）を1年という単位は気にせず大問ごとに解き、他教科は1年分ずつ時間を計って解きました。提示された史料を踏まえた論述問題が大半を占める日本史や、600字程度の大論述がある世界史は、過去問で東大独特の出題形式に慣れるのが一番効率的だと思います。年明けからは共通テス

ト対策に専念し、共通テスト後は過去問に加えて東大模試の復習も行いました。特に時間を割いたのは知識が点数に直結する世界史で、テーマごとの対策をしました。

私は共通テストも2次試験も、科目ごとに目標点を立て、それに沿って勉強のペースや量を決めました。例えば、12月の共通テスト模試が目標に照らして良くできたので、年内は2次試験対策も並行する判断をしました。

2次試験の目標点は高2の冬に一度立て、過去問を試しに解いてみた高3の5～6月に練り直しました。苦手な数学が仮に0点でも大丈夫なように、国語70点、数学30点、日本史と世界史を合わせて80点、英語１００点、合計２８０点で設定しました。自分の得意な科目と苦手な科目の得点バランスを考慮することが大切だと思います。目標に合わせて戦略的に勉強すれば良く、全部をできるようにする必要はありません。

自分の実力を考慮して目標点を定めていたことは、本番でも役に立ちました。共通テストと2次試験の数学は目標点を低めに設定していたので心理的なハードルが下がり、冷静になって解くことができました。本番で冷静さを保てたことは重要でした。2次試験では国語の感触があまり良くなかったのですが、試験の後に「1位にならなくても、上位3分の1に入れば合格できる」と言い聞かせ、その後の数学をうまく乗り越えることができました。

私は、やる気が起きず不安な時は「QuizKnock」のYouTubeを見て東大受験に対するモチベーションを上げたり、直前期にはルーズリーフの余白に「もう少し」と書いて自分を励ましたりしていました。頑張り続けるのも無理なので、受験生の皆さんも勉強に向き合えない日があっても落ち込まず、健康第一で続けてほしいです。

科目ごとに目標点を設定

↓

勉強・本番を戦略的に乗り切る

合格体験記

生活リズムを崩さず学校の勉強に集中 基礎の定着を徹底し確かな実力を付ける

理科Ⅰ類　地方×私立×現役

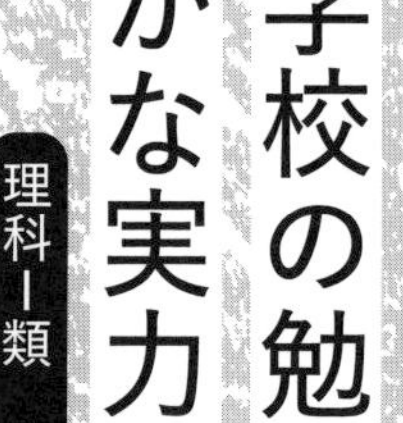

津村花梨《つむらかりん》さん
清風南海高校（大阪府）出身

中3の時、仲の良い先輩が東大に合格したことで「東大って行けるんだ」と思ったのが志望したきっかけです。その後、新型コロナウイルス流行の影響による高校の休校で自分を見つめ直す時間がありました。それまでの人生を振り返り、1回ぐらい何か挑戦してみたいと思い東大受験を決意。工学部で学び生活を支えるものを創り出したいと考え、理Iを志望しました。

中高一貫の学校で、中2から受験直前まで、午前7時半登校、午後11時就寝という生活でした。生活リズムを保てたことは一番良かったと思います。塾には通わず、朝と放課後に学校で自習をしていました。中1から高2ごろまでは授業の予習・復習と課題がメインで、習ったことを確実に定着させるようにしていました。

自習以外には、学校のセミナーに参加。科目別セミナーは高1から各科目週1回放課後に、大学別セミナーは高3から放課後や長期休暇中に実施されていました。国語はセミナーで共通テストの対策を十分に積み、2次試験の過去問も十数年分解きました。理科もセミナーに加え、基礎問題集を何度も解き基本を押さえました。高3は部活が終わり勉強時間は増えましたが、勉強法自体はほぼ同じでしたね。

苦手科目は数学。高1から時間を割いていました。応用問題が不得意なため、基本問題で確実に点を取れるよう基本問題集を繰り返しやりました。共通テスト対策として主にセンター試験の過去問を解き、2次試験の過去問は20年分取り組みました。

大変だったことは二つあります。まず、大阪ではどうしても周りに東大志望者が少なかったこと。そのため、お薦めの問題集や効率的な時間配分など参考になる情報をあまり多く得られませんでした。しかし、不安や焦りを共有できる友人が少しでもいたことが救いでしたね。高3の時は、気分転換とモチベーション維持のため毎日夕方に30分間鬼ごっこをしていました。

もう一つは、休校で勉強の計画が立てられなくなったこと。授業や長期休暇などの予定が分からず、例年の受験生の計画は全く参考になりませんでした。焦りは募るばかりでしたが、手当たり次第問題集や参考書を取り出し、休校中にやることを決めました。何をやるべきか分からなくてもとりあえずやってみたのは今思うと正解でした。

迎えた2次試験本番、数学の試験中に突然悟りました。入試は中1から今までの積み上げの一番上にあるんだなと。入試問題にはそれまでの勉強が全部詰まっていて、生かされてます。そう気付いた時、とても穏やかな気持ちになり、緊張や不安はあまり感じませんでした。結果的に、実力を落ち着いて出し切れたと思います。

受験生の皆さんに特に伝えたいのは、確実にこなせるノルマを決め、その通りに着々と実行する大切さです。私は国語を除き2次試験の過去問を共通テスト後から解き始めましたが、20年分解くつもりが終わらず、科目によって差がありました。予定通りいかないと不安につながるので、達成できる計画を立て、実行しましょう。

新型コロナウイルス流行の影響は依然として続き、予測の立たない中不安かもしれません。しかし、先が見通せるまで待つのではなく、直近の計画だけは立てできることを手当たり次第やってみましょう。例年の方法を当てにできないなら、その分自分の実力が試されます。真面目に着実に実力を付けてください。応援しています。

2021年度入試（理Ⅰ）

共通テスト合計	計 808
国語	57
英語	86
数学	59
物理	38
化学	31
総合成績	369.76

学校の授業と基礎の反復を重視

↓

習ったことを確実に押さえ実力を付ける

合格体験記

苦手科目に時間を割いて集中 堅実に合格への道筋をたどる

理科II類　首都圏×国立×現役

私が東大を志望したのは高1の4月でした。中高一貫校だったので、それより前に東大を目指し始めていた同級生も多く、彼らに触発されて志望しました。学部に関しては明確な目標はなかなか定まらず、高3で理IIに固めました。食料自給率などの社会問題から、農学に興味があったためです。

学習計画の大枠は鉄緑会のカリキュラムにのっとりました。高1、高2では受け身の授業、高3から実践的な課題演習中心といった流れです。鉄緑会は課題の量が多いことで有名です。しかし私の場合部活動をしておらず、時間的余裕からこの学習計画を確実にこなせたことは大きかったと思います。

高3の春からは勉強中心のライフスタイルに移行。折悪くコロナ禍と重なりましたが、私の高校では遠隔会議ツールを使ったオンライン授業がありました。そのため1日の生活習慣に大きな変化はなく、高校の授業後に塾の自習室に通うルーティンを6月には完成させました。

対面の授業が少しずつ始まった後や、2次試験直前期も自習室の利用は継続。午後9時半まで自習室で勉強し、家に帰ってからは息抜きの時間とすることで、生活にメリハリを付けました。また、メリハリを保つために行ったのがスマホの管理です。家の外にスマホを持ち出さないことで、学校と自習室での勉強が邪魔されないようにしました。スマホがないと連絡を取る際に不便ですが、そこは親や友達の協力が大きかったです。もっとも、席替えのくじ引きのためにスマホが必要な時は、少し困ってしまいましたね。

スケジュール管理も、スマホを触らないようにとノートを活用しました。1週間単位で学習計画を立て、実際の到達度を記録する仕組みです。手書きが自分の性に合っていたようで、楽しみながら続けられました。学習内容だけでなく「この分野やばい」など、学

有川騎平《ありかわきっぺい》さん
筑波大学附属高校（東京都）
出身

習の感想や意気込みも走り書きして日記のようにしていました。

具体的な科目の学習に関して、浮き沈みの激しかった数学と理科に絞って、どう克服したのかを紹介します。

数学は高2までに典型問題をマスターしたものの、その先で伸び悩みました。夏の東大模試では数学が足を引っ張り散々の出来。模試を機にそれまでの学習を見直してみると、全ての分野に同じ時間をかけていたと気が付きました。そこで夏休み明けからは苦手分野に集中。結果、秋の模試では六つの大問のうち3問を完答できました。

理科は化学と物理を選択しました。しかし、直前期になっても過去問の得点が安定しませんでした。そこで共通テスト後に自分の到達度を精査した結果、化学の問題で煩雑な条件を整理することが苦手なのだと気が付きました。それからはひたすら演習を繰り返し、情報処理の速度を上げました。また、問題を1問ずつ丁寧に解くやり方から、時間配分を意識した実践的な解き方に切り替えたのも共通テスト後です。結果として幾分か改善したのですが、本番の2次試験では理科で大失敗し、合格はしたものの冷や汗が流れました。

受験生時代の精神状態を思い返すと、やはりストレスは多大でした。夏に受けた初めての東大模試の前は緊張からじんましんが出たほどです。その上散々な結果を見て、志望校の変更が脳裏をよぎりました。その際私を支え、いたわってくれたのは家族でした。2次試験当日も緊張しましたが、会場で友人と談笑し、音楽を聴くとリラックスできました。

受験生の方へ。コロナ禍ということもあって、一人で勉強する寂しさ、終わりが見えないつらさを感じるかもしれません。しかし努力を重ねて合格すれば解放されます。頑張ってください！

力を賢く配分し、
苦手に特化した勉強

↓

隙をなくして波のない
確実な得点に

合格体験記

早くから勉強習慣を付けることが重要 大会などにも積極的に参加

理科III類　地方×私立×現役

吉川心優《よしかわしゆう》さん
西大和学園高校（奈良県）出身

小さい頃から父が私を東大に入れたがっていたのが、東大を意識したきっかけです。小学生の頃は父の支えの下、算数オリンピックに出場するなど勉強が習慣化していきました。自分が病院に通っていたこともあり医師に憧れ、中学受験後の中1の時には理IIIを目指していました。負けず嫌いな性格と勉強が苦ではなかったことから、家に帰るとすぐ勉強していました。

高校でも塾には行かず学校の内容を中心に、高1から平日は1日約4時間、休日は8～10時間勉強していたと思います。部活には入らず、校外の勉強系の大会に参加していました。特に高2の時に英語で教養を競うワールド・スカラーズ・カップに参加したのがきっかけで、東大のリベラルアーツに引かれ、家の方針ではなく自分自身で東大を目指し始めました。

国語は強いて言えば苦手でしたが、過去問にしっかり取り組み学校の先生に添削してもらい力を付けました。

数学は、中3から『大学への数学』（東京出版）の『新数学スタンダード演習』や『新数学演習』で演習し、高3の前半までは得意科目でした。しかし受験直前にスランプに陥り自信をなくし、本番も振るいませんでした。

英語は、中学までは苦手でしたが、中3の終わりに3カ月ほどアメリカに短期留学をしてから得意になりました。語学は触れる時間が大切なので、毎日1本、英語でニュース記事を読んでいました。また普段から洋書を読んでいたことは、小説が出題される東大受験にはプラスに働きました。

物理は、高2の夏から『名門の森』シリーズ（河合出版）で問題を解き始め、終わり次第、過去問を十数年分こなしました。化学は、高3の5月までは学校の独自教材を使っていましたが、『化学の新演習』（三省堂）を始めてから成績が上がっていきました。

共通テスト対策は、世界史以外はほ

とんど何もしていません。世界史は選択したのに好きになれず、本格的に覚え始めたのは高3の1月でした。2週間、毎日15時間ほど世界史を詰め込み、12月末は40点台だったのが、本番では82点まで引き上げられました。

高校は半分塾のような所で、進路や勉強の計画も細かく相談できました。コロナ禍でも4月当初からオンライン授業が始まるなど対応が早かったのも助かりました。しかしオンライン授業ではパソコンが目の前にあり、その誘惑に負けたのと、それまでの受験疲れもあり、高2までよりも勉強していなかったかもしれません。

東大模試は理科が未完成だったこともあり、数学の出来に左右され判定はAからCまで取りましたが、順位を見るようにしました。C判定でも理Ⅲ志望者中で合格定員の約１００番以内だったので、特に焦りませんでした。

2次試験当日はとても緊張しましたが、友人と話して気を紛らわしていました。初日は全く手応えがなく、ホテルに帰る道中表情を取り繕っていたはずが、友人が話しかけられなかったほど険しい顔をしていたらしいです。2日目はもう落ちたと思って振り切っていました。理科のテスト中に来年の学習計画を立てていたほどです。

合格発表の時は、正直落ちていると思っていたので驚きました。祖母がなぜか私より喜んでくれた他、父も泣いて喜んでくれました。

最後に、受験生に伝えたいことは、努力すればきっと合格できるということです。特に得意科目があったわけではない私が合格できたのですから。

2021年度入試（理Ⅲ）

共通テスト合計	計 848
国語	52
英語	88
数学	51
物理	42
化学	44
総合成績	380.64

学校の指導に沿った勉強を習慣化

↓

問題集や過去問による演習で得点が安定

浪人奮闘記

現役時の失敗と向き合って

文Ｉ・女子・首都圏私立中高一貫出身・1浪

楽観的になってしまい……

東大を志望したきっかけは、多くの同級生が東大志望だったことと父が東大出身だったことでした。本格的な受験対策を始めたのは高2の秋です。勉強に真剣に取り組む周りの受験生に後れを取らないためにも、部活を引退したこの時期からは受験に向き合わざるを得なくなりました。苦手な英語以外は現役時も点が取れていましたし、基礎力は付いていたので、勉強の開始が遅すぎたのが不合格の原因だとは思いません。

しかし「センター試験は大丈夫なはず」という慢心による準備不足から、本番で急に不安になって冷静さを欠いてしまいました。特に得意な国語で失敗し、全体としても結果は良くありませんでした。2次試験はそれなりにベストを尽くせましたが、何とかなるだろうとリスニング対策を怠っていたのもあり、英語が足を引っ張りました。

夜型の不規則な生活も不合格の一因だったと思います。特に直前期は学校も予備校もなかったので自堕落な生活を送っていました。

センター試験の点数が低かったので覚悟はしていましたが、いざ不合格が分かるとやはり悔しかったですね。

精神・生活面の課題を克服

浪人を決意したのは、合格者最低点と1点しか違わなかったためです。ま

私が浪人時に意識したことは…

1. やり切ったと思えるように勉強の質を重視

2. SNSを活用して規則正しい生活を

2020年度入試（文Ⅰ）

センター合計	733
国語	76
英語	56
数学	43
日本史	42
世界史	36
総合成績	342.5889
合格者最低点	343.9444

2021年度入試（文Ⅰ）

共通テスト合計	784
国語	69
英語	77
数学	21
日本史	33
世界史	42
総合成績	337.8222
合格者最低点	334.7778

た、高校でジェンダー教育が積極的に行われていた影響で元々ジェンダーに関わる問題に取り組みたいと思っていたのですが、学びにおいて恵まれた環境にある自分に何ができるかを考えた時に、やはり東大に入って官僚になりたいと強く思ったことも理由です。

準備不足で不安になった現役時の反省から、自分が十分に対策をやり切ったと思えるように、質を重視して勉強に取り組みました。現役時に出来が良くなかった英語のリスニングは、まずは短くて簡単なスクリプトを予備校の行き帰りの時間に聴くことで耳を慣らし、次第にシャドーイングやディクテーションなどの難しい練習に取り組みました。この勉強法で、リスニング以外の読解や英作文の力も付けることができました。

生活面の工夫としては、他の浪人生とSNSでつながってお互いに規則正しい生活を送っているか監視し合っていました。また、コロナ禍で特に5月ごろは予備校も全て閉まっていたのですが、勉強時間管理アプリを活用したことでサボりを防止できました。

浪人時を振り返って…

共通テストは予想模試と違う部分もあり少し戸惑いましたが、センター試験の過去問もやったので後は落ち着いて解こうという気持ちになれました。2次試験では、特に英語で1年間培った実力を出し切れました。

浪人生の皆さんは浪人したというプレッシャーで、特に本番は「これで受からなかったらどうしよう」と不安になると思います。でも、自分が浪人生として積み上げた努力を信じれば必ず道は開けると思います。最後まで諦めずに頑張ってください。

浪人奮闘記

強い気持ちで2浪の末合格！

文II・男子・地方公立出身・2浪

基礎力不足の現役時

周りに東大を目指す人が多く、高2の終わり頃から気付けば東大を志望していました。高2の春から大手予備校に通っていたものの、部活動や海外大学訪問研修で忙しかったため、あまり勉強はしていなかったです。

高3から本格的に受験勉強を始めましたが、浪人が多い高校の風潮もあり、浪人しても仕方ないという気持ちがあったと思います。高1からの基礎力の積み重ねが足りないと思いつつも、時間がなかったので問題演習中心で勉強を進めました。そのため見慣れない問題に対応する力がありませんでした。

2次試験本番は、当たって砕ける、くらいの気持ちで挑みました。苦手な英語で、なじみのない分野の文章に頭が真っ白に。総じて基礎力不足だと実感したため、不合格と分かってもすぐに切り替えることができました。

模試で好成績を取るも…

1浪時は現役時から通っていた予備校の東大コースに通いました。英語は苦手なままで、無意識のうちに避けていました。他の科目は基礎力を重視するカリキュラムの効果が出て、順調に成績が上昇。模試でA判定を連発し、秋の記述模試では全国で20番台に。しかし、それが気持ちの緩みにつながった面もありました。

2次試験本番では、数学で計算ミス

私が浪人時に意識したことは…

1. 基礎の徹底
2. 戦略的な大学の授業の履修で、受験と大学生活を両立により答えが合わず焦ってしまい、惨敗。数学の分を取り返さなければと気負って、得意な日本史でも資料を読み間違えてしまいました。点数配分が大きい英語の出来が本番もよくなかったので、他科目のトラブルが合否に大きく響きました。苦手を克服できなかったことと、本番に弱い性格が不合格の原因となりました。

他大に通いながら合格

2021年度入試（文Ⅱ）

共通テスト合計	787
国語	64
英語	65
数学	31
日本史	45
地理	46
総合成績	347.1889
合格者最低点	337.9222

3点差で不合格と分かって思わず苦笑いしましたが、慶應義塾大学への合格に満足していたので、大して落ち込みませんでした。しかし、東大に合格した友人たちが地方紙に載っているのを見てから「自分もここに載るはずだったのに」「自分は何をしているんだ」という気持ちに苛まれることに。

1浪時に来年は必ず進学すると親と約束していたので、大学に通わずにもう1年浪人する選択肢はありませんでした。将来のことも考え、慶應義塾大学での進級を視野に入れつつ、東大受験に再挑戦することを決意しました。

時間がない中で合格するには、数学で他の人と得点差をつけるしかないと思い、夏までは主に数学の勉強に専念。夏以降は英語、国語、日本史を中心に据え、12月になるまで地理の受験勉強はしませんでした。

受験勉強と並行して大学の授業も受け、単位を上限まで取得しました。早期に東大受験を決めていたため、余裕のある春学期に単位を多めに取る、受験勉強につながりそうな英語や地歴の授業を履修するなど戦略的に履修を組めてよかったです。もっとも、共通テストと大学の秋学期の試験期間が近かったため、受験期間終盤は時間のやりくりに苦労しました。

新型コロナウイルス流行の影響や、費用は自己負担という親との約束により、模試は一度も受けませんでした。かえって2次試験に緊張せずに臨むことができ、自分の力を出し切れたと思います。

大学に通いながらの受験勉強は、中途半端だと受験に失敗して大学でも留年するということになりかねません。中心の整理をしっかりつけてから始めることが大切です。東大への強い気持ちがある人は諦めないでください。

浪人奮闘記

勉強量を取り戻す浪人時

理Ⅱ・男子・地方公立出身・1浪

勉強不足が響き…

高校では周りに東大志望者が多く、自分の目指す大学を妥協したくなかったため、東大を志望しました。科類は、進学したい学部が明確に決まっていなかったことと、合格する可能性の一番高い科類を選んだ方が良いと思ったことから、理系の科類の中で、合格最低点が最も低い傾向のある理Ⅱを志望しました。

高校時代は所属していたハンドボール部の活動や文化祭などの学校行事に積極的に参加しており、ほとんど勉強をすることができませんでした。数学は得意だったものの、その他の科目は授業で寝てしまうこともあり、学校のテストの点も良くありませんでした。

高3の春に部活を引退し、5月頃から勉強を始めましたが、夏休みは文化祭で発表する劇の練習のためにほぼ毎日学校に通っていました。そのため、本格的に受験勉強に取り組み始めたのは10月からでした。また、高3から物理と化学の学習を始めたため、さらに英語や国語の勉強にかける時間が少なくなってしまいました。結局現役時は、勉強時間が足りず、数学は東大入試の問題を解くことができる程度になっていたものの、苦手な英語をはじめとする他の科目は足を引っ張るような得点でした。

予備校と共に着実に

私が浪人時に意識したことは…

1. 現役時に不足していた勉強量をしっかり確保する
2. 継続して勉強するために気分転換をする
3. 本番で取る点数の見通しを立てる

浪人時は河合塾に入塾しましたが、前半は新型コロナウイルス流行の影響でオンライン授業でずっと家にいなければならなかったため、モチベーションが上がりませんでした。塾から配信される映像授業も、苦手な科目のものは視聴を後回しにしてしまう時もありました。

後半になると対面授業が始まり、休日に休むことはあったものの、塾の方針に従ってしっかりと勉強に取り組むようになりました。基礎を固めることで、模試の成績は出題される問題によって左右されることなく、安定するようになりました。成績はどの教科も満遍なく徐々に上がっていきました。さらに基礎の勉強の徹底は共通テストでの自信にもつながりました。

浪人時は、時々気分転換をすることが大切だと思います。私はスポーツが好きだったので体を動かしたり、ピアノを弾いたり、共に浪人していた部活の仲間たちとご飯を食べに行ったりしたこともありました。もともと長時間勉強することができないタイプだったので、気分転換をし、勉強から離れる時間を作ることで効率よく勉強を続けることができました。

緊張しない性格で、浪人時の2次試験当日は、それまでの勉強から、順調に問題が解けなかったとしても、どの問題でどの程度点数を取れるかをあらかじめ考えていたので、自信を持って臨むことができました。

2021年度入試（理Ⅱ）

共通テスト合計	805
国語	38
英語	69
数学	90
物理	38
化学	26
総合成績	359.3889
合格者最低点	314.2333

勉強以外の成長も

高1の頃から少しくらい勉強しておけばよかったと思うこともありますが、浪人覚悟で高校時代に部活と学校行事に全力で取り組むことができたので、浪人したことに全く後悔はしていません。

後輩へのアドバイスとしては、高1や高2の間に受験勉強以外に何か打ち込めることがあると良いと思います。私は高校で所属していたハンドボール部の活動を通して、精神的に強くなったと感じています。部活や趣味、学校行事などに一生懸命に取り組むことで、精神面など学力以外の点で成長することができるでしょう。

COLUMN

宅浪

**予備校に通わず浪人生活を送る「宅浪」。
東大にも、宅浪生活を経て晴れて入学してきた強者たちがいる。
その一人である筆者が宅浪の経験談をお届けする。**

皆さんはご存じだろうか。「宅浪」というものを。いわゆる「自宅浪人」の略称である。志望校に惜しくも合格することができず、夢の大学に入学するために勉強を続けると決めた受験生は、多くが予備校に通うことになる。しかし、その中でもさまざまな理由から独学を続ける場合がある。それが宅浪だ。東大受験生にも多くはないが、いないわけではない。筆者もその一人だった。宅浪を言葉で説明すると簡単だが、その実情は経験した者にしか分からない。

最大の難関は孤独感だ。友人にも会わず、予備校など決まった時間に決まった所に行くわけでもない。何にも制限されないが、それ故に寂しい。そうした孤立感を紛らわせるために、よく日記を書いたものだ。自分の感情を整理し、客観視することができるので、宅浪で悩んでいる人にはおすすめだ。

さらにやはり時間を持て余す。それまで高校など時間的に拘束されている時間が多かったが、そうした時間がなくなることで、自分で何かを始めなければ何もやることがないことを痛感させられる。もっとも、時間があると油断し、勉強をしなくなってしまう、という失敗も「宅浪あるある」である。気を付けたい。

かといって、欠点ばかりではない。まず、経済的な利点がある。予備校などに通うとなると多大なお金が必要だが、宅浪だと参考書費と模試代くらいで済む。さらに自分で学習リズムを考えることができるので自分に適した学習ができる。自分でするべき事を考えて学ぶことは、自分で授業を選択することが多くなる大学入学後、さらにはその後の人生にとって必要なことになるのではないだろうか。

筆者の場合、意外な出会いもあった。といっても、人との出会いではない。映画だった。毎日昼頃にテレビで放送されている昔の名作映画を見ることをルーティンにしていた。その中で今でも見返す作品がある。これも宅浪だったからこそ知ることのできた映画だ。こうした出会いもある意味、宅浪ならではといえるだろう。

宅浪を選択するのは勇気がいるかもしれない。覚悟も必要となるだろう。確かに宅浪には大変なことが多い。しかし、その分得るものも多いのだ。筆者も宅浪経験後、東大に入学できた。他にはない経験はあなたを成長させるだろう。

一般入試紹介＆
2次試験当日
シミュレーション

大学入学共通テストと東大2次試験。

制度を知り、先輩の試験当日の過ごし方を学んで

準備を万全にしよう。

第1段階選抜

東大入試と大学入学共通テスト

2021年度入試から導入された「大学入学共通テスト」。センター試験からの大幅な変更はないが、英語・数学といった主要科目の一部の変更には注意する必要がある。

東大入試で必要な共通テストの科目は、文科各類志望者は5教科8科目または6教科8科目、理科各類志望者は5教科7科目（下図）だ。形式はセンター試験と同じマーク式。ただ「数学Ⅰ・A」では、試験時間がセンター試験（60分）から10分増えた70分になることを念頭に置いた時間配分をする必要がある。さらに「英語」では読解問題とリスニング問題の配点比率が1：1（センター試験では4：1）となり、リスニング力の重要性が大きくなることに注意したい。

「あれっ？　東大は英語リスニング試験があるの2次試験だけじゃなかったっけ？」と思ったそこの君。共通テストでは「英語」のリスニング成績も選抜に利用されるのだ。ただし、東大に関しては、リーディング140点満点、リスニング60点満点に換算した上で成績評価に利用される。比重は小さくなるものの、リスニング試験対策に力を入れる必要がありそうだ。

一般選抜ではまず共通テストの結果を基に第1段階選抜が実施される。第1段階選抜により、2次試験の受験者数は文系で入学定員の3倍、理Ⅰで2・5倍、理Ⅱ・理Ⅲで3・5倍程度にまで絞られる。2次試験では共通テストの点数（900点満点）が110点満点に換算されて得点に算入される。

大学入学共通テスト試験科目

【文系】5教科8科目または6教科8科目

国語	「国語」	
数学	「数学Ⅰ・A」必須、および「数学Ⅱ・B」「簿記・会計*」「情報関係基礎*」から1科目選択 （*は高校で履修した者などしか受験できない）	
地理歴史	「世界史B」「日本史B」「地理B」	左の4科目から2科目選択
公民	「倫理、政治・経済」	
理科	「物理基礎」（「物理」）「化学基礎」（「化学」）「生物基礎」（「生物」）「地学基礎」（「地学」）から2科目選択 （基礎を付していない科目は、同一名称科目を含む基礎を付した科目を選択していない場合に限り基礎を付した科目として扱う）	
外国語	「英語」「ドイツ語」「フランス語」「中国語」「韓国語」から1科目選択	

【理系】5教科7科目

国語	「国語」	
数学	「数学Ⅰ・A」必須、および「数学Ⅱ・B」「簿記・会計*」「情報関係基礎*」から1科目選択 （*は高校で履修した者などしか受験できない）	
地理歴史	「世界史B」「日本史B」「地理B」	左の4科目から1科目選択
公民	「倫理、政治・経済」	
理科	「物理」「化学」「生物」「地学」から2科目選択	
外国語	「英語」「ドイツ語」「フランス語」「中国語」「韓国語」から1科目選択	

2次試験

次のページからは、文理2人の東大生の体験を基に、2次試験をシミュレーションしてみる。その前に、試験の基本情報を把握しておこう。

試験科目

2次試験は例年2月25日と26日の2日にわたって行われる。1日目は国語と数学、2日目は理科または地理歴史と外国語だ。

文系の配点は、国語・外国語が120点ずつ、数学は80点、地理歴史は60点が2科目で、合計440点。

理系の配点は、数学・外国語が120点ずつ、国語が80点、理科は60点が2科目で、合計440点になる。理IIIのみ面接が27日に行われる。

試験会場

試験会場は文系が駒場Iキャンパス（最寄りは駒場東大前駅）で、理系は本郷キャンパス（同本郷三丁目駅）・弥生キャンパス（同東大前駅）だ。駒場Iキャンパスと本郷キャンパス間の移動はおよそ45分はかかるので、間違えると悲惨なことになる。

〈備考〉

試験が終了すると全受験生が一斉に帰途に就くため、駅は大混雑になる。駒場東大前駅では普段停車しない急行が停車する。

試験当日

開門時刻は午前8時半ごろだが、待機する受験生の列の長さを考慮して数分早く開門されることが多い。入場の際に2次試験の受験票を提示する。入場後は自分が試験を受ける教室で待機。試験前になると試験監督者が巡回し、共通テストと2次試験両方の受験票を確認する。

試験開始数分前には、問題冊子と解答用紙が配布され、解答用紙に受験する科類・受験番号・氏名を記入する。問題冊子は持ち帰り可能だ。

チャイムの音を合図に、1科目目の試験が午前9時30分から始まる。

〈備考〉

2次試験で受験票を忘れたりなくしたりしても、係員に申し出れば仮受験票を発行してもらえ、2次試験そのものは問題なく受験することができる。途中で受験票がないことに気付いても、焦らずに時間通りに試験会場に着くことを心掛けよう。

2次試験シミュレーション

ここでは2人の現役東大生の
2次試験体験談を紹介する。
前日何をしたらいいのか、
どんな気持ちで過ごせばいいのか。
当日はどんな流れになるのか。
先輩たちの話を基に、
本番を追体験してみよう。

K・Tさん
文III・1年
長野県出身・公立・現役

S・Rさん
理II・1年
東京都出身・私立・現役

○入試前日まで

想定より良い点数で共通テストを乗り切った後、2次試験の対策に明け暮れた。塾には通っていなかったため、高校の特別授業に参加して毎日夜まで特訓を積んだ。過去問は全科目で教員の添削指導を受けた。解答の約3倍の時間をかけて答え合わせと分析に取り組んだ。

前日に新幹線で東京入り。早い時期に予約をしておいたおかげで駒場Iキャンパスから歩いて15分と近場のホテルを確保できた。同伴してくれた父と試験会場の下見に行った後は、ホテルでひたすら国語と数学の最終確認。翌日の準備を済ませて早めに寝ることにした。

○入試1日目

○入試前日まで

高校での講演会がきっかけで、認知脳科学や言語学の研究に携わりたいと考えるようになったことあり、早くから理IIへの出願を決めていた。共通テストも無事に切り抜け、迷いなく出願手続きをした。

私大医学部にも出願していたため、1日おきにそれぞれの対策に取り組んだ。使用したのは過去問と塾の教材。特に国語は、学校の教員の添削指導を受けて答案の矯正を図った。併願校の数学で失敗したこともあり、苦手な積分の演習を積むなど数学のラストスパートをかけた。

○入試1日目

いつも通り朝4時に起床。音楽を聴きながら積分の問題を解いた後、入前日に準備を済ませておいたことで試験会場には余裕を持って着いた。

1科目目は国語。模試では古文・漢文が得意だったが、本番では焦ってしまい苦戦。共通テスト後に対策を始めた第4問も、早めの対策をしておけばよかったと悔やむ結果に。

昼休みを挟んで2科目目は数学だ。模試ではケアレスミスが克服できず、いつも平均点程度かそれ以下の点数が続いていた。しかし共通テスト後にはミスに気を付けながら解く練習を積んだことで、本番ではミスが一つもなかった。後日得点開示結果を見たら過去最高点＋20点という驚きの高得点だった。

試験はまだ1日残っている。翌日に備えて日本史の過去問を見直すことに

浴・着替え・朝食とルーティンをこなし7時30分に家を出た。道中コンビニで水とラムネ、昼食を買い、試験直前まで本を読んで過ごした。

1科目目の国語は楽しんで解いた。現代文では直前に参加した講習会で得た知見を生かし、古文では試験会場にまで持参した『落窪物語』が出題された。偶然とはいえ、面白い二日間になりそうだと胸が高鳴った。

昼休みには素早く昼食を済ませた後、本郷キャンパスの中を散策した。写真を撮って友人に送るなどリラックスして時間を過ごした。

2科目目は、模試で50点を超えたことが一度しかなかった数学だ。第1問から順番に解くスタイルで取り組んできた。本番では第3問までは順調に解

しよう。過去問の頻出分野を確認し、模範解答にひたすら目を通した。

○入試2日目

1科目目は社会だ。これまで一番得意だった世界史と、一番苦手だった日本史を150分で解答した。世界史の第1問(大論述)では頻出分野が出題されたため問題なく解けたが、第2問(小論述)と第3問(一問一答)は記憶が曖昧な部分が出題され苦戦。一方の日本史。前日の夜に確認した解答例を思い出しながら、出題者の意図を考えて解いた。結果は日本史の方が世界史よりも点数が高かった。入試では何が起きるか分からない。

最終科目は英語だ。2次試験直前期の過去問の添削指導では90点台をキープできていたほどの得意科目だ。しかし本番は第1問の要約問題と第3問の

けたものの、第4問で苦戦。少し考えて後回しにすることに。残りの2問は計算の負担を軽くする工夫を凝らすなどして快調。最後に第4問に戻って時間いっぱい回答した。後悔はない。

数学の試験終了後はお気に入りの曲を聴きながら帰宅。夕食を食べて早めに寝ることにした。

○入試2日目

1科目目の理科は生物と化学を選択した。苦手な生物に不安を抱えながら試験開始を迎えた。本番では生物の第1・2問を解いた後に化学を全て解き、生物の第3問に戻るという順番だった。化学の構造決定で苦戦したものの、30分残して生物の第3問に向かった。憧れの大学教員の専門分野と関連する問題が出たこともあり、時間の余裕がない試験だったが、楽しんで解く

リスニング問題で苦戦。60点台という悔いの残る結果となった。リスニングの訓練をもっとたくさん積んでおけばよかった。

試験終了後、退室までの時間は目を閉じて心を休めることにした。2日間の激闘を終えて試験会場を後にし帰路に就いた後は、同じ高校の友人とLINEをして過ごした。

○合格発表当日

試験終了翌日からは他大学の後期試験対策をして過ごした。東大の合格発表当日は朝から落ち着かず、ゲームをして現実逃避することにした。昼食後に結果を確認すると、自分の番号を発見。自分の目を信じきれず高校の先生にも改めて確認してもらった。

ことができた。

生物の試験の興奮冷めやらぬまま、友人や母に途中経過を報告。油断してはならない、と外に出て英語の本を読んで最後の闘いに備えた。

直前期にリスニング力を鍛えたことで英語には自信を感じていた。本番では英作文で苦戦して焦ったままリスニングへ。しかし第5問が想定より簡単だったこともあり、全体的には時間に余裕が持てた。

試験会場から出るや否や併願校の一次試験合格を知り、上機嫌で会場を後にした。部活の先輩とご飯を食べ、リラックスして帰路についた。

○合格発表当日

試験終了翌日からは併願校の面接・

小論文対策をしたり、読書・ゲームをしたりして過ごした。発表当日も朝4時に起床。発表の30分前から母とパソコンの前に待機することにした。自分の番号を見つけ、学校と塾に報告しに行った。お世話になった人へのお礼も言えて幸せを感じた。

合格後

○合格発表

一般選抜合格者の受験番号は例年3月10日に東大ウェブサイトで発表される（22年度は詳細未定）。正午ごろ、各科類の合格者の最高点・最低点・平均点とともに公表。なお合格者には同日中に電子郵便で合格通知書が送付される。

出願時に希望していれば、科目別の得点と共通テストの得点、総合換算が記載された試験の成績を受け取ることができる。合格者には4月中旬、不合格者には前期合格発表の翌日に発送される。

○入学手続き

入学手続きはインターネットと郵送で行う。期間内に行わない場合は入学辞退と見なされる。ウェブサイトで情報登録を行い入学金を振り込んだ後、必要事項を記入した申請書や受験票などを添えて大学に郵送。このとき、入学後に履修する初修・既修外国語を登録する。履修する言語を考える期間は短く、後から変更はできないためあらかじめ検討しておく必要がある。手続きが完了すると、大学から新たに書類が自宅に郵送される。

2021年度第2次学力試験（前期日程）の結果

科類	募集人数（人）	志願者数（人）	第1段階選抜合格者数（人）	合格者数（人）	合格者成績（点）		
					最低点	平均点	最高点
文I	401 (0)	1264 (▼145)	1203 (▼1)	403 (▼4)	334.8 (▼9.2)	360.8 (▼13.3)	436.3 (▼14.6)
文II	353 (0)	1016 (▼95)	1013※ (▼47)	355 (▼6)	337.9 (0.3)	362.1 (0.4)	438.7 (▼3.9)
文III	469 (0)	1455 (22)	1407 (0)	469 (▼1)	336.6 (▼2.2)	356.8 (▼1.8)	421.5 (1.7)
理I	1108 (0)	2989 (64)	2771 (1)	1122 (▼3)	333.3 (12.5)	360.7 (8.2)	456.3 (▼19.4)
理II	532 (0)	1980 (12)	1862 (▼1)	546 (▼4)	314.2 (1.2)	338.6 (1.6)	440.3 (▼9.0)
理III	97 (0)	385 (▼28)	342 (2)	98 (1)	375.7 (▼9.9)	405.5 (▼8.6)	480.4 (▼11.8)
合計	2960 (0)	9089 (▼170)	8598 (▼46)	2993 (▼17)	-	-	-

（　）内は前年度比の増減、▼は減少。得点は550点満点、小数点第2位で四捨五入
※文IIは第1段階選抜を実施していない
（東大本部発表の資料より東京大学新聞社が作成）

入学後の流れ

※20・21年度は一部中止・オンライン開催

○健康診断・諸手続き

3月下旬から4月上旬にかけて身体測定、カウンセリングなどの健康診断が行われる。入学手続き後に送られてくる書類に既往歴や予防接種の有無などを記入して提出する。

同時期に入学のための諸手続きが行われる。駒場Iキャンパスの1号館で各種書類の提出、受け取りを行うが、毎年混雑する。諸手続き時に、選択した初修外国語別に決まるクラスが知らされる。

諸手続き後は前年度に入学したクラスの先輩（上クラ）がブースを開いており、オリ合宿についての説明を受ける。オリ合宿とは新入生と上クラが合同で行うオリエンテーションを兼ねた旅行で、新入生同士が親睦を深め、上級生から駒場での生活についてアドバイスをもらうことができる。

1号館を出ると「テント列」と呼ばれるサークル勧誘活動が行われている。多くの団体がテント列に参加しており、道は人で埋め尽くされ、にぎやかな行事となっている。各部活・サークルから熱烈な歓迎を受けるので、全てに対応していては5、6時間かかる。勧誘をきっぱり断ることも時には必要だろう。

諸手続きの数日後にガイダンスが行われる。初日は理系、翌日は文系が対象だ。教務課や教員から施設の利用や講義の履修上の注意などが説明される。ガイダンスは午前中に終了し、午後はサーオリと呼ばれるサークル勧誘活動が行われる。テント列とは違い、各サークルが各教室にブースを出展しているため、行きたいサークルにだけ行くことができる。諸手続き後に配布される各サークルのビラを参考にして、興味のあるサークルのブースがどこにあるのかを確認しよう。

サーオリの直後にオリ合宿があり、4月5日ごろから授業が始まる。入学式は例年4月12日（22年度は未定）、日本武道館で行われる。

入学後の流れ（2021年度入学生の場合・実施されなかったイベントは例年の実施日の目安を掲載）

	イベント	コロナ禍での対応
3月10日	前期合格発表	掲示は実施せず、ウェブ上のみ
10～13日	ウェブ情報登録期間	
11～15日	入学手続き	
23～30日	健康診断	
26、29日	諸手続き（理系は26日、文系は29日）	テント列は中止
30、31日	学部ガイダンス（理系は30日、文系は31日）	
3月27日～4月2日	オンラインサークル説明会	サーオリの代わりに実施
4月1～3日ごろ	（オリ合宿）	中止
6日	授業開始	
12日	入学式@日本武道館	新入生のみ参加

COLUMN

仮面浪人

**大学生という「仮面」をかぶり受験勉強に励む仮面浪人。
東大でも、仮面浪人をしていたという人は決して珍しくない。
実際に仮面浪人を経験した筆者がその実態を語る。**

仮面浪人のスタイルは実にさまざまで、受験失敗時の保険として籍だけ置いて単位は取らないという人もいれば、授業に出席し、さらに部活動・サークル活動やアルバイトを行う人もいる。筆者の場合は後者だ。

現役時は合格にあと一歩届かず東大不合格。おとなしく別の大学に入学し、授業に参加して友達もでき、サークルにも所属、アルバイトも始めた。充実した生活を送っていたが、所属していた大学で将来やりたいことができるかという不安に、消えない東大への憧れ。高校時代の友人や家族の後押しもあり、再受験を決意した。

授業や試験には全て参加し、サークル活動も切りが良いところまで続けた。失敗したときのことを考えると、大学の友人には一切打ち明けられなかった。予備校にも通わず、平日は授業や課題の合間を縫って、大学の図書館でこっそり勉強した。

結果、筆者は半ば奇跡的に合格を勝ち取ったが、正直仮面浪人はあまりおすすめできない。授業を受けないならば高額な授業料がもったいないし、きちんと単位を取ろうとするとセンター試験（現在は共通テスト）直後に大学の期末試験を受けなければならない。日々の授業や課題も含め、負担はかなり大きい。「仮面浪人は保険がある」という声も聞くが、それは「失敗して仮面浪人先の大学に進学すれば、仮面浪人時の努力が全てなかったことになる」ともいえるのだ。

しかし、筆者は仮面浪人という邪道を選んだことを後悔していない。仮面浪人先で出会った学科やサークルの友人とは今でも連絡を取っているし、新型コロナウイルス流行前のキャンパスライフを経験できた。理科や英語など、大学で学んだ内容が受験勉強に役立つこともあった。大学に通うため生活リズムを整えやすいことや、友人などと話す機会があり、気分転換がしやすいことも仮面浪人の利点かもしれない。そして何より、東大に入学して、新たに刺激的な仲間に出会い、幅広い分野の授業を受け進路を見つめ直す機会ができて本当に良かったと思っている。

なぜあえて仮面浪人をするか。仮面浪人先の大学できちんと単位をとるか、はたまた受験勉強に専念するか。所属先のカリキュラムや勉強方法によっても仮面浪人の実態は多種多様だが、いずれにしても「努力が無駄になるかもしれない」という、現役生や普通の浪人生にはない特別なプレッシャーがある。仮面浪人の遂行にはそれなりの意志の固さが必要になるだろう。

推薦入試
制度紹介

2016年度入学者選抜から導入され、

6年目となった2021年度から

「学校推薦型選抜」と名称を改めた推薦入試制度。

ここではその制度を概観するとともに、

推薦入学の1年生の「推薦合格体験記」をお届けする。

学校推薦型選抜概要
潜在的な層を掘り起こすために

２０２１年度入試から「学校推薦型選抜」に改名した推薦入試制度は、出願書類の内容を基に第１次選考が、その合格者に対して面接やグループディスカッションなどの第２次選考が実施される。出願書類や面接の内容、およそ８割の得点が合格の目安となる大学入学共通テストの成績などを総合的に評価して合格者を決定する。

出願には、入学志願票や調査書、志願書、学校長からの推薦書に加え、各学部が求める資料が必要。他の国公立大学の学校推薦型選抜との併願はできず、一般選抜との併願は可能だ。入学後は学部指定の科類に分かれ前期教養課程の学修を行う。修了後は出願時の志望学部に進学することになり、原則進学先は変更できない。

2021年度推薦入試の結果

学部（学科）	募集人員	出願人数（人）	20年度出願人数（人）	第1次選考合格者数（人）	最終合格者数（人）	20年度合格者数（人）
法	10人程度	24	14	16	10	8
経	10人程度	20	6	16	10	3
文	10人程度	19	11	14	10	5
教育	5人程度	26	15	13	5	7
教養	5人程度	28	19	11	5	5
工	30人程度	63	51	53	27	23
理	10人程度	38	37	22	12	12
農	10人程度	20	11	12	6	3
薬	5人程度	9	4	7	2	3
医（医学科）	3人程度	14	4	8	3	3
医（健康総合科学科）	2人程度	6	1	5	2	1
合計	100人程度	267	173	177	92	73

東大本部公表の資料を基に東京大学新聞社が作成。20年度入試と比べ、合計の出願人数・合格者数共に増加している

21年度入試から1校につき合計4人以内、男女各3人までの出願が可能となった（ただし同一学部・学科につき男女各1人以内との制限付き）。高大接続研究開発センターの高橋和久特任教授、植阪友理准教授によると、この変更は枠を増やしてほしいという高校側の声と、より多くの人に応募してもらいたいという大学側の思いに基づいているという。また一つの学校からの出願可能人数が増えたことに加え、提出書類の書式を各学部で統一したこと、郵便からインターネットへの出願方法の変更は「学内の推薦生の選考や書類の作成を行う教員側の負担軽減にもつながり、今後も応募者数増加の一つの促進力となるだろう」と高橋特任教授は語る。実際に応募者数は増加し、合格者数も目標の１００人に近づいている。

前期教養課程の推薦生には、早期に専門教育に触れる機会や学部の教員の連絡先を共有するアドバイザー教員制度を提供。駒場で授業を受けているだ

けだと接点のない学部の教員に話を聞けたり、興味のあるシンポジウムにつないでもらえたりする。推薦生は概して学習意欲が高く、教員からも評価が高い。「自分のやりたいことがはっきりしていることが、学生生活をこんなにリッチにするのかと感心しています。一般生も良い影響を受けているはず」と植阪准教授は語る。

21年度は、受験生向けの推薦制度説明の開催を5月、7月、11月に計画している。「東大の推薦入試にはいろいろなイメージを持っている人がいると思いますが、この制度が目指す意図を理解し積極的に受けてもらいたい」と植阪准教授。「広報をより積極的に行うことで、潜在的なニーズをもっと掘り起こしていきたいです」

「推薦のつどい」とは？

この会は現役推薦生が主体となり推薦入学の新入生に向けて開催しています。例年は駒場キャンパスでの開催ですが、２０２０年度はオンラインで２月20日、21日に行いました。新入生同士の交流の機会を設けること、推薦生の生活についてイメージを持ってもらうこと、入学準備の不安解消、学内における全国規模の推薦生ネットワークの早期構築などが目的で、推薦入試の合格通知と共に案内が届き記載されたフォームから参加申し込みをします。

第1部は、東大の1年の流れやＳ１タームの行事・各種手続きなどを解説する「東大生の1年」、上級生の履修や部活・サークルなどのスケジュールを見る「東大生の１週間」「オススメ授業紹介」「推薦生ならではの体験」などと盛りだくさん。20年度は「オンライン授業について」という話題も扱いました。第2部では班に分かれ交流会を行います。別枠で保護者同士が交流する場も設けています。質問も受け付けており、20年度は「1、2年次に本郷へ行く機会はどれくらいあるのか」「推薦入学のメリット・デメリットは?」といったものから、ＴＬＰプログラム、住まい、早期履修などについて教えてほしい、などがありました。

年々参加率は向上し20年度は95％越え（推薦合格者92人中89人）。オンライン開催で参加しやすかった、コロナ禍での入学で人間関係の構築に不安を感じている人が多かった、などが要因でしょう。21年度の開催形式は新型コロナウイルスの感染状況や大学側の指標により判断します。

推薦生にはその道のエキスパートのような人がたくさんいます。そうした人たちと話ができるだけでも参加する価値があると思うので、ぜひ参加し楽しんでいただけたらと思います！**（談）**

推薦合格体験記

法学部推薦

志望理由書作成に注力

寺嶋《てらじま》 琴《こと》さん
(文Ⅰ・1年)

小学生の頃から裁判に興味を抱き、傍聴を始めた。そこで法廷通訳人の存在を知り、次第に日本の法廷通訳人制度が抱える問題を調べるようになった。「東大でこの研究を続けたい」という強い思いの下で、元々は一般入試に備えて勉強をしていたという。

推薦入試を視野に入れ始めたのは高3の春。高1の夏に親善大使として米テキサス州に渡った際に銃社会に関するアンケート調査を実施。それに基づいて書いた論文で受賞した経験などを踏まえて、推薦入試の受験を決意した。

推薦入試対策で特に力を入れたのは志望理由書の作成だ。関心分野などについて７５００字程度で述べ、その中で参照した文献を示すために６０００字程度の注釈一覧も添付して提出した。法制度に詳しい人や高校の現代文の教員に何度もアドバイスをもらい提出書類を完成させた。一般入試対策との両立は負担が大きく苦労したという。

受験当日の個人面接では、志望理由書や銃社会に関する論文について専門的な質問を受けた。「自分の知識を最大限活用しても答えられないような難しい質問をいくつも頂きましたが、諦めずになんとか頭の中にあるものを言語化しました」。面接は15分程度の予定だったが実際は25分弱続いたという。

入学してからは、瀧本ゼミ政策分析パートでの勉強に力を入れている。議論を重ねる中で、法廷通訳人制度が抱える問題を解決するためには、その制度のみに焦点を当てるのではなく、法や権利について体系的に学び、マクロな視点から問題を俯瞰《ふかん》する必要性を感じているという。将来は弁護士として、法廷通訳人制度の改善に寄与したいと考えているとのことだ。

寺嶋さんの経歴

高校時代	親善大使として渡米し、銃社会に関する論文を執筆し受賞 法廷通訳人制度への理解を深めるため、現地では移民と関わりの強いアメリカ人の弁護士とも対談
	一般入試で東大を受験しようと考えていたが、高3の春に推薦入試について調べ、一般と推薦の併用を決意
2021年	法学部推薦入試合格 瀧本ゼミ政策分析パートでの勉強に力を入れる。推薦生同士のつながりも強く、読書会に参加するなどしている
	将来は弁護士志望

工学部推薦

志望理由を自問自答

小野《おの》 琢《たく》さん
（理Ⅰ・1年）

高校での探究活動を通じ、地球温暖化などの環境問題を解決したいと思うように。その中で、持続可能かつ安全な社会を目指すためには、電力消費を減らすことが必要だと感じた。そこで、高1の時に参加した山形大学での光デバイスについての講義を思い出し、そこで聞いていた集積回路の電気が担う役割を光で置換する「シリコンフォトニクス」に興味を持つ。シリコンフォトニクスは熱を出さず無駄なエネルギーを減らすことができるため、エネルギー問題の解決につながる。

東大を志望したのも、シリコンフォトニクスの研究が最も充実していると聞いたことが理由だ。自分の学びたい分野が決まっていたことや、入賞はしなかったが探究活動での論文を書いていたこともあり、合格するチャンスが一つ増える推薦入試に出願。入学後、推薦生は前期教養課程のうちから専門科目を早期履修できることも魅力だった。

高3の夏に推薦入試の対策を始め、何人もの友人に自分の大学でやりたいことを説明して800字の志望動機を添削してもらったりした。面接では「なぜ他の大学ではなく、東大を選ぶのか」といった、志望理由の中でも本質的な内容が問われると聞いていたため、面接対策で志望理由を自問自答していくうちに自分が大学で学ぶ像が明確になった。実際の面接では「教授は柔らかく話を聞いてくれる姿勢だったので、伝えたいことをしっかりと伝えられました」。

将来は、環境問題に立ち返り、社会を変えるために研究を続けながら起業したいという。「推薦入試は高校で取り組んだ活動の内容をしっかり見てくれるので、受験生には推薦入試を選択肢の一つとしてみてほしいです」

小野さんの経歴

高校時代	高校での探究活動を通して地球温暖化の解決法を探る 地球温暖化に関する論文を執筆
	省エネルギーを実現できるシリコンフォトニクスに興味を持ち、東大工学部電気電子工学科を志望する 高3夏から推薦入試対策を始める
2021年	工学部推薦入試合格 シリコンフォトニクスより優れた地球温暖化対策がないか、視野を広げる 留学を視野に大学の勉強にも力を入れる
	将来は社会の仕組みを変えられるものづくりを目指す

農学部推薦

直前2週間で推薦入試対策

中野《なかの》 和真《かずま》さん
（理Ⅱ・1年）

中2の頃から生物部で活動をしていた。プランクトンの研究を行い、高校では学会の高校生発表で優秀賞を受賞。また中3と高2の時にはボルネオ島でのスタディーツアーに参加し、環境問題について学んだ。東大受験を意識したのは高3の6月、一般向けのオンラインセミナーで岩滝光儀准教授（アジア生物資源環境研究センター）の講義に参加した時だった。岩滝准教授の専門分野である「東南アジアにおける赤潮」の分野を研究したいと思い、東大受験を決意。生物部での実績や経験を生かせればと思い、夏休み明けには推薦入試の受験を決めたという。

推薦入試に失敗したら一般入試でリベンジをするつもりだった中野さん。一般入試のための勉強をしつつ、推薦入試の書類審査や面接は直前2週間で集中的に対策した。高校の教員とは模擬面接も行った。21年度から推薦入試の募集形式が変わり1校あたりの出願者数が増加。通っていた高校からは3人が出願した。「応募できたという点で、変更には助けられました」

面接試験は2回に分けて行われた。それぞれ20分程度で、1回目では志望動機を、2回目では高校での取り組みや研究内容を聞かれたという。模擬面接通りに進んだ質問もあったが、「環境保護と住民の生活」などについて自分の意見を問う質問には悩まされた。試験後には「落ちたかな」と思っていたが、一方で有名な教員と面接できて悔いはないとも思っていた。

入学後は必修科目に追われる日々だが、後期課程の授業の早期履修、全学自由研究ゼミナールなどで農学の勉強を行う。点数にとらわれず、大胆な履修ができるのが推薦生の魅力の一つ。東南アジアの赤潮という分野への興味は入学してより深まっているという。

中野さんの経歴

中学・高校時代	生物部に入部、プランクトンについて研究する
	ボルネオ島でスタディーツアーに参加
	研究を複数の学会で発表 日本陸水学会で優秀賞、日本珪藻学会で奨励賞を受賞
	東大のオンラインセミナーに参加、東大受験を意識する
2021年	農学部推薦入試合格 必修科目を履修しつつ、自身の興味のある分野である東南アジアの赤潮について学びを深めている

外国学校卒業学生特別選考紹介

毎年2月25、26日に行われる入試は
一般選抜だけではない。
外国学校卒業学生特別選考の試験も
同日に行われているのを知っているだろうか。
ここでは制度を概観するとともに、
いわゆる「帰国生」と呼ばれる、
実際に外国学校卒業学生特別選考第2種で入学した
学生の生の声をお届けする。

外国学校卒業学生特別選考の概要

外国学校卒業学生特別選考第1種は日本の永住許可を得ていない外国人を、第2種は日本人および第1種以外の外国人を対象とする。出願後、まず書類の内容を総合的に評価する第1次選考が行われ、第1次選考合格者は2月、3月に第2次選考を受ける。書類選考は修了教育機関の成績やTOEFL・IELTSの点数、志望理由書などから評価される。第2次選考は、第1種では小論文および面接、第2種では小論文・学力試験・面接が課される。

出願は文Ⅰ～理Ⅲのいずれかに行い、合格者は入学後一般選抜の入学者と同じクラスに所属し、同じ授業を受けることとなる。その後も一般選抜入学者と同様、前期教養課程を経て、進学選択で後期課程に進学する。

2020年度外国学校卒業学生特別選考の結果

（人）

		志願者	第1次選考合格者	第2次選考合格者	辞退者	入学者
文I	（1種）	23	9	5	1	4
	（2種）	15	7	4	0	4
文II	（1種）	41	10	5	0	5
	（2種）	23	5	3	0	3
文III	（1種）	30	11	3	0	3
	（2種）	10	6	4	0	4
理I	（1種）	68	11	4	0	4
	（2種）	19	6	3	0	3
理II	（1種）	18	6	4	0	4
	（2種）	6	4	0	0	0
理III	（1種）	4	2	0	0	0
	（2種）	2	2	1	0	1

外国学校卒業学生特別選考の流れ・内容（2021年度入試の場合）

	12月1日～12月8日出願 1月22日結果公示	2月25日・26日	3月5日
	【第1次選考】	【第2次選考　小論文・学力試験】	【第2次選考　面接】
第1種	・修了教育機関における成績など ・日本留学試験の成績 ・TOEFL または IELTS の成績 ・志願理由書 ・当該国の統一試験を受けている場合は、その成績 を基に総合的に審査	全科類：日本語による小論文2問	日本語で行い、個人面接
第2種	・修了教育機関における成績など ・TOEFL または IELTS の成績 ・志願理由書 ・当該国の統一試験を受けている場合は、その成績 を基に総合的に審査	全科類：日本語および外国語による小論文の計2問 文科：外国語の学力試験 理科：数学、理科の学力試験 ※学力試験は、一般選抜の2次試験と同じもの	日本語で行い、個人面接

帰国生による座談会

いわゆる「帰国生」と呼ばれる、外国学校卒業学生特別選考第2種で入学した学生3人を集め座談会を行い、受験生時代の過ごし方や帰国生の強みなどについて話を聞いた。

知識と経験で東大に挑む

——まずは自己紹介も兼ねて、それぞれのバックグラウンドを教えてください

Tさん　生まれも育ちもアメリカのカリフォルニア州で、受験科類は文Ⅰです。

Yさん　三重県出身ですが、親の仕事の都合で14歳から4年間、アメリカのケンタッキー州で過ごしました。受験科類は文Ⅱです。

Oさん　私は約9年間、親の転勤の都合で中国の北京で過ごし、インターナショナルスクールに通いました。受験科類は文Ⅲです。

——高校時代はどのように過ごしていましたか。受験に生きてきたと感じたことがあったら教えてください

Tさん　高校最後の年に、日本で暮ら

してみたいと思って日本の大学を受験することを決めましたが、それまでは特に受験を意識することもなく学校生活を楽しんでいました。アメリカの学校では人前で発表することが多く、プレゼンテーション能力が鍛えられたので入試の面接に生きてきたと思います。また、土曜日に日本語の補習校に通って日本語で勉強していたのが日本語の実力の維持につながりました。

Yさん　僕は最初は英語が全く話せなかったので、本をたくさん読んだり、テレビを観たり、クラスメートと積極的に話したりして英語の勉強をしました。英語の実力は受験に直結するので努力して良かったですね。本をたくさん読んで得た知識は入試の面接の受け答えや小論文を書く際に役立ったと思います。何よりも、現地の生活を満喫しさまざまな経験を積んだことが良かったと思います。

Oさん　インターナショナルスクールに通う傍ら日本語で大量の読書をしていたのが日本語の実力の維持につながりました。高校生の時に日本や中国の読書作文コンクールや小論文コンクールに積極的に応募して、文章力を磨いたことは受験に生きてきましたね。

――東大を受験することに決めた経緯は何ですか

Tさん　現地の高校を6月に卒業した後、日本に来て帰国生向けの予備校に通い始めました。その時に予備校の先生に東大を勧められたのがきっかけです。

Yさん　僕もTさんと同じく高校卒業後日本の予備校に通い始めた際に、予備校の先生に勧められたのがきっかけです。ずっと京都大学と迷い、書類選考は両大学に応募したものの京都大学に落ちてしまい、それ以降は東大だけを目指して勉強しました。

Oさん　高2の時、多くの人がアメリカの大学への進学を希望する中で、尊敬する先輩が東大に入学したと知ったのが東大を目指したきっかけです。

――東大受験に向けての対策を教えてください

Tさん　9月に私立大学の受験が終わってから東大の対策を本格的に始めました。予備校での授業や面接対策に加え、小論文でどのような問題が出されても対応できるように、ニュースを熱心に勉強しましたね。

Yさん　僕も東大の勉強に本腰を入れ始めたのは私立大学の受験が終わった9月以降でした。英語の試験は過去問を10年分近く解き、日本語の小論文は1日1篇くらい解いていました。また、小論文のために多く読書し、知識を付けました。

Oさん　英語の試験や小論文に関しては20年分の過去問を繰り返して解きました。また、ひたすら本を読んで知識を蓄えました。自分が専攻したい領域の学術書を多く読んだことは、書類選考で提出する志望理由書の学習計画を具体的に書くことにも役立ちました。

――東大第2次選考当日の思い出はありますか

Tさん　予備校の仲間と一緒の受験だったので落ち着いて受験できたものの、手応えは全然ありませんでした。その分受かった時はうれしかったですね。

Yさん　筆記・面接供に落ち着いて臨めました。筆記試験の小論文は書きやすいテーマで、これはいけるな、と思いましたね。

Oさん　面接はかなり厳しかった思い出です。志望理由について詳しく質問されました。

帰国生「枠」と呼ばないで

――帰国生の強みは何だと思いますか

Tさん　海外で暮らしたこと自体が良い経験ですが、高校とは違う国で教育を受けようと決断して実行に移せた、その行動力が強みだと思います。

Oさん　いきなり親の転勤の都合で見知らぬ国に連れていかれ、言語も常識も文化も全く分からない環境で一から人間関係を構築して、勉強も頑張らなければならない。そういう苦労こそが帰国生の強みです。

Yさん　そうですね。そういう苦労を経たことで視野が広く、心が強い人が多いと思います。

――帰国生として伝えたいメッセージはありますか

Tさん　帰国生で東大を受験する人は内部事情が透明ではないので不安もあると思いますが、海外での経験や受験の準備期間に自分が考えてやった対策に自信をもって頑張って欲しいです。

Yさん　受験で生きてくるのは勉強だけではありません。友達との交流やボランティアなどさまざまなことを楽しんでほしいです。充実した海外生活を送ってください。

Oさん　広く東大生に向けてメッセージを伝えたいです。「特別に枠が設けられていて帰国生はずるい」という偏見を持つ人がいますが、外国学校卒業学生特別選考は決して人数が決まった「枠」ではなく、東大が本当に欲しいと思った学生だけ取るのです。こういう偏見はなくして、同じく受験をくぐり抜けてきた仲間として切磋琢磨しましょう。

CONTENTS

スクラッチ

第2章 駒場編

前期教養課程を

東大入学後に待っているのは、
前期教養課程での生活だ。
授業、サークル、進学選択……。
入学後の自分を思い描いてみよう。

アンケートでスクラッチ② ～大学生活編～

大学生活

「大学生活で最も重視したいこと」を尋ねる設問では「学業」という回答が74％で最多となり、最も重視したいことの他に重視したいこと（複数回答可）として「学業」と回答した人を合わせると、合計で95％に上った。「最も重視したいこと」では、2位が「部活・サークルなど」で13％、続く3位は「恋愛」で2％だった。「在学中に海外留学したいか」との質問には「したい」、「ややしたい」と回答した人が合わせて65％。昨年の70％と比べて5・5ポイント低下した。

奨学金

奨学金受給予定者の割合は、昨年とほぼ変わらず18％だった。どのような形式の奨学金をもらう予定かを問う設問（複数回答可）では、貸与型の受給予定者は9％、給付型は13％だった。

SNS

1日1回は利用するSNSを問う設問（複数回答可）では、LINEが94％で1位に。2位がTwitterで66％、3位がInstagramで45％となった。

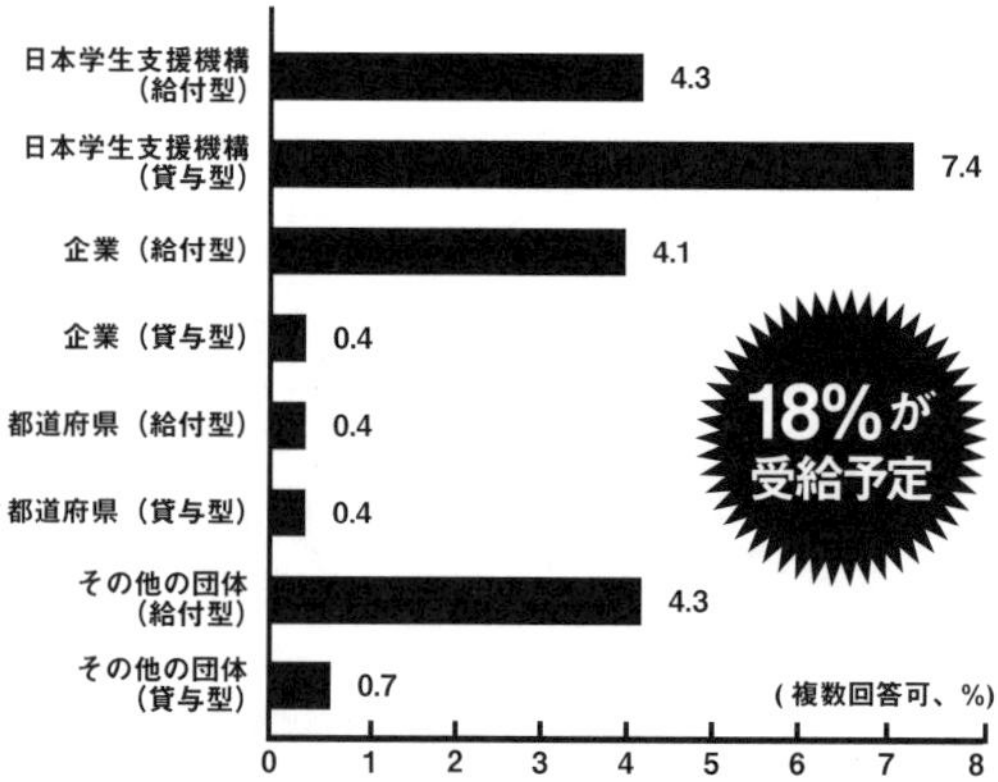

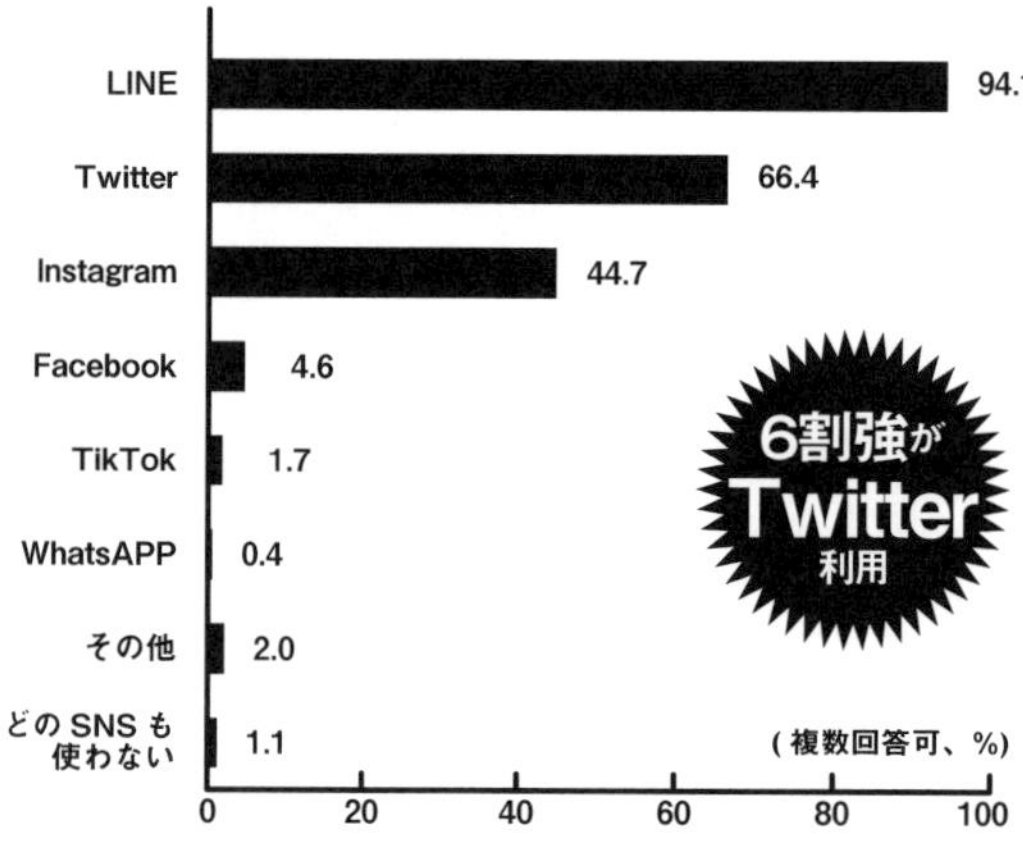

※文章中の数値は少数第1位を四捨五入したもの
【出典】東京大学新聞社が2021年度入学者に実施した新入生アンケート（有効回答数541件）

科類紹介

駒場の前期教養課程は、
文科と理科それぞれ三つの科類に分かれている。
入試制度上の違いは目で見えても、
入学後の実態については分かりにくいもの。
ここからは、現役東大生に駒場での
キャンパスライフを紹介してもらう。

文科Ⅰ類

砂漠、砂漠って言うけれど

主な進学先

・法学部
・教養学部

進む法学部離れ

21年度入試で文Ⅰの合格者最低点が文科類の中で最低になったことが話題となった。入学後の進路としてメジャーと思われている「文Ⅰから法学部」の流れもここ数年で変化してきた。18年度実施の進学選択では、法学部への指定科類枠が定員割れの末削減に。文Ⅰに入れば法学部進学という時代は終わり、他学部進学のため成績評価を意識しながら計画的に勉強に取り組む文Ⅰ生もいる。

400人前後が進学する法学部内では、文Ⅰ出身者が引き続き圧倒的多数派（350人程度）。ただし、その割合は低下傾向にある。官僚や法曹を敬遠する人が増えたためか、第1段階選抜で志望する人も、以前に比べれば低水準で推移している。

2年次から高い専門性

クラスは文Ⅱと混合で、全文Ⅰ生のうち女子は約4分の1と東大全体の平均よりやや多い。在学中の司法試験合格を目指し1年次から予備校に通う人もいる。文Ⅰ・法学部を通じて大人数での講義形式の授業が多く、人間関係は希薄になりがちだといわれる。

早くから法学部進学を意識する文Ⅰ生の多くは、2Sセメスターから法学部専門科目を週5こま程度履修する。法学部進学希望者全員が履修する大規模な授業のため、20年度以降はオンライン授業に移行している。文Ⅰ生間には、授業中に教員が話した内容を分担して書き起こしを共有する制度があるため、この仕組みを当てにして授業に出席しない人も。しかし成績評価は学年末の試験で決まり、その範囲は膨大なため、計画的に勉強しないと大変な目に遭う。

教えて！ 文Ⅰライフ

小《こ》林《ばやし》一《かず》也《や》さん

●1Aセメスターの時間割

	月	火	水	木	金
1		ロシア語一列②	法II		ロシア語初級（演習）②
2	認知脳科学	学術フロンティア講義（競争法の世界）/（先端ビジネスローの諸問題）		英語中級	宇宙科学I（文科生）
3	政治II	身体運動・健康科学実習II		東洋古典学	
4		英語一列②/英語二列S（FLOW）			
5	ロシア語初級（インテンシヴ）	ことばと文学II	ロシア語初級（インテンシヴ）	教育心理学の世界	相関社会科学

将来をじっくり考える出発点

高校に入る前から、東大で学んでみたいという漠然とした思いはありましたが、具体的に何類を志望するかということになると、法学以外に考古学や史学にも興味があったため文Ⅲと悩みました。文Ⅰから進学しやすい法学部は就職に強いと感じたため文Ⅰを志望しました。

１年次で最も印象に残っている授業は川島真教授（東大大学院総合文化研究科）の「国際関係史」です。東アジアの歴史について、最新の研究に基づいて授業を行うため、高校の世界史の教科書で述べられている常識を覆すような内容を学ぶことができました。

進学選択という制度により、１年次、２年次の前期教養課程では、文Ⅰでも法学に限らず広く学ぶことができます。このおかげで大学受験の学びは学問の入り口にすぎないことを痛感しました。文Ⅰから進学しやすい法学部は就職に比較的強く、学部進学後の進路について考える余裕が生まれるため、将来の夢が漠然としている人にこそ文Ⅰはお薦めです。

まだ将来の夢は決まっておらず、自分が10年後何をしているかは分かりません。現在、国際法をはじめとして広く国際関係の分野に興味があるため、法学部への進学だけでなく、後期教養学部の国際関係論コースも視野に入れて学習に励んでいます。

文Ⅰの初修外国語別学生数（20年度入学者）

性別	韓国朝鮮語	中国語	スペイン語	ドイツ語	フランス語	ロシア語	イタリア語	合計
男	7	92	47	46	91	14	14	311
女	2	21	24	12	37	7	3	106

文科II類

もう「ニート」ではいられない？

主な進学先

・経済学部
・教養学部

暇な科類とは限らない

1学年約370人。法学部や文学部に進学する人もいるが、経済学部進学が大多数。ちまたでは「ネコ文II」や「文ニート」と称されるように、楽に経済学部に進学できる暇な科類というイメージもあるだろう。しかし指定科類枠で経済学部に進学できるのは290人弱で、約5分の1の文II生は進学できない。ある程度勉強して点数を取らなければ経済学部に進学できないのが実状だ。

とはいえ、クラスが同じ文Iと比べると雰囲気は緩め。文I生がテスト前に熱心に勉強して優を取る一方、文II生はさぼるという風景はありがちだそうだ。男女比は約4対1で女子は少ないが、文Iと合同クラスのため気にならないかもしれない。

数学は助け合いで乗り切る

数学と経済が必修なのが特徴で、開講される四つの授業全てを履修する人が多い。どちらも数学の知識が必要で、数学の授業で扱う数学より経済の授業で扱う数学の方が難しく感じることも。難解な内容は、数学強者が作成した神シケプリ（試験対策プリント）を活用して乗り切る。

2Sセメスターでは文I生は専門科目の履修で、文III生は追い出しで忙しくなる。しかし文II生は専門科目の履修がなく、文IIIほど成績評価も意識する必要がない。そのため、1年次で大体の単位を取り切れば2年次にはこま数を抑えてアルバイトやサークルに専念できる。ニートになるのではなく授業と自分のやりたいことを両立するのが、今の文II生なのかもしれない。

教えて！ 文Ⅱライフ

建《たて》寛《ひろ》人《と》さん

●1Aセメスターの時間割

	月	火	水	木	金
1			数学II	スペイン語初級(会話)	
2	英語二列W (ALESA)		スペイン語初級(演習)②		
3	ことばと文学IV	身体運動・健康科学実習II	映画論	東洋古典学	スペイン語一列②
4		英語中級/英語一列②			
5		経済II	西洋古典学	学術フロンティア講義(悦ばしきイタリア地中海・シーズン6)	イタリア語初級(第三外国語)

歴史と文化への興味、教養学部という選択肢も

社会の最前線で闘うための実戦的な学問というイメージがあった経済学を学ぼうと、文Ⅱを受験しました。入学後は課題の多さなど授業の負担量にも気を配りつつ、自分の興味に従って授業を履修しました。

特に印象に残った授業は、「社会システム工学基礎Ⅰ」と「スペイン語初級（会話）」です。「社会システム工学基礎Ⅰ」では、さまざまな先生方が、リレー形式でおのおの専門性を生かしつつ、東京のインフラについて授業を展開されました。「スペイン語初級（会話）」では、実際にメキシコの大学生とZoomで会話をすることができ、とても良い経験になりました。

文Ⅰは持ち出し科目（２年次に開講される専門科目）、文Ⅲは進学選択のための点数獲得が大変なイメージがありますが、文Ⅱは経済学部進学の場合、さほど成績を気にする必要がなく、興味のある授業を自由に履修することができる点が魅力的です。

後期課程は、当初の予定通り経済学部も選択肢にありますが、特に映画など、イタリアの歴史や文化にも強い関心があるため、後期教養学部のイタリア地中海研究コースへの進学も考えています。

文IIの初修外国語別学生数（20年度入学者）

性別	韓国朝鮮語	中国語	スペイン語	ドイツ語	フランス語	ロシア語	イタリア語	合計
男	5	98	88	22	58	8	15	294
女	1	17	30	6	18	2	1	75

文科Ⅲ類

自由さの裏の「点取り合戦」

興味に応じた幅広い履修

文Ⅲの特徴は女子学生比率の高さ。文Ⅲの男女比は大体6対4で、他科類に比べて飛び抜けて多い。特にスペイン語やフランス語のクラスに集まる傾向がある。文Ⅰ・Ⅱのように社会科学で必修となる科目がないため、総合科目で一般教養のいろいろな分野に触れられる。自分の興味に応じて幅広く学びたい人や、興味ある学問分野が定まっていない人にお薦めの科類だ。

入試の合格最低点が文科の中で最も低いことが多い文Ⅲ。だが、20年度入試では文Ⅱ、21年度入試では文Ⅰの最低点を上回り「一番簡単に入学できる科類」というイメージに疑問符が付いた。今後の動向を注視したい。

入学後は「いばらの道」?

文Ⅲの履修は常に点数を意識する必要がある。文学部は比較的進学しやすいが、法学部や経済学部、後期教養学部を目指す場合は高得点が必要だ。入学後は「いばらの道」が待ち受けているかもしれない。

高得点を取りたい学生が多いためクラス全体で勉強への意識が高い。試験前になるとシケプリを作る各クラスのシケタイの責任は重大だ。分かりやすいシケプリを入手するのが高得点の鍵になることもあるため、他クラスのシケプリ入手に奔走することも。優を成績上位3割にとどめる「優3割規定」が取られる前期教養課程において「あの授業は文Ⅲの優争奪戦」などという会話を文Ⅰ・Ⅱ生がすることは日常茶飯事。履修の自由度が高く、前期教養課程の恩恵を受けやすそうに見える裏側では、時に激しい「点取り合戦」が繰り広げられているのだ。

主な進学先

- 文学部
- 教育学部
- 教養学部

教えて! 文Ⅲライフ

荒《あら》木《き》涼《すず》花《か》さん

●1Aセメスターの時間割

	月	火	水	木	金
1			政治II		
2	健康スポーツ医学			英語中級	フランス語初級(読解)
3	惑星地球科学実習	英語二列S(FLOW)/英語一列②	演劇論I	東洋古典学	フランス語初級(演習)②
4		身体運動・健康科学実習II	フランス語一列②		
5	比較芸術	ことばと文学II	歴史社会論		

自由な履修で興味を追求

元々日本史に興味があったため、文Ⅲを受験しました。入学後は、2Sセメスターで大変にならないよう計画的な履修を心掛け「逆評定」と呼ばれる授業評価冊子や先輩からの情報を参考に、課題など負担量にも配慮していました。

特に印象に残った授業は、「歴史Ⅱ」と「惑星地球科学実習」です。「歴史Ⅱ」では、歴史へのアプローチ方法を学べた他、イスラム世界や水中考古学など、新鮮な知見に触れることができました。「惑星地球科学実習」では、化石や顕微鏡などの器具を用いて化石を割るなどの実験を行いました。

文Ⅲの良い点は、社会科学の準必修で履修すべき科目が指定されていないなど縛りが少なく、興味に応じた履修が可能なことと、進振りを頑張る人が多く勉強のモチベ―ションが続くことです。女子学生が比較的多いことも、自分にとっては落ち着きの材料になりました。

後期課程は、従来の関心である日本史、特に近代史を学ぶため文学部に進む選択肢がある一方で、文Ⅰの友人と話をするうちに法律にも興味が湧いてきたため、法学部への進学も考えています。

文Ⅲの初修外国語別学生数(20年度入学者)

性別	韓国朝鮮語	中国語	スペイン語	ドイツ語	フランス語	ロシア語	イタリア語	合計
男	10	71	81	45	73	14	21	315
女	6	34	44	20	52	13	10	179

理科Ⅰ類

ハイレベルな理系集団

主な進学先

・工学部
・理学部
・教養学部

男子が多い専門集団

理Ⅰは全科類最多の1学年約1100人で、その約9割は男子。女子は最低2人以上になるよう各クラスに分配されるが、中には全員男子のクラスもある。

主な進学先は理学部や工学部だが、学科が細分化されているため進路は幅広い。理学部物理学科や工学部航空宇宙工学科といった人気学科に進学するためには高得点が必要なので、勉学に力を注ぐ人も多い。学生が作成し、クラスで共有する試験対策プリント、通称「シケプリ」も、過去問の課題だけでなく、独自の考察や自作の問題が掲載されているなど、参考書レベルのものもある。授業以外でもプログラミングに趣味として取り組んでいる人がいるなど、前向きに学習に取り組む人が多い印象だ。

負担の大きい理数系科目

1年次は理Ⅱ・理Ⅲと同じく必修の科目が時間割の大半を占め、集中講義を除く選択科目は取れて10単位。履修の自由度は高いとは言えず、必修の授業に追われ、興味のある授業が受けられないことに不満を抱く学生もいる。とはいえ2S2タームには必修の授業がなくなるので、選択科目を比較的自由に履修することができる。

理Ⅱ・理Ⅲと異なり「数理科学基礎演習」と「数学基礎理論演習」が必修。進度は非常に速く、一度欠席しただけで付いていけなくなり、数学が嫌になる人も。1A1タームから始まる「基礎実験（物理学）」「基礎実験（化学）」も必修。一部がオンライン化されたことで楽になったとの声もあるが、毎回の予習・課題提出が必要なことは変わらず、その負担は大きい。

教えて！ 理Iライフ

青《あお》野《の》巧《たくみ》さん

●1Aセメスターの時間割

	月	火	水	木	金
1					
2	スポーツ・身体運動実習II		中国語一列②	電磁気学A	
3	図形科学A	英語二列S(FLOW)/英語一列②	構造化学	基礎実験I・II(物理学)	線形代数学②
4	英語中級	微分積分学②			アルゴリズム入門
5		線型代数学演習/微分積分学演習		社会システム工学基礎II	全学体験ゼミナール(じっくり学ぶ数学 II)

必修授業の負担大

1Sセメスターは数学や「英語二列W(ALESS)」などの課題に追われました。大学の数学は高校よりずっと抽象度が高くなる他、物理が苦手なため必修科目の熱力学も苦労しました。

1Aセメスター以降は課題も減り、運動会空手部の活動とも両立できています。依然として対面授業が少なく、英語で話す「英語二列S(FLOW)」や、プレゼンを行った「初ゼミ（初年次ゼミナール理科)」では、オンラインでコミュニケーションを取る難しさを感じました。

自由に選べる科目は、必修科目の基礎実験に役立つと聞き「基礎統計」を選びました。他にも「社会システム工学基礎」など、後期課程の学科が開催する授業を受講しました。

クラスは真面目で優秀な人が多い印象です。1Sセメスターはほとんど交流がありませんでしたが、夏以降はZoomでのクラス会が開かれたり、何人かで高尾山に行ったりと、遊ぶ機会もありました。

進学選択では化学系の学科か、授業を受けて興味が湧いてきた都市工学科に進学したいと考えています。成績など大変な点もありますが、いろいろな授業を受講した上で学部を決めることができる点はありがたいと感じています。

理Iの初修外国語別学生数（20年度入学者）

性別	韓国朝鮮語	中国語	スペイン語	ドイツ語	フランス語	ロシア語	イタリア語	合計
男	26	286	291	162	166	43	57	1031
女	3	28	31	14	27	7	8	118

理科Ⅱ類

文転、医進…進学先いろいろ

主な進学先

・理学部
・農学部
・薬学部
・教養学部
・医学部

多彩な進路

理Ⅰと比べて生命科学に重点を置いたカリキュラムとなっているため、医学部に進学する人がほとんどである理Ⅲと合同のクラスに編成される。理Ⅱの主な進学先のうち薬学部は人気が高く、80点以上の高得点が必要な年も多いため諦める人も少なくない。理Ⅲ以外から医学部医学科へ進学する「医進」を目指す人もいるが、理Ⅱ生の枠で要求される成績は例年90点前後で全科類枠と大差なく、極めて難関と言える。医進のためにサークルやアルバイトのような「普通の大学生活」を犠牲にして勉学に時間を注ぎ込む場合も多く、理Ⅲに入り直した方が楽だという説も。理学部や農学部、工学部の他、文学部や経済学部などに文転する学生も珍しくない。

女子が約2割と他の理科類に比べて多いのも特徴だ。男子と女子が分け隔てなく仲が良いクラスが多く、理科類の中でも、男子は異性の友人を、女子は同性の友人をつくりやすい環境だといえる。

実は少ない生物選択

カリキュラムは数学がハードな理Ⅰと似ているため、数学弱者には厳しいようだ。ただ、理Ⅰよりも数理科学の必修が2単位少なく、生命科学の必修が3単位多い。理科類で最も生物選択者が多いとされる理Ⅱでも生物選択は少数派で、必修科目の力学や電磁気学は物理初学者向けの科目が用意される。生命科学系の講義や実験の内容は、生物選択者にとっては高校で習ったものも多いという。しかし、新たに学ぶ内容もある上、高校の学習内容と比べ分量も多いため、油断は禁物だ。

教えて！ 理IIライフ

小《こ》林《ばやし》優介《ゆうすけ》さん

●1Aセメスターの時間割

	月	火	水	木	金
1			線型代数学②		英語二列W (ALESS)
2	身体運動・健康科学実習II		電磁気学A		音楽論
3	スペイン語一列②	構造化学	微分積分学②	基礎化学実験	生命科学II
4		英語中級/英語一列②	微分積分学演習/線型代数学演習		
5		全学自由研究ゼミナール（作曲・指揮）	森林環境資源学		教育臨床心理学

触れて考えて基礎から生命を学べる環境

がんの基礎研究や経済学など文理の枠を超えた分野に興味があり進路に悩んだため進学選択のある東大を志望し、中でも自分の希望に近いと思われる理Ⅱを受験しました。

1年次に思い出に残った授業は「森林環境資源学」です。授業では、富士癒しの森研究所へフィールドワークに行き、森がどのように人に癒やしを提供するかを学生同士で話し合いました。まき割り体験もし、休憩時間にはまきストーブでお湯を沸かしお茶を飲みました。多くの人と交流することができ、とても楽しかったです。

私は物理・化学選択だったのですが、理Ⅱを志望している人で高校で生物を選択していない人でも、生命科学の授業で生物を基礎から勉強することができるので、理Ⅱへの進学に心配はいりません。

将来についてはまだ明確には決められていませんが、有機化学が高校時から好きで、大学の講義でも最も面白く、さらに医薬品が働く仕組みについて興味があるので、現在は薬学部に魅力を感じています。また、現在所属している東大オケではホルンを演奏していますが、後期課程への進学後も演奏技術を向上させつつ、研究との両立を目指していきたいです。

理IIの初修外国語別学生数（20年度入学者）

性別	韓国朝鮮語	中国語	スペイン語	ドイツ語	フランス語	ロシア語	イタリア語	合計
男	12	99	130	89	73	9	34	446
女	7	21	38	11	24	1	8	110

理科Ⅲ類

なかなか出会えないエリートたち

主な進学先

・医学部

秀才たちの意外な一面

　全科類1学年約3000人のうち理Ⅲ生は100人しかいない。人数が少ない上に理Ⅲ・医学部限定の部活・サークルに参加している学生も多いため、共に授業を受ける理Ⅱ生でない限りキャンパスで出会うことはめったにない。塾や家庭教師のアルバイトをしても待遇は別格で、他の科類では時給2000円程度なところ理Ⅲ生は時給4000円を超えることもある。

　ただし、理Ⅲ生全員が入学後も真面目に勉強し続けるかといえば、必ずしもそうではないようだ。理Ⅲ生は単位をそろえれば基本的には医学部医学科へ進学できるため、理Ⅰ・理Ⅱ生のように点数を心配する必要はない。そのため、授業にほとんど出席しない理Ⅲ生もちらほら。もちろん、1・2年次のうちからゼミで医学に触れる熱心な理Ⅲ生も多い。シケタイとして特定の科目を真面目に勉強し、過去問の解答を作成する人などもいる。

医学部に入る前のモラトリアム

　医学部医学科に進学すると、必修科目が増えて勉強が忙しくなる。月曜日から金曜日までほとんど必修の講義や実習で埋まってしまい、これらの授業のために、帰宅後には毎日復習と翌日に向けた予習が必要。他の大学ならば6年間かけて習得する医学の知識を、東大では4年間で習得しなければならないといえば、その大変さは伝わるだろう。理Ⅲ生にとって、前期教養課程は息抜きができる貴重な時期なのかもしれない。中には、根っからの数学好きが理学部数学科へ進学するなど、駒場での2年間で自分を見つめ直して医学部以外に進学する学生も時々いる。

教えて！ 理Ⅲライフ

村松《むらまつ》朋《とも》哉《や》さん

●1Aセメスターの時間割

	月	火	水	木	金
1			線型代数学②	基礎統計	英語二列W（ALESS）
2	微分積分学②	生態学		電磁気学A	
3	線型代数学演習		基礎化学実験/基礎物理学実験	身体運動・健康科学実習II	中国語一列②
4	生命科学II	英語一列②/英語中級			
5					全学自由研究ゼミナール（Molecular Biology of the Cell 輪読ゼミ）
6					構造化学α

尽きない数学・理科への興味

子どもの頃から数学や理科全般が大好きで、将来は研究者になりたいと考えていました。医者の仕事にも興味があり、進学選択でどちらの道も選べるように理Ⅲを志望しました。

数学や理科への好奇心は今も健在です。1Sセメスターで受講した「先進科学Ⅳα」は選抜制の少人数授業で、タンパク質の構造解析についてセメスターを通して深く学べ印象に残っています。同じく選抜制の1Aセメスターの「構造化学α」は20年度から開講されました。担当の羽馬哲也准教授（東大大学院総合文化研究科）の話術に学習意欲をそそられ楽しかったです。

理Ⅲの良いところは、理Ⅲから医学部医学科に進学するのにあまり点数を意識する必要がないため、成績評価や予習復習、課題にかかる労力を気にせず、興味に沿って自由に履修を組めることです。また、理Ⅲ・医学部生限定の部活やサークルは少人数で打ち解けやすく楽しい上に、先輩から進学先についての話を聞くこともできます。

将来、研究者と医者のどちらを志すかはまだ決めていませんが、優秀な先生方と刺激を受け合える仲間のいる理Ⅲ・医学部は、医学を学ぶ上で最高の環境だろうと思います。

理Ⅲの初修外国語別学生数（20年度入学者）

性別	韓国朝鮮語	中国語	スペイン語	ドイツ語	フランス語	ロシア語	イタリア語	合計
男	2	15	23	15	18	5	2	80
女	0	2	2	6	8	0	2	20

COLUMN

TLP

**東大には、初修外国語を２Ｓセメスターまで集中的に鍛える
TLP（トライリンガル・プログラム）がある。対象はイタリア語以外の６言語。
参加できるのは、一般選抜受験生や帰国生徒なら２次試験の「英語」、
私費留学生や学校推薦型選抜受験生なら
合格後のクラス分け試験で上位１割相当と認められた者のみだ。
その難関をくぐり抜けた筆者が語るTLPの魅力とは。**

「ドイツ語（初修）TLP」。東大合格直後に筆者が受け取った通知には、「TLP」の文字が確かにあった。

「Guten Morgen!」ドイツ人の先生の元気なあいさつで授業が始まった。ドイツ語の場合、週３回の TLP 授業のうち、１回が日本人、２回がドイツ人の先生の授業だ。ドイツ人の先生は、時々日本語を混ぜるものの、ほぼドイツ語で話す。授業は会話形式で、頻繁に発言の機会がやってくる。オンライン授業とはいえ、退屈する暇はない。

「Tschüs!」授業終了だ。毎度課題が出る。さて、ワークを開くと……教科書同様、全てドイツ語で書かれている。問題文の解読も容易ではない。辞書や翻訳アプリなど、持てるものを総動員して食らいつく。

Ｓセメスターの最後には４技能を測る期末試験がある。レベルは「Ａ１」。英語でいえば英検３級レベルだそう。驚く半面、３カ月で３級到達か、そりゃハードだよな、と納得する。

夏休みに予定されていたボンでの研修はコロナの影響で中止。代わりに希望制・奨学金付で、語学学校のオンライン授業を受けた。ほぼ全員参加。ドイツ語選択者に真面目な人が多いというのは本当かもしれない（例年フランス語はパリやブリュッセル、中国語は南京、ロシア語はサンクト・ペテルブルク、スペイン語はメキシコシティ、韓国朝鮮語はソウルなどに行くが、2020年度はいずれも渡航は中止）。

Ａセメスター直前には、TLP 履修許可者が改めて発表される。ドイツ語の成績が基準以下の学生の番号はなく、編入試験に通った数人の番号が加わる。筆者のクラスは４人ほど減り、２人が編入して12人となった（これは言語ごとに異なり、例えば中国語はＡセメスター前の入れ替えはない）。

筆者は今２Ｓセメスター（執筆当時）。辞退者が出て学生数が激減し、５人で授業を受ける日も。出席率も以前ほどは高くないが、対面の機会には７人ほぼ全員がそろい、休日には数人で遊びにも行く。TLP 独特の、互いへの親近感。オンライン生活の中、貴重なつながりだ。

１カ月後には期末試験がある。英検なら２級レベルのＢ１。TLP でもがいた１年３カ月の集大成を、ぶつけてこよう。

「受講生の声」

・ロシア語 TLP は、全科類の所属学生が一緒に授業を受けるので、文理を超えて交流する機会となり、興味の幅が広がる。（ロシア語）

・文系中国語は TLP のみでクラスが作られるため仲良くなりやすく、優秀な人も多い。刺激を受けた。（中国語）

初修外国語紹介

合格を勝ち取った新入生たちが
最初に行う手続きの一つが初修外国語の選択だ。
必修科目のため、慎重に決める必要がある。
新入生の中には、
日本語・英語を含む3カ国語を使いこなす
学生を育てる「トライリンガル・プログラム(TLP)」の
受講条件を満たす人もいるだろう。
初修外国語の授業の担当経験のある教員に
それぞれの言語の魅力と特徴を語ってもらった。

フランス語

On échoue toujours à parler de ce qu'on aime.
人は愛するものについていつも語りそこなう。
（ロラン・バルト）

とりわけフランス語が他の言語よりも魅力的というわけではない。例えば、すべての名詞に男女の性別があり、人称ごとに動詞の活用があるため、暗記事項は少なくない。発音は美しいと思うが、習得にはやはり練習が必要となる。フランス語はカナダ、スイス、ベルギー、モロッコ、アルジェリアなど多くの国で使われ、多様なアクセントと響きをもつだけでなく、国際舞台に出るために有利な言語だ、と言われているが、南米諸国でも使われているスペイン語や、グローバル化の進む現代での中国語の存在感を持ち出されたら、説得力は半減する。

とは言え、敢えてフランス語を学ぶ利点を考えてみよう。まずフランス語と英語を併せて学ぶことは、両言語の能力を上げるのに効率が良い。中世イギリスにフランス語が流入した歴史的経緯から、フランス語由来の英単語は少なくないからだ。また、社会に出ても、モード、食、アートに関わる分野では思いのほか重宝される。衣食住のうち衣食の分野は今もなおフランスの力はかなり強い。最後に、フランスの大学への道が開かれる。英語圏はもちろん、日本の国立大学と比較しても、フランスの大学の学費は極めて安い。人生に迷ったとき、国際的なキャリアを積みたいとき、遊学したいとき、フランスはかなり良い留学先となるだろう。

カリキュラムに関しては、基礎文法の他、インテンシヴやＴＬＰなど実用重視の授業、文献講読の授業などが用意されており、フランス研修も毎年計画されている。ネイティヴの先生との気軽な「しゃべランチ」も是非《ぜひ》活用してもらいたい。

（桑田光平・東大総合文化研究科准教授）

ドイツ語

Wovon man nicht sprechen kann,
darüber muss man schweigen.
語りえないことについては、沈黙しなければならない。
（ルートヴィヒ・ヴィトゲンシュタイン）

サッカー、ビール、ソーセージなど、ドイツについてはイメージがわくものの、ドイツ語となると何となく難しそう――そんな印象を抱いている方も多いでしょう。ですが、ドイツ語は、同じインド＝ゲルマン語族に属している英語と共通点が多く、みなさんにとって比較的学びやすい言語です。また、発音も基本的にほぼローマ字読みです。もっとも、名詞に性があったり、主語に合わせて動詞が微妙に変化したりと、はじめは英語との違いに戸惑うかもしれませんが、慣れていけば必ずマスターできます。

ドイツ語はドイツだけでなく、オーストリアやスイスなどで公用語として使用されています。ドイツ語圏からは、哲学、医学、化学、芸術などの幅広い分野ですぐれた業績が生み出されてきました。将来、カントの哲学書やカフカの小説に原文でチャレンジしても面白いかもしれません。また、今日のドイツは、EUの主要国として、経済や政治、環境問題などで世界をリードする存在です。ヨーロッパの〈いま〉を知るためにも、ドイツ語の能力は必ず役に立つことでしょう。

前期課程では、初年次の必修科目で、基礎文法を中心に、読解・会話・ヒヤリングを総合的に学習します。一年間で日常的なドイツ語表現をきちんと理解し、用いる力を養うことが目標です。そのほか、会話や作文など、初級から上級まで、さまざまな選択授業が用意されています。また、ドイツでの国際研修のプログラムもあります。一緒に楽しく学んでいきましょう。Viel Spaß!

（竹峰義和・東大総合文化研究科教授）

スペイン語

Nuestras vidas son los ríos que van
a dar en el mar, que es el morir.
われらの人生は川であって、死という名の海にそそぐ。
（15世紀のスペイン詩人ホルヘ・マンリケ作『父の死を悼む詩』より）

スペイン語は、比較的学びやすい言語といえる。発音はいくつかの規則を覚えれば、あとはローマ字読みで通用する。単語の意味も英語から類推できるものが多い。人称や時制を表す動詞の活用はかなりの数にのぼり、覚えるのに少々骨が折れるが、これにも規則性があるので恐れるに足りない。

スペイン語はスペインやラテンアメリカ諸国の人々をはじめ、全世界で約4億人に日常的に使われている（使用人口は世界の言語の中で第4位）。スペイン語を知れば、これだけ多くの人々との意思の疎通が可能になる理屈だ。文学を研究する立場から、もうひとつこの言語を学ぶ利点を挙げれば、それはスペイン語圏の文学を原文で味わえるようになることだ。近代小説の元祖『ドン・キホーテ』の作者セルバンテスを筆頭とする「黄金世紀」（16〜17世紀）の巨星たち、ガルシア・マルケスやバルガス・リョサら、20世紀後半に世界的なブームを巻き起こしたラテンアメリカの作家たち——読み応えのある文豪が目白押しだ。

統一教材を用いる「初修」の授業は、「文法」、「講読」、「演習」（理科生は選択）の三本柱で構成され、辞書を片手に新聞や雑誌の記事などが読めるようになることを目指す。さらに深く学びたい人のためにはインテンシヴ・コースや「中級」、「上級」の授業が用意されており、２０１９年の４月からＴＬＰも始まった。

（竹村文彦・東大総合文化研究科教授）

イタリア語

Il mondo è un bel libro,
ma poco serve a chi non lo sa leggere.
世界は美しい書物だが、
それを読むことのできない者には
ほとんど役立たない。
（カルロ・ゴルドーニ）

　初修者にとって有り難いイタリア語の特徴は、母音が日本語と同じ「アイウエオ」の五つで、文字をローマ字のようにほぼそのまま読めばよいということです。また音楽の言葉とも言われるだけあり、歌のような節回しが耳にとても心地好く聞こえます。もう一つ、イタリア語はフランス語やスペイン語などとともにロマンス語のひとつですが、古代ローマ帝国とそのラテン語との歴史的繋《つな》がりがどの国よりも強いために、その言語には、いわばラテン的精神が最も濃厚に宿っています。そしてまだ日本に紹介されていない魅力的な現代イタリア文学作品が数多くありますし、中世・ルネサンス期まで時代を遡るならば、文学はもとより、思想や科学の分野でも、イタリアが世界をリードしていました。ダンテやボッカッチョなど中世のイタリア語も、今の普通の辞書でほとんど読める、というのも英独仏などの言葉にはない長所です。

　前期課程のカリキュラムでは、クラス授業で文法の基礎を一年かけて習得し、一年の最後にはある程度長いイタリア語の文章を読みこなせるまでになります。よりモチベーションの高い学生には、会話、作文、中級イタリア語などの授業も準備しています。ＴＬＰは今年開始したいと思っていますが、まだ調整中です。これまでもＴＬＰクラスに匹敵するインテンシヴやネイティブの先生方の授業科目が豊富に開講されていて、他言語の教育プログラムと比べて全く遜色ありません。毎年恒例のペルージャ外国人大学での夏季研修も実施を検討中。二千年以上の歴史に培われた「芸術的センス」と「人文的教養」の豊かな源泉で、皆さんの今後の人生にも大いに資するに相違ないイタリア語を、是非《ぜひ》学んで下さい。

（池上俊一・東大総合文化研究科特任研究員）

ロシア語

…как ветром, как морем, как тайной,
Россией всегда окружён.
風、海、神秘かのように、
ロシアによって永遠に囲まれている。
（ウラジミール・ナボコフ「ふるさと」より）

サンクトペテルブルグに生まれ、のちに亡命しヨーロッパやアメリカで生きた作家ウラジミール・ナボコフは、自伝をロシア語と英語で書いていますが、タイトルも内容も異なり、それぞれの言語によって構成される特有の世界観の存在が確認できます。ナボコフはその自伝において、キリル文字とラテン文字を音として発音した際に感じる色合いや触覚、味覚について語っています。たとえば白っぽいものとして、キリル文字のＨはセモリナ粥《がゆ》を、ラテン文字のＮはオートミール粥を思い起こしているように、その感覚には生まれ育った場所や亡命した場所で彼が経験した物事が含まれています。このような事例から、２言語以上学ぶことは感性をどれだけ豊かにする力があるのかが伝わってきます。発音が極めて幅広いロシア語を勉強すれば、今まで気にしなかった自然や音楽の音が耳に入るようになります。また、世界時勢について新たな視点を持つための情報源としてロシア語で探してみるのも良いでしょう。理系の学生にとっては、数学や物理学のロシア語のインターネットフォーラムを見るのが有意義であるようです。旅行をする際には、ロシア語はロシアに限らず旧ソ連の多くの国やその他のロシア系移民の多い国で使用できます。近年では、ロシア語オリンピックのようなコンテストも行われ、チャレンジすることができます。前期課程では、ロシア語の基礎を身につけ、ロシア語話者とのコミュニケーションが取れるようになります。また、ＴＬＰ下で習うロシア語の授業では、ヨーロッパ言語共通参照枠でのＢ１レベルを目指すとともに、文化的な事象にも触れる多くの機会があります。

（ゴロウィナ・クセーニヤ・東洋大学准教授）

中国語

勿谓今年不学而有来年

Wù wèi jīnnián bù xué ér yǒu láinián

今年勉強しなくても来年が有るからなどと言ってはいけない。

（『古文真宝』「朱文公勧学文」より）

現代中国語は、漢語の北京方言を母体として構築された言語で、正式には「普通話」と称します。国家語として使用しているのは中華人民共和国のみですが、今日では国際的に重要な言語の一つとなっています。世界中どこでも中国人を見かける時代になりましたが、今やグローバル経済を担う一翼となった彼らの言語を身につけておくことは、実社会に出たときに経済・金融分野などで大いなる強みとなります。

現代中国語は発音・語彙《ごい》・文法とも漢文（古典中国語）とは異なりますが、習得したことで漢文をより合理的に理解できるようにもなるでしょう。発音面では、タイ語やベトナム語と同様に声調言語であり、音の高低が意味の弁別に関わる点が最大の特徴です。また、清音に強い呼気を伴う「有気音」と伴わない「無気音」の二種類が有ります。文字も中華人民共和国の言語政策による独自の筆画の簡略化を経た「簡体字」が正字体となっています。また、発音表記のためのローマ字「ピンイン」を覚える必要が有ります。

本学教養学部には、初修外国語のみならず既修外国語にも現代中国語の授業が用意されています。また、インテンシヴやTLPといった特訓型の授業も開講されています。勿論《もちろん》、第三外国語としても開講されています。本学には中国からの留学生が数百名在学していますが、現代中国語を履修することで、彼らとの相互理解を深めることができます。隣の中国人と如何《いか》に理解し合うか、その方法も会得されることを私たちは期待しています。

（吉川雅之・東大総合文化研究科教授）

韓国朝鮮語

어둡던 세상이 평생 어두울 것이 아니요 무정할 것이 아니다.
우리는 우리 힘으로 밝게 하고, 유정하게 하고,
즐겁게 하고, 가멸케 하고, 굳세게 할 것이로다.
暗い世の中がいつまでも暗いはずはないし、無情なはずがない。
我らは我らの力で世の中を明るくし、情をあらしめ、楽しくし、豊かにし、
堅固にしていくのだ。（李光洙『無情』より）

古来、日本と朝鮮半島との関係は深く、韓国朝鮮語学習の歴史も長いものがあります。それは、朝鮮半島との長い間の交流と葛藤の歴史のなかで韓国朝鮮語の知識が、隣国の政治や社会、文化などを知るための重要な手段であったからです。

今日、日本と大韓民国・朝鮮民主主義人民共和国との関係は交流ないしは葛藤の局面にあり、しかも、朝鮮半島情勢は世界規模の関心事となっています。また、朝鮮半島にルーツを持つ人々も、いまや世界に広がって存在しています。いまだなお韓国朝鮮語の知識の重要性は失われていません。

さて、韓国朝鮮語は、語彙《ごい》や文法面で日本語と似たところが多いという点で特徴的です。初めて学ぶ人でも1年間しっかり学べば、辞書を引きながら論説文の類《たぐい》ならある程度読めるようになります。もっとも最初は、日本語にはない子音や母音の発音に少し苦労させられるかもしれません。また、韓国朝鮮語を表す文字ハングルも初めて接する人にはとっつきにくいかもしれません。ただ、努力さえすれば十分身につけられます。

駒場の韓国朝鮮語教育では、初級から上級にいたるまで文法、会話、講読、作文の授業は言うまでもなく、より応用力をつけようという人向けにインテンシヴの授業が開設されています。この他、TLPやソウル大学での語学研修プログラムも開設されています。ぜひ韓国朝鮮語を学び、隣国と世界、そして日本を見つめなおすきっかけとしてみてください。

（三ッ井崇・東大総合文化研究科准教授）

駒場生活
徹底解説

東大に入学したら、

全学生はまず駒場Iキャンパスで

前期教養課程の生活を送ることになる。

高校までと違い自分で受ける授業を

全て決めていかなければならず、

制度面に関して確認しておくべきことが山積みだ。

ただ、これらの情報を正確に把握しておくだけで、

有意義な東大生活をスタートできることは間違いない。

ここからは、駒場生活に関する基礎知識を紹介していく。

入学前後のイベントを予習

2020・2021年度は新型コロナウイルスの影響で各種行事やイベントが中止となったため、ここでは2019年度を参考に「駒場生活」を解説する。

諸手続き

東大に合格して入学手続きを済ませた後の最初のイベントは、例年3月最終週にある諸手続き。理科、文科の順に2日にわたって開催され、入学に必要な手続きを1日で行う。具体的には、学生証番号や所属クラスの確認など。これらを済ませると、クラスの2年生との顔合わせやテント列（サークルの勧誘）へと誘導される。

◇

諸手続きは手続きが多いだけでなく、他にも多く来ている新入生を待つ時間もあるので、とにかく長い。手続きは前述の他、学生自治会や運動会の加入申し込み、各種資料の配布があり、受け取る書類も多い。そのため、多くの書類をまとめて入れられるような大きめのバッグを持参した方が良いだろう。

長い手続きを済ませると、所属クラスの2年生と会うことになる。そこでは主に、次に紹介するプレオリやオリ合宿の説明を受けることになるだろう。新入生にとっては恐らく最初に出会う先輩になるので、今後の学生生活で不安なことがあれば聞いてみるのも良いかもしれない。

例年1号館で行われる諸手続きを終えると、その出口にはテント列が待ち構えている。名前の由来は、いろいろなサークルがテントを張っている様子から来ている。各サークルは道を通る新入生に手あたり次第声を掛け、半ば強引にそれぞれのテントへと連れ込み、連絡先を聞くことも。その強引さから、テント列を嫌う東大生も少なくない。一度テント列に入ると、出口にたどり着くまで1～2時間かかることも。テント列が嫌な人、諸手続きの後に用事がある人などは、入る直前にその旨を伝え、抜けることができる。しかし、新入生としてもてはやされる一生に一度の貴重な機会でもある。サークル探しも兼ねて飛び込んでみれば、案外良い思い出になるかもしれない。

諸手続きの数日後は学部ガイダンス。施設利用や履修上の注意、後述するFLOWのクラス分けなど、学生生活に関わる説明をされる。学部ガイダンスは午前中のうちに終了し、午後はサークルオリエンテーション（サークルが勧誘のため学内各所にブースを設置している・通称「サーオリ」）が行われる。テント列とは異なり、各サークルの説明を落ち着いて聞くことができるイベントなので、興味のあるサークルに足を運んでみよう。

プレオリ・オリ合宿

サーオリとほぼ同時期に行われるのが、クラスの2年生が新入生と顔を合わせるプレオリ（懇親会）。その後には、オリ合宿で2年生と新入生が旅行に行くのが恒例となっている。

◇

プレオリではクラスの2年生と初めてきちんと対面するだけでなく、同じクラスの新入生を初めて認識することになる。プレオリでは、2年生に連れられてご飯を食べに行くことが多いようだ。後日彼らとオリ合宿に行くことになるので、ここで声をかけて友達を作っておくのも良いだろう。

ほぼ初対面の人たちと行くオリ合宿は、クラスによって行き先や内容がさまざまだ。例としては、尾瀬や秩父、河口湖、山中湖など。行程表は全て各クラスの2年生が考えているため、オリ合宿が盛り上がるかどうかは2年生次第といえる。ただし、そこまでしっかりとしたスケジュールが組まれていなくても、周りと話す時間が増え結果的に友達も増える良いオリ合宿になることが多いようだ。

オリ合宿の夜は多くの場合懇親会が開かれ、クラスのさまざまな役職決めが行われる。具体的には、次年度のオリ合宿の計画などを担当するオリ長、クラスのコンパを主催するコンパ長、試験対策のプリント「シケプリ」を一括して管理するシケ長など。その後、履修の仕組みをまだ把握できていない新入生のために、2年生のアドバイスをもらいつつ履修を決めることが多く、後述する総合科目L系列英語中級・上級のように抽選が必要な科目の抽選登録を行うこともある。

入学式・五月祭

東大は珍しいことに、授業が入学式よりも前に始まる。ただ最初の1週間は簡単なガイダンスにとどまるものが多く、特に肩肘を張る必要もない。何を履修するかあらかじめ大まかに決めておき、興味のある授業の説明を受けるという程度だ。

入学式は例年、東大の創立記念日にあたる4月12日に開かれる。総長の話などを聞くだけでもちろん出席を取られることはないので、欠席する人も一定数存在する。しかし、自分が東大に入ったことを実感できる機会でもあるので、特別な理由がない限り出席することをお勧めする。

入学式が終わると、五月祭まで約1カ月。1年生はクラスで模擬店を出して親睦を深めるのが毎年の恒例で、その準備に追われることになる。何を売るかは各クラスの五月祭委員が主導となって決定するため、その種類は多岐にわたる。アイスやタピオカドリンク、牛串などクラスによってさまざまだ。ちなみに当日は晴れの場合気温がかなり高くなるので、冷たいものがよく売れるらしい。クラスによって赤字・黒字はもちろん異なるが、利益が出た場合は打ち上げなどに還元されるようだ。売り上げをきちんと出すために、装飾や宣伝に工夫を凝らしたものが近年は多く見られる。

駒場の履修の手引き

授業の開講期間や種類、必要な単位について徹底解説。前期教養課程の基本を抑えよう。

東大に入学した学生は全員、2年間の教養学部前期教養課程に所属する。後期課程で専門的に学ぶ前に幅広い学問に触れ、豊かな知識と広い視野を身に付けることが狙いだ。

前期教養課程から後期課程に進む際には、進学選択という制度がある（15年度実施分までは「進学振分け」と呼ばれた）。前期教養課程での幅広い学びを経て自分の行きたい進学先を選択できるという制度だが、これには前期教養課程での成績が影響する。影響の程度は科類によって異なるが、学生からの人気が高い進学先に行くには好成績を取らなければならないことが多い。

ここでは、前期教養課程の授業の内容や、科類ごとに必要な単位の詳細を紹介していく。

◇

15年度から4ターム制の導入に伴い、前期教養課程では図1のように1年がS1、S2、A1、A2の四つのタームに分かれ、各科目はターム型の授業もしくはセメスター型の授業で開講されることになった。ターム型の場合、各タームは2カ月ほどで、105分×7回の授業で構成される。セメスター型の場合、S1とS2を合わせてSセメスター、A1とA2を合わせてAセメスターと呼び、各セメスターは105分×13回の授業で構成される。4ターム制導入と同時に、科目ごとの学習時間確保のために基本的には1セメスター当たり30単位までしか履修できないというキャップ制も導入された。しかし18年度からは、1Sセメスターの成績優秀者に限り上限を解除する例外措置が導入された。

◇

前期教養課程で履修できる科目は大きく分けて4種類存在する。一つ目は基礎科目で、前期教養課程で最低限身に付けておくべきとされる基本的な知識・技能などを習得するための科目。いわゆる「必修科目」で、割り当てられた基礎科目は必ず履修しなければならない。二つ目は総合科目。総合科目で扱う分野は多岐に渡り、文理合わせて7系列に分かれて開講されている。15年度からは、これまでのA～F系列に加え、L系列が新設された。L系列は英語やその他外国語の授業で構成されている。

三つ目は主題科目だ。主題科目は講義形式

図1

4月	S1ターム	S セメスター
5月		
6月	S2ターム	
7月		
8月		
9月		
10月	A1ターム	A セメスター
11月		
12月	A2ターム	
1月		
2月		
3月		

のものから実習形式のものまで、自由度の高い授業が展開される。

四つ目は、展開科目。展開科目は前期教養課程の基礎科目と後期課程の専門科目の架け橋となることを目的に、社会科学ゼミナール、人文科学ゼミナール、自然科学ゼミナール、文理融合ゼミナールの四つが開講される。

総合科目、主題科目、展開科目については、自分の興味に沿って比較的自由な選択が可能になっている。ただし、完全に自分の好きな科目だけというわけにはいかない。前期教養課程修了に必要な単位数を確保できるよう考えながら、好きな科目を履修しよう。

◇

後期課程に進学するためには図2に示されている必要最低単位数以上の単位を、2A2タームまでに取得しなければならない。文科生は全部で56単位、理科生は63単位が必要となる。

図2　前期教養課程修了要件（2021年度入学の場合）

<table>
<tr><th colspan="3">理科</th><th colspan="2" rowspan="2">科目</th><th colspan="3">文科</th></tr>
<tr><th>理III</th><th>理II</th><th>理I</th><th>文I</th><th>文II</th><th>文III</th></tr>
<tr><td></td><td></td><td></td><td colspan="2">基礎科目</td><td></td><td></td><td></td></tr>
<tr><td></td><td></td><td></td><td colspan="2">（文理共通）</td><td></td><td></td><td></td></tr>
<tr><td>5</td><td>5</td><td>5</td><td colspan="2">既修外国語</td><td>5</td><td>5</td><td>5</td></tr>
<tr><td>6</td><td>6</td><td>6</td><td colspan="2">初修外国語</td><td>6</td><td>6</td><td>6</td></tr>
<tr><td>2</td><td>2</td><td>2</td><td colspan="2">情報</td><td>2</td><td>2</td><td>2</td></tr>
<tr><td>2</td><td>2</td><td>2</td><td colspan="2">身体運動・健康科学実習</td><td>2</td><td>2</td><td>2</td></tr>
<tr><td>2</td><td>2</td><td>2</td><td colspan="2">初年次ゼミナール</td><td>2</td><td>2</td><td>2</td></tr>
<tr><td></td><td></td><td></td><td>（理科）</td><td>（文科）</td><td></td><td></td><td></td></tr>
<tr><td>3</td><td>3</td><td>3</td><td>基礎実験</td><td>社会科学</td><td>8</td><td>8</td><td>4</td></tr>
<tr><td>10</td><td>10</td><td>12</td><td>数理科学</td><td>人文科学</td><td>4</td><td>4</td><td>4</td></tr>
<tr><td>10</td><td>10</td><td>10</td><td>物質科学</td><td rowspan="2"></td><td></td><td></td><td></td></tr>
<tr><td>4</td><td>4</td><td>1</td><td>生命科学</td><td></td><td></td><td></td></tr>
<tr><td></td><td></td><td></td><td colspan="2">総合科目</td><td></td><td></td><td></td></tr>
<tr><td colspan="3">3</td><td colspan="2">L　言語・コミュニケーション</td><td colspan="2">9</td><td rowspan="4">3系列以上にわたり、Lから9を含め17</td></tr>
<tr><td colspan="3" rowspan="3">2系列以上にわたり6</td><td colspan="2">A　思想・芸術</td><td colspan="2" rowspan="3">2系列以上にわたり6</td></tr>
<tr><td colspan="2">B　国際・地域</td></tr>
<tr><td colspan="2">C　社会・制度</td></tr>
<tr><td colspan="3" rowspan="3">2系列にわたり6</td><td colspan="2">D　人間・環境</td><td colspan="2" rowspan="3">2系列以上にわたり6</td><td rowspan="3">2系列以上にわたり8</td></tr>
<tr><td colspan="2">E　物質・生命</td></tr>
<tr><td colspan="2">F　数理・情報</td></tr>
<tr><td colspan="3">2</td><td colspan="2">主題科目</td><td colspan="3">2</td></tr>
<tr><td>2</td><td>2</td><td>3</td><td colspan="2">その他に取得しなければならない単位</td><td>4</td><td>4</td><td>4</td></tr>
<tr><td>63</td><td>63</td><td>63</td><td colspan="2">合計</td><td>56</td><td>56</td><td>56</td></tr>
</table>

（注）一部学生は例外あり

基礎科目

文理共通

・既修外国語

既修外国語は多くの学生が英語を選択するので、ここでは英語を既修外国語とした場合について説明する。もちろん、既修外国語は英語以外の言語も選択できる。

前期教養課程で必修の英語の授業には、「英語一列」「英語二列」「総合科目L系列」の3科目がある。

英語一列の講義は、教養学部英語部会が作成した教科書の読解を基本とし、全クラス共通の視聴覚資料を併用して行われる。クラスは習熟度別に3段階に分けられ、1S1・S2タームは2次試験での英語の点数、それ以降は英語一列の期末試験の成績が基準として用いられる。成績上位者のグループ1は全体の10%、次のグループ2は30%、グループ3は60%となるようにクラスの振り分けがされる。

英語二列は2単位のW（ライティング）、1単位のS（スピーキング）により構成されている。Wでは英語で学術論文を執筆する方法を学ぶ、文科生用のALESA（Active Learning of English for Students of the Arts）、理科生用のALESS（Active Learning of English for Science Students）を行う。ALESAでは、人文・社会学系を中心とするさまざまな学術テーマで実際に論文執筆・発表を行う。ALESSは各自実験を行い、英語で論文にまとめ、発表・討論するものだ。Sでは15年度からFLOW（Fluency-Oriented Workshop）が始まった。FLOWは授業が全て英語で行われる少人数制の授業で、討論、個人やグループ単位での発表、自身の英語スピーチのビデオ撮影などが行われる。学生のスピーキング力を鍛えることを目的としている。

総合科目L系列には英語中級と英語上級が用意され、習熟度に合わせて学生が選択できるようになっている。リスニングや読解などさまざまな授業があり、学生が履修したい授業を選べるようになっている。

・初修外国語

新入生が入学手続き時に決めなければならないのが初修外国語だ。ドイツ語、フランス語、中国語、ロシア語、スペイン語、韓国朝鮮語、イタリア語の七つから選択できる。（各言語の特徴については125ページからの「初修外国語紹介」を参照）

文科生・理科生共に、主に文法などの内容を扱う「一列」「二列」を履修し、文科生はそれに加えて、総合科目L系列として会話練習などが中心の「演習」の授業を履修する。理科生は6単位、文科生は演習を含めて10単位が要求され、新入生はSセメスターにおいて初修外国語を週に最低2～3コマ履修することになる。

加えて、入学時に上位1割程度の英語力を有すると認められた学生は、初修外国語を集中的に鍛えるトライリンガル・プログラム（TLP）に参加することができる。21年度は、イタリア語以外の言語でTLPが用意されている。

・情報

高校の必修科目「情報」の延長となる科目。全科類で2単位必要となる。

授業は情報教育棟で実施され、パソコン端末を利用した実習を交えて行われる。実際の授業の内容は担当教員によって異なるが、文科生は社会システムとの関わりを重視し、理科生はアルゴリズムなども扱う。

・身体運動・健康科学実習

高校までの「体育」に相当する科目。運動による健康増進を目的としている。全科類で2単位の取得が必要となる。

授業は種目ごとに分かれて実施。種目はサッカー、ソフトボール、バドミントン、サイエンスなど複数の中から選択できる。運動が困難な学生向けには、要許可制のメディカルケアコースも開講されている。また応急手当ての仕方など「保健」のような実習形式の授業も何度か行われる。

学生の間では「スポ身」という略称で呼ばれているが、これはこの科目の旧称「スポーツ・身体運動実習」に由来する。

・初年次ゼミナール

初年次ゼミナールは15年度から1年生を対象に始まった必修科目で、20人程度の少人数で行われる。「初年次ゼミナール文科」では担当教員の専門に近い分野についてテーマを設定し、最終的には小論文を執筆。理科生向けの「初年次ゼミナール理科」では各教員が自身の専門を生かした授業を展開し、問題発見・解決・論文読解・実験データ解析など複数の手法で科学的な研究を体験する。学生はグループワークによる討論を行い、最終的には論文やプレゼンテーションの形で研究内容を他人に伝える方法を学ぶ。

文科生のみ

・社会科学

講義形式の授業で「法」「政治」「経済」「社会」「数学」の5分野に分かれる。履修できる分野には制限があり、例えば文Ⅰは「法」2科目か「政治」2科目、文Ⅱは「経済」か「数学」の中から2科目を必ず履修しなければならない。

同じ科目名でも、担当教員や開講時期によって内容は異なる。21年度Sセメスターでは「社会における法の役割（法Ⅰ）」「比較政治学入門（政治Ⅰ）」「発展途上国における経済と社会（経済Ⅰ）」などが開講されている。

・人文科学

「哲学」「倫理」「歴史」「ことばと文学」「心理」の5分野の講義形式の授業がある。文科生はこの中から2分野以上にわたり2科目以上を履修しなければならない。

社会科学と同様、同じ科目名でも担当教員や開講時期によって内容は異なる。21年度Sセメスターでは「よく生きるとはどういうことか。（倫理Ⅰ）」「ローマ帝国とローマ法の歴史（歴史Ⅰ）」「文学からことばを考える（ことばと文学Ⅲ）」などが開講されている。

理科生のみ

・基礎実験

物理学、化学、生命科学についての基礎実験を行う。各科目で1単位ずつ、計3単位が必修となる。

「基礎物理学実験」では実験の他に関数電卓を用いた複雑な計算を行ったり、データの処理などを行ったりする。「基礎化学実験」では無機化学・有機化学の両方について多岐にわたる実験を行う。どちらも基本的に2人1組で行うが、要領が悪いと実験が長引き、時間通りに終わらないこともある。

「基礎生命科学実験」では植物や動物の組織をスケッチしたり、カエルの解剖をしたりする。電気泳動を行ったり、大腸菌の遺伝子を改変させたりする実験もある。

・数理科学

高校の「数学」の内容を発展させた科目。「数理科学基礎」「微分積分学」「線型代数学」「微分積分学演習」「線型代数学演習」が理科全科類で必修となっており、理Ⅰではさらに「数理科学基礎演習」「数学基礎理論演習」が必修となる。

・物質科学

「力学」「熱力学」「電磁気学」という物理科目と「構造化学」「物性化学」「化学熱力学」という化学科目に分かれる。「大学では化学は物理に、物理は数学になる」という言葉通り、物理科目では法則に基づいた微分積分などの計算が主となり、化学科目では量子論など高校では物理として扱う項目を学ぶ。なお、理Ⅰは主に「熱力学」を履修し、理Ⅱ・理Ⅲは「化学熱力学」を履修する。

入試の時に物理を受験していない学生については「力学」「電磁気学」の2科目で初歩から学べるBコースが用意されている。

・生命科学

高校の「生物」の延長だ。理Ⅰは「生命科学」1単位のみが必修だが、理Ⅱ・理Ⅲは「生命科学Ⅰ」「生命科学Ⅱ」の計4単位が必修となる。

内容としては分子生物学・遺伝学を中心に、幅広く生命現象について理解を深めていく。

総合科目

総合科目はこれまで見てきた基礎科目が入っていないこまに開講されている授業を履修することができ、学問分野ごとに7系列に分かれている。L系列は英語や第三外国語、古典語で構成されており、15年度に新設された分野だ。A～C系列は文系寄りの講義となっており、A系列は思想・芸術、B系列は国際・地域、C系列は社会・制度を扱う。D系列は人間・環境となっていて、文系と理系の中間に当たる。E～F系列は理系寄りの授業で、E系列が物質・生命、F系列が数理・情報となっている。

主題科目

主題科目には「学術フロンティア講義」「全学自由研究ゼミナール」「全学体験ゼミナール」「国際研修」の4種類がある。全科類で

2単位が必修だが、何科目でも履修することができる。

「学術フロンティア講義」では、最先端の研究動向や領域横断的なテーマについての講義が行われる。「全学自由研究ゼミナール」は教員や学生が選んだ、学問分野にとらわれない幅広いテーマの下、演習や議論、講義を行うもの。「全学体験ゼミナール」ではより体験重視の授業が展開され、研究室に数日間体験入室して研究内容の一端を体験するというものから、作曲や指揮の指導まで、内容は実に多彩だ。「国際研修」は国際交流、グローバルな視野の養成を目的とし、海外の大学との共同実習や短期の海外研修などさまざまな形で授業が行われる。

主題科目は夏休みの短期間で集中的に実施されるものなど、普段の授業とは別の時間帯にあることも多い。

展開科目

展開科目は大きく社会科学ゼミナール、人文科学ゼミナール、自然科学ゼミナール、文理融合ゼミナールの四つに分かれており、社会科学ゼミナールと人文科学ゼミナールは「アドバンスト文科」と総称される。各科目の中でさらに哲学・科学史、歴史学のように分かれている。内容としては、基礎科目での学びを主体的に展開させるための素地となる能力を身に付け、専門的な学びへの動機付けを図るものとされている。15年度のA1タームで初めて授業が行われ、文理融合ゼミナールのみ21年度のS1タームから新たに導入された。なお、展開科目は必修科目ではない。

2021年度Sセメスターに開講予定の展開科目(一覧)

授業科目名		講義題目
社会科学	法·政治	エビデンスに基づく政策立案
	法·政治	法の中の宗教
	法·政治	労働法入門
	経済·統計	ルーマンのマスメディア論を読む(1)
	経済·統計	Advanced Game Theory for Komaba Students
人文科学	歴史学	慰安婦をめぐる歴史研究の再検討
	ことばと文化	社会科学分野の中国語文献を用いて中国地域研究の小論文を書くためのゼミナール
	ことばと文化	ロシア思想の原典を読む
自然科学	生命科学	駒場のアリの自然史生物学
	数理科学	「エミール·アルチン　ガロア理論入門」(寺田文行訳)を読む。
	数理科学	自然科学に現れる微分方程式
	情報科学	文理を問わず役立つ物理と数理の基礎
文理融合	認知と芸術	現代美術演習 -1960年代美術作品を継承し拡張する試み-
	認知と芸術	写真演習——自己表現としての写真
	認知と芸術	芸術と感性の認知神経科学
	身体と芸術	現代音楽作品研究 — 聴取と実践を通して
	身体と芸術	俳句ソニマージュ:世界を引き受ける/存在と向き合う
	身体と芸術	Archi-Choreographies/アルシ·コレオグラフィーズ
	メディアと芸術	Other Musics/アザー·ミュージックス
	メディアと芸術	インタラクティブ表現実践

『2021年度　Sセメスター 科目紹介(シラバス抜粋)』を基に東京大学新聞社が作成

履修体験記（総合科目A〜C系列）

21年度Sセメスターに開講された総合科目A〜C系列の一部を紹介する。

系列	授業科目名	講義題目
A	記号論	記号学から文化記号論、メディア学へ
	外国文学	英米詩入門
	音楽論	オペラを観る・オペラを知る⑥
	比較文化論	「異文化体験を語る・書く」
B	国際関係論	戦争と平和の国際政治学
	現代国際社会論	国際秩序と紛争解決
	歴史と文化	インドのイスラームとその歴史
	世界史論	近代世界とアジア・日本
C	法と社会	現代法学の先端
	ジェンダー論	セクシュアリティとジェンダーの社会学
	現代経済理論	経済学研究の現在を理解する
	教育臨床心理学	臨床心理学概論

『2021年度　Sセメスター 科目紹介(シラバス抜粋)』を基に東京大学新聞社が作成

美術論（A系列、20年度受講）

美術館に行って、いわゆる宗教画のような「それっぽい絵」を見ても面白くない。そう思っている人は多いのではないだろうか。しかし、それは西洋画の見方を知らないからだ。美術論は、勉強した者だけが知っている「絵を見る方法」を教えてくれる。

例えば、鷲がそばにいる大男が描かれた西洋画。絵に詳しくない人が見たら、鷲を怖がらない屈強な男だなという感想しか抱かないだろう。しかし美術論を受けた後に同じ絵を見ると、鷲が近くにいる男はギリシャ神話に登場するゼウスだと分かる。さらに絵が描かれた意図や背景なども理解することができ、西洋画が面白くなるのだ。受講後は教科書を見るだけでは満足できなくなり、美術館に行きたくなるだろう。筆者が受講したときはレポートによって成績評価が行われたが、そのために美術館に足を運んだものだ。

日本国憲法（C系列、18年度受講）

日本国憲法の前文から改正条項までを概観できる授業。教科書の内容を基に講義形式で行われた。授業ごとに、憲法の歴史的意義や靖国神社参拝問題、表現の自由とポルノ規制の関係など社会と密接に関わる話題が提示され、教員が雑談も交えながら解説を進める。網羅的に書かれている教科書があるとはいえ、高校の政治経済の授業とは一味違う。憲法と我々の日常生活の強い結び付きを実感させられた。

試験は、短答（40問）・論述（5題の中から2題選択）を90分で解いた。短答問題は、教科書を熟読していれば難なく答えられた。しかし論述問題は、授業・教科書の内容を理解した上で考えをまとめなければならない問題で、大学入学後も、東大の2次試験対策のような思考力訓練を続ける必要性を痛感した。主体的な受講姿勢の求められる授業だった。

履修体験記（総合科目D～F系列）

21年度Sセメスターに開講された総合科目D～F系列の一部を紹介する。

系列	授業科目名	講義題目
D	社会生態学	熱帯・亜熱帯地域の人文地理学
	認知脳科学	神経・生理心理学
	社会行動論	社会・集団・家族心理学
	健康スポーツ医学	健康スポーツ医学
E	振動・波動論	振動・波動論
	動物科学	大学教養で学ぶ動物科学
	植物科学	植物の形作りを知る
	宇宙科学Ⅰ(理科生)	天文学・宇宙物理学の基礎的内容
F	解析学基礎	解析学基礎
	統計データ解析Ⅱ	データサイエンス入門
	基礎統計	統計学入門
	計算機プログラミング	プログラム構成論

『2021年度　Sセメスター 科目紹介（シラバス抜粋）』を基に東京大学新聞社が作成

振動・波動論（E系列、19年度受講）

高校物理の単元「単振動」と「波動」に続く授業だ。高校で習う単振動はばねにつながれた重りや振り子の運動、電気回路の振動だが、この授業ではそれらが連結された連成振動系などを学習する。固体を連成振動系とみなすことで比熱や音速を計算できる。波動論ではフーリエ変換を理解することが最大の目標となる。量子力学のような現代の物理学や、通信技術を理解する上で必須となる数学的知識だ。

振動・波動論は幅広い分野に役立つため、担当教員の専門分野もさまざまだ。筆者が受講したのは生物物理学の先生の授業だった。振動の例として授業で紹介されたのは、生態系で捕食者・被食者の個体数の周期的な変動を記述する「ロトカ・ヴォルテラ方程式」という数理モデル。振動・波動という視点から多様な物理学の世界を眺めるのもこの授業の醍醐味《だいごみ》の一つだ。

数理科学概論Ⅰ（文科生）（F系列、18年度受講）

高校数学よりさらに一歩踏み込んだ数学の授業だ。「数の数え方」から重積分までを1セメスターで学ぶ。授業は講義形式。公式の証明など基本事項から解説してもらえるが、その分本質的な理解が求められる。問題を類型化して解法を覚える「受験勉強」を続けていては太刀打ちできない。毎回練習問題が配布されるため、意欲的な学生は授業内容を応用して発展的な問題に取り組むことができる。

成績評価は期末試験による。筆者が受けた際には必須問題4問と選択問題2問の解答を求められた。履修登録をしたときの謎の自信はどこに行ったのか、試験開始とともに憂鬱《ゆううつ》な気持ちで問題用紙をめくると、なぜか見覚えが。「あ、練習問題でやったやつだ！」

しかしその2カ月後、成績を見てあぜんとした。どうやら筆者の勉強は「受験勉強」にとどまっていたようだった。

履修体験記（総合科目L系列）

21年度Sセメスターに開講された総合科目L系列の一部を紹介する。

授業科目名	講義題目
英語中級	認知についての英文を読む
英語上級	Geographies of Horror
ドイツ語初級（会話）	ドイツ語会話
フランス語中級（作文）	Composition écrite
中国語初級（演習）	理系生のための基礎トレーニング
ロシア語初級（インテンシヴ）	ロシア語初級（インテンシヴ）
アラビア語初級（第三外国語）	アラビア語初級（第三外国語）
広東語初級（第三外国語）	広東語（初級）
ペルシア語初級（第三外国語）	ペルシア語を読む・ペルシア語を話す
ポーランド語初級（第三外国語）	ポーランド語初級
タイ語初級（第三外国語）	タイ語初級（第三外国語）
古典語初級（ラテン語）I	ラテン語初級

『2021年度　Sセメスター 科目紹介（シラバス抜粋）』を基に東京大学新聞社が作成

フランス語初級（第三外国語）（20年度受講）

アルファベットの発音から始まる初学者向けの講義。筆者が受講した年はオンラインで開講された。教科書はフランスにある世界遺産について簡単なフランス語で学ぶ、といった内容で、教養まで身に付く。1コマで1単元ずつ取り扱うので、付いていくのにも苦労しない。簡単な単語を覚えていくと、近所のマンションの名前の意味が分かるようになった。

成績評価は数回の課題提出と期末試験だった。課題は教科書の練習問題で、解答を写真に撮りオンラインで提出した。期末試験はGoogleフォームで解答する筆記に加え、Zoomでの口頭試問もあった。大変なようでいて、どちらかを失敗してももう片方で取り返せるな、と考え気楽に受験。手応えはそんなに悪くなかったと思ったが、競う相手が東大生なので合格ギリギリの「可」となった。

古典語初級（サンスクリット語）I（18年度受講）

インドの古典語であるサンスクリット語を一から学べる授業。J・ゴンダ『サンスクリット語初等文法』（春秋社）を用いて、文字や発音、単語の活用形を覚えるとともに、巻末の語彙一覧を参照し簡単な文を訳した。毎回の小テスト対策と担当箇所の訳が予習復習だった。活用形が複雑で難しく見えるが、自習の分量は多くはなく、授業に付いていくのはさほど困難ではないはず。

筆者は特に将来の研究や仕事にサンスクリット語を生かす予定はなかったが「何となくかっこいい」と思ったのと、インド思想に興味があったことを理由に受講した。授業ではサンスクリット語の美しい音韻や文学に触れることができて大満足だった。もちろん研究や仕事に生かしたいという人、また文学部のインド語インド文学専修やインド哲学仏教学専修などへの進学を志望する人も受講すると良いだろう。

履修体験記（主題科目）

21年度Sセメスターに開講された主題科目の一部を紹介する。

講義題目	
学術フロンティア講義	心に挑む一東大の心理学
	エコで安全で健康な社会を実現する機械工学
	調査でみる社会、歴史、アジア
	海研究のフロンティアI
全学自由研究ゼミナール	障害者のリアルに迫る
	タイ医学ゼミナール
	駒場すずかんゼミナール『学藝饗宴』
	空飛ぶ車を実現するための機械工学
全学体験ゼミナール	ICTは教育をどう変えるか
	自由に読み、書き、表現する4　ーコラムランド2021Sー
	囲碁で養う考える力
	バイオマテリアル作り体験
国際研修	イタリアで考古学を体験する
	中国語サマースクール
	ボン大学ドイツ語サマースクール
	ソウル大学校韓国語研修サマープログラム

『2021年度　Sセメスター 科目紹介（シラバス抜粋）』を基に東京大学新聞社が作成

ブランドデザインスタジオ（全学自由研究ゼミナール、20年度受講）

ブランドデザインスタジオとは、東大と博報堂がコラボした授業だ。大手広告代理店である博報堂の社員が講師となって「ブランド」を作り出すまでの考え方や、共創の楽しさを学ぶことができる。授業の最終回には、約3カ月かけてチームで考えた新たな「ブランド」を発表するプレゼンテーションが設けられている。筆者が受講したときは「ヘルシー」というテーマに対し「精神的ヘルシーを促進するためのスポーツ」を提案した。

「難しそう……」と思った人もご安心を。受講生数人でチームを組んで課題に取り組むため、授業は他の学生や講師などと相談しながら進んでいく。また授業ではさまざまな企画が用意されており、筆者が受講したときにはシニアの方とお話をする回が設けられていた。日頃あまりお話をする機会がないので、新鮮な体験だった。

柏キャンパスサイエンスキャンプー環境コース（全学体験ゼミナール、19年度受講）

駒場生にあまり縁のない柏キャンパス。そこに所属する研究室が春休みに合同で主催する研究ゼミだ。物性コース、環境コースなど7つのコースがあり、自分が選択した研究テーマに4、5人のチームで取り組む。

筆者は環境コースで「人を支援する技術を学ぼう！」というテーマの下、視覚障害者が安心してしょうゆを適量注げる支援プロダクトを3Dプリンターで作成した。ユーザーの視点から何が課題なのかを話し合い、試作品をとにかく制作していった。チームメンバーの柔軟な発想や実装力に刺激を受け、自分もがんばらねばと奮起した。

筆者は当時理Ⅱの1年生だったが、チームには既に進学先が内定した理Ⅰの2年生やメンターとして修士1年生もいた。普段接する機会がない人たちと興味関心や趣味について濃密な交流ができるのもこのゼミの魅力だ。

履修失敗談～必修科目編～

進級のために単位取得が絶対の必修科目だが、さまざまな事情から「やらかしてしまう」ことも。ここでは必修科目での履修失敗談を紹介する。

身体運動・健康科学実習II

（20年度受講、文理必修）

完全オンラインだったSセメスターから一部対面となったAセメスター。この科目は隔週で対面授業が行われた。しかしコロナ禍によって交友関係が十分に構築できず、また秋からの一人暮らしで生活習慣が乱れた筆者は引きこもりがちになってしまう。オンライン授業こそ出席したものの、対面授業の分の出席が足りず不可となった。当時、似たような悩みを抱えていた人は学内にも少なくなかったはずだが、筆者は悩みを一人で抱え込み「自分だけが出来損ないだ」と自己嫌悪に陥っていた。登校がつらいときは家族や友人、担当教員などに相談してほしい。また東大には「学生相談所」「なんでも相談コーナー」などもあるので積極的に利用しよう。

微分積分学①

（20年度受講、理科必修）

S2タームで開講される基礎科目。新型コロナウイルス感染症拡大防止のため、筆者が受講した20年当時は授業・期末試験共にオンラインで実施された。試験終了後、解答用紙を学内のオンラインシステムにアップロードする必要があったが、ここでミスをしてしまう。アップロード後確認画面に進んで初めて提出完了となるが、確認画面に進まないまま提出されたものと勘違いしてしまった。試験当日中は再提出が認められていたが、ミスに気付いたのは翌日、別の科目の期末試験を受けている最中のことだった。21年現在は多くの科目で対面の期末試験が計画されているが、課題提出などでオンラインのシステムを利用するときは必ず再確認しよう。

構造化学

（20年度受講、理科必修）

構造化学は、理Iの筆者にとって必修科目だった。しかしオンライン授業だったため、毎回授業には出席するものの、授業中はスマホを触ったり他のことに気を取られたり……。課題の提出が遅れることもあった。

一方で期末試験前には教科書を使ってきちんと勉強し「授業は聞いてなかったけど大丈夫なはず」と思って試験に臨んだ。しかしいざ試験問題を見ると、式の表記の仕方や出題傾向が教科書と大きく違い非常に焦った。

結局割いた時間の割には良い成績は取れず、授業や過去問の大切さが身に染みた。教科書通りに授業が行われているとも限らないので、教科書に頼り過ぎるのは良くないだろう。

履修失敗談～総合科目編～

必修科目に比べて履修の自由度が高い総合科目。そのため後から履修の選択を後悔する人も多数？　ここでは総合科目での履修失敗談を紹介する。

相対論

（E系列、19年度受講）

特殊相対性理論の基礎が学べる授業。高校で習う数学や物理学の知識を前提とするが、大学以降の範囲は未習でも問題ない。

筆者は文系で、センター試験（当時）では化学基礎・生物基礎を選択したため、数学Ⅲや物理の素養が乏しいまま受講してしまった。初回授業の際に教員に「物理がほとんど分からないが大丈夫だろうか」と相談したが（大丈夫なわけがないのに困惑しつつも前向きな回答をくださった先生には感謝している）、案の定数回で音を上げた。

とはいえ、科類にかかわらず面白そうだと思った授業に飛び込めるのが前期教養課程の利点だ。単位は落としたものの、特殊相対性理論の世界に少しでも触れることができて有意義だった。

初修外国語初級（演習）①・②

（L系列、20年度受講）

初修外国語として履修する言語と同一言語の演習の授業。Ｓセメスターで①、Ａセメスターで②が開講され、文科生は受講の必要がある。総合科目Ｌ系列の授業だが、基本的にクラス単位の開講だ。担当教員はネーティブである場合が多く、スピーキング重視。発表の機会も多々設けられている。

20年度、Ｓセメスターは全週オンライン授業、Ａセメスターは隔週で対面授業だった。Ｓセメスターは簡単な会話が多く、また教員が学生をしっかり認識していなかったため良い成績を取れた。しかしＡセメスターはだんだん難しくなり、油断していたら付いていけなくなった。対面授業でやる気のない態度が教員に伝わってしまったのも、成績が悪かった原因だと思う。

外国語初級（第三外国語）

（L系列、20年度受講）

総合科目Ｌ系列の授業で、基礎科目で履修する外国語以外の言語を学ぶ。評価方法は担当教員ごとに異なり、筆者が受講した中国語初級は、主に5分間のプレゼンテーションによって評価された。週1回の授業を受けるだけでは、なかなか読み書きできるレベルに到達しなかったので苦労した。また筆者は１Ｓセメスターで受講したのだが、履修者のほとんどが2年生以上だったのも大変だった。オンライン開講の影響なのか、3・4年生や院生なども多数出席。入学したてだった筆者にとって、周りのレベルが高すぎた。そもそも１Ｓセメスターは第二外国語の勉強で手いっぱいだったので、第三外国語なんて履修するべきではなかったと反省している。

オンライン授業のリアル

アンケートを通して見えた東大生の本音とは？

新型コロナウイルスの流行とともに始まったオンライン授業。東大でも、２０２０年度はほとんどの授業がＺｏｏｍを中心にオンラインで行われ、今後もオンライン授業が続くと見込まれる。ここではオンライン授業の概要を紹介し、1・2年生（２０２1年2月当時）へのアンケートを通して見えてきたオンライン授業の実態に迫る。

オンライン 授業の種類

オンライン授業は三つに大別される。リアルタイムでオンラインで行われるリアルタイム型、リアルタイムで対面とオンラインを併用して行われるハイフレックス型、そして教員が用意した教材で学生が個別で学習するオンデマンド型だ。

アンケートではオンデマンド型の授業はためてしまったという声が多数集まった一方、何度も復習ができて良かったという回答も。また「ハイフレックス型は対面とオンラインのメリハリがあって、友人とも会えるので良かった」という声がある一方で「外出が面倒で全てオンラインで済ませてしまうことも」あったと答える人もいた。自分に合った形態の授業を履修すると良いだろう。

デメリット

デメリットとして多くの人が挙げたのは目への負担。授業に加え、課題や資料閲読など多くの作業でパソコンを使うため、眼精疲労を感じることが多いようだ。ブルーライトカットの眼鏡の着用や、定期的に目を休ませることが肝要だ。

他の学生との交流が少ないことをデメリットに挙げる人も多い。友達と会えずに精神的にストレスを感じる、周りに人がいないことから集中力が低下するという声も多数集まった。

メリット

多くの人がオンライン授業のメリットとして通学時間の節約を挙げた。「移動しなくて良いから授業直前に起きても大丈夫」「通学時間を気にしないで履修を組めるため、選択の幅が広がる」「通学時間がなくなり、時間を有効利用できる」などの利点がある。

インターネット環境さえあればどこからでも・何をしていても受講できることもメリットだ。発言が必要ない授業は「用事に向かう電車に乗りながらでも授業を聞くことができる」、カメラオフの授業では「お菓子を食べながら授業を受けられる」など対面授業と比べて自由に受講ができる。

オンライン授業には学習面の利点も。授業後に録音・録画が公開される授業では復習がしやすく、チャット機能で教員への質問がしやすくなったことに魅力を感じる人も多いようだ。

ディスカッション

特に少人数の授業では、Ｚｏｏｍのブレイクアウトルームの機能を使い、ディスカッションの機会が設けられる授業が多い。実際オンライン授業のデメリットとして、初対面の人といきなりディスカッションするのが難しいことを挙げた回答も。「誰かがミュート解除するまで誰もしゃべらない」「話し出すタイミングが分からず変な空気になることがある」という声もあるように、オンラインという状況では特に、話し出す人がいないと沈黙が続くことも多いようだ。「誰もしゃべり出さないと後がつらいので、誰も口火を切る気配がなかったら少し勇気を出して何かしら言ってみた方が良い」「自分から積極的に話題を提供すれば、自分がディスカッションをリードできるし、グループのみんなも助かると思う」というアドバイスを参考にし、ディスカッションに取り組むと良いだろう。

レポート

授業のオンライン化に伴い、それまで対面でテストを行っていた授業でもレポートを課すようになったものが多い。大学の図書館へのアクセスが不便な中で、ウェブ上の資料を参考文献としてレポートに使用する東大生が多いようだ。ＧＡＣｏＳ（東大所属の人を対象とした学術情報収集サイト）やGoogle Scholar（Googleが提供する学術資料検索サイト）などのサイトが人気だ。

テスト

20年度は一部の授業ではオンラインでテストを実施した。持ち込み可の試験が多いことを利点に挙げる声もある一方で、不正防止のためのカメラやスキャナーの準備、自宅のネットワーク環境の整備などに苦労したという声が多数あった。ネットワーク環境に不安がある人は、大学からモバイルＷｉ－Ｆｉルーターの貸し出し支援があるのでぜひ活用してほしい。

オンライン授業は大学生の生活を大きく変えた。世間ではオンライン授業に伴う孤独や精神的苦痛が注目されがちだが、オンライン授業には対面授業にない柔軟性や効率の良さもある。「不安もいっぱいあるかと思いますが、1年間オンラインで授業を受けてみて、意外と慣れるものです」という声もあるように、オンライン授業を満喫するのも良いだろう。

オンライン授業での失敗談・アドバイス

カメラ設定

・寝起きのまま慌ててZoomに入ったらデフォルトの設定がカメラオンでパジャマ姿が映されてしまった。Zoomの設定によっては入室時に勝手にカメラオンになるものもあるので、入る時はカメラを手で隠す、もしくはカメラカバーを使うと恥ずかしい思いをしなくて済む。（文Ⅰ・2年）

マイク設定

・Zoomでミュートにするのを忘れていた結果、映画を見たり電話をしたりしながら授業に参加していることがバレてしまった友人がいた。（文Ⅱ・1年）
・マイクオンで入ったままの人がいると、雑音が入ったり先生の話がよく聞こえなくなる。（文Ⅲ・2年）

人との交流

・仲間と一切相談せず適当に履修登録をしていたら準必修の登録を忘れていた。（文Ⅰ・1年）
・クラスやTwitterなどで人とのつながりは確保しましょう。（理Ⅰ・1年）

東京大学新聞社が実施したアンケートを基に作成

COLUMN

ロシア語選択

**東大では主に自らが選択した初修外国語を基に所属クラスが決定する。
クラスごとにさまざまな特色があるが、その中でも特に異彩を放つのが、
文科は「文ロシ」、理科は「理ロシ」の愛称で親しまれるロシア語クラス。
何かと偏見を持たれがちなロシア語クラスの
実態を「文ロシ」出身の筆者がお伝えする。**

ロシア語クラスは変人の集まり？

「ロシア語クラスって変人ばかりなんでしょ？」。筆者が「文ロシ」だと話すと、大体この言葉が返ってくる。もしくは微妙な表情をされる。悲しい。なぜか「変人ぞろい」だと思われがちだが、決してそんなことはない。ソ連・ロシア愛が強い人は非常に多いが、真面目で話しやすいすてきな人ばかりという印象だ。

残念ながら（？）、よく言われるほど変人の多くないロシア語クラスだが「変わったクラス」ではあると思う。まず特徴的なのは「文ロシ」「理ロシ」というクラス概念だ。基本的に、初修外国語が同じでもクラスが違えば交流はない。しかしロシア語はクラスを超えた結束が非常に強く、ほとんどのイベントは「文ロシ」「理ロシ」単位で行う。文科の場合、ロシア語クラスは文Ⅰ Ⅱと文Ⅲの二つあるが、五月祭は合同で出店するし、オリ合宿やクラスコンパも一緒に行う。そのためクラスの垣根を気にすることは少なく、まるで「文ロシ」で1クラスのように感じるぐらいだ。

「ソ連領」「ロシア領」の存在も、ロシア語クラスの大きな特徴だ。「ソ連領」というのは、駒場Ⅰキャンパスの食堂1階のテラス席のこと。「文ロシ」の溜まり場となっているため、こう呼ばれる。次のこまにクラス単位のロシア語の授業があるときは特に集合率が高く、暇な人で集まって宿題をしたり、分からないところを教え合ったりしていた。テラス席のほぼ全てのテーブルが「文ロシ」だったこともある。「ロシア領」は、駒場Ⅰキャンパスにある21ＫＯＭＣＥＥ　ＷＥＳＴという建物の地下のことで「理ロシ」の溜まり場だ。これらの場所が、クラスの枠を超えた交流を促進しているのだろう。

ロシア語って難しい？

キリル文字を読めたら楽しそう！　と思ってロシア語を選んだ筆者。しかし、発音さえ覚えればキリル文字自体はすぐ読めるようになるため、この目標は1年次の5月ごろ、早々に達成できてしまう。その後は文法地獄に苦しむことに。特に格変化の複雑さには発狂しそうだった。多くの人の想像通り、やはりロシア語は難しい。ただ、小テストはほとんどなく、出席すら取らない教員もいるなど、おそらく授業の負担は少ない。また早めに授業を切り上げてソ連時代の人形アニメ『チェブラーシカ』を見せてくれたり、ロシア音楽を聞かせてくれたりと、すごく授業が楽しい。文法が難しいせいで単位が取りにくいということもないので、ご安心を。

部活・
サークル紹介

東大には数多くの部活・サークルがあり、

学生はオンラインも交えるなど

工夫しながらさまざまな活動に取り組んでいる。

部活・サークルの紹介や一覧を見て、

活動の様子を思い描いてみよう。

東京大学運動会

卓球部

卓球部は「全員が強くなる、全員で強くなる」をスローガンに経験者から大学始めの部員まで日々練習に打ち込んでいます。コロナ禍で一部の活動が制限されている中でも、少人数のミーティングで相互にアドバイスするなど技術向上のために工夫して活動しています。卓球がうまくなりたいという方にはぴったりの環境ですので、興味のある方はぜひ卓球部HPやTwitterをご確認ください。部員数：45人
場所：駒場キャンパス第一体育館

東京大学運動会

ボディビル&ウェイトリフティング部

その名の通り筋トレをメインで行う部活で、ボディビルやパワーリフティングという競技に取り組んでいます！　部員は2年生から4年生の合計22人で、女子部員も2人在籍しています。練習は授業期間中の月・水・土の週3回、駒場キャンパスのトレーニング室で行っています。筋トレは運動神経に関係なく努力の積み重ねがモノを言う競技なので、気持ちさえあれば誰でもデカくなれます！　さあB&W部入って頭も体も心もデカい人間になろう！

東京大学運動会

陸上運動部女子

東大陸上運動部は、火・木・土に駒場キャンパスで練習しています。女子部員は10人程度で、普段は短・中・長・歩・跳・投に分かれ、男子部員と一緒に練習します。陸上歴10年超から高校までは運動未経験まで、多彩な部員が自己最高とチームの勝利を目指し切磋《せっさ》琢磨《たくま》しています。これまで陸上を頑張ってきた人、何か新しいことを始めたい人、ここには仲間も環境もそろっています。私たちと一緒に思いっきり速く遠く高くへ駆け抜けましょう！

東京大学
柏葉会合唱団

柏葉会合唱団は、東大最大規模の混声合唱団の一つで、学生指揮者制度により音楽作りを選曲から全て学生で行うのが特徴です。年2回の演奏会での大人数アンサンブルは、一度経験すると忘れられない経験ですよ！　演奏会以外にも、駒場祭などでの有志企画もたくさんあり、先輩後輩の距離も近いです。大学でも本格的な合唱をやりたい経験者の方も、新しいことを始めたい未経験の方も、ぜひ見学にお越しください！

東京大学
フルート同好会(TFC)

東京大学フルート同好会（ＴＦＣ）は東大、お茶の水女子大学などの学生約40人からなるサークルです。経験者はもちろん、大学からフルートを始めた方もたくさん在籍しています。現在は感染状況を見ながらスタジオを借りて練習を行い、演奏動画をネット上に公開しています。優しく穏やかな人が多く、和気あいあいとした雰囲気があります。まだまだ厳しい状況は続きますが、皆さまの大学生活が実り多きものとなるよう祈っています。

東京大学
お笑いサークル笑論法

笑論法は２０１２年結成のお笑いサークルで、１〜４年生約20人が活動しています。ほとんどの部員が初心者で、日々オリジナルの漫才やコントを制作、発表しています。主な活動は、月２〜３回のＺｏｏｍ部会（ネタ見せや大喜利など）や対面での月末ライブと比較的自由度が高く、兼サーも可能です。お笑いにはあまり詳しくないけど、漫才やコントを書いてみたい、やってみたいという方も大歓迎！　さあ、笑論法で笑いを創造してみませんか？

※新型コロナウイルスの感染拡大以前に撮影された写真を含みます

東京大学

坐禅部陵禅会

90年近い歴史を持つ座禅サークルで、30人ほどの部員が所属しています。普段は毎週火曜日、駒場キャンパスの西端に所在する三昧堂にて坐禅会を行っています。また、昨年より情勢に応じオンライン坐禅会も行っていますが、どの程度活動に参加されるかはもちろん自由です。大学から坐禅を始めたという部員がほとんどなので、初心者の方でもお気軽にお越しください。坐禅を通し、ひとときの安らぎを過ごしてみてはいかがでしょうか。

東京大学

地文研究会 天文部

東大天文部は部員数約１００人のサークルで、メインの活動は年6回の合宿と駒場祭でのプラネタリウム制作になります。合宿は長いものでは4日間にわたりますが、途中参加・帰宅が可能で参加も任意のため、各々の予定に合わせて参加できます。天体写真を撮ったり友達と話しながら星空を見上げたり、各々が思い思いの時間を過ごせます。コロナ禍では都内のプラネタリウムへ行くなどする予定です。充実した天文ライフを一緒に送りましょう！

東京大学

模型部

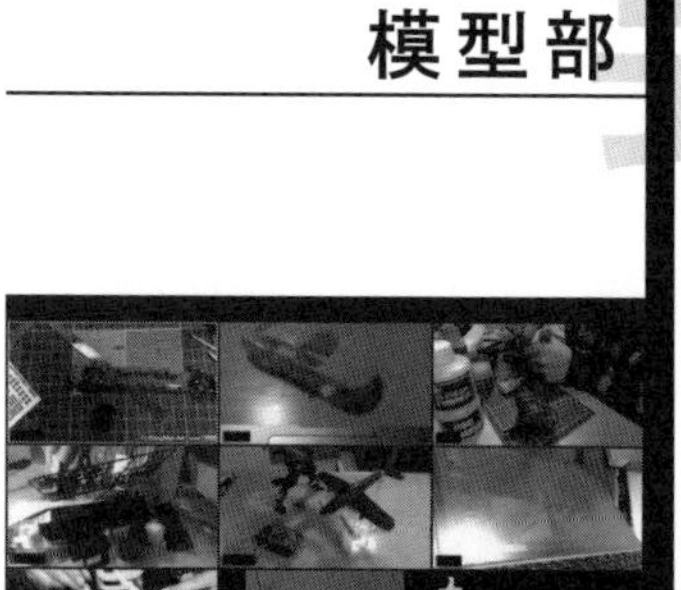

プラモデルを中心とした模型サークルです。活動は不定期で、新歓に合わせた製作会や学祭での展示を行っています。自由な活動形態で兼サーも容易！ 部員数は20人弱。小さな団体ですが、身近な自動車から巨大戦艦まで種類や大きさを問わず様々な模型を作る人が集まっています。模型を板から自作したり、少し変わった模型を作る人も……!? 普段はＳｌａｃｋ上で交流していますが、オンライン学祭では製作会の様子をライブ中継しました。

biscUiT

マイノリティーである東大女子の視点から、最近ホットな問題から恋愛系の記事まで、フリーペーパー（年2回発行）とウェブで東大生・中高生・一般の方に向けた様々な情報を発信しています。現在はオンラインで活動していますが、毎週土曜日のミーティングの他に女子会なども行っていて、約20人の部員がみんなで楽しく活動しています！　文章を書くのが好きな人やデザインに興味がある人、自分の考えを発信したい人をお待ちしています！

学生団体GEIL

学生団体ＧＥＩＬは、東一早慶上智ＩＣＵなど関東の学生を中心に構成される学生団体です。毎年夏に「学生のための政策立案コンテスト」を開催・運営する他、政策立案を通して社会問題を理解し議論する場を一年を通し学生に提供しています。コンテストの準備・運営に加え、有識者や官僚の方をお招きして社会問題や政策の勉強も行うなど、オンラインでも精力的に活動しています。政策という武器で、本気で社会問題と向き合ってみませんか？

東京大学 英語ディベート部（UTDS）

ＵＴＤＳは英語即興ディベートを行うサークルで、部員約20人で構成されています。普段は駒場ですが、現在はオンラインで週3回ほどスピーチ練と練習試合を行い、週末には数多く開かれる大会に参加しています。サークル内はたわいない話もできる居心地の良い場所ですが、試合が始まれば一気に真剣になり、政治や経済など様々なテーマに関して英語で議論します。英語が好きな人、知的好奇心旺盛な方は初心者でも経験者でも大歓迎です！

※新型コロナウイルスの感染拡大以前に撮影された写真を含みます

部活・サークル一覧

運動系

アメフト・ラグビー

- 東京大学運動会アメリカンフットボール部
- 東京大学運動会ラグビー部
- 東大VIKINGS

ゴルフ

- 東京大学運動会ゴルフ部
- 東大BOGEYS

サッカー・フットサル

- 東京大学運動会ア式蹴球部
- 東京大学運動会ア式蹴球部女子
- 東京大学運動会総務委員会直轄部フットサル部
- 東京大学FC　Blue　Spot
- 東京大学SperanzaFC
- 東京大学スポーツ愛好会サッカーパート
- 東京大学セパタクロークラブ
- 東京大学PASSERS
- 東京大学バブルサッカークラブ
- 東京大学FITTY626
- 東京大学Hotspurs

テニス

- 東大Anotherway
- 東大アプリコット　T.C.
- 東大アムレット
- 東大ALLDC
- 東大HALE　T.C.
- 東大WEEKEND
- 東大woodpecker
- 東京大学運動会女子硬式庭球部
- 東京大学運動会男子硬式庭球部
- 東京大学運動会軟式庭球部
- 東京大学A-DASH
- 東大エルピラータ
- 東京大学Group　Flates
- 東大COSMOS
- 東大サンフレンド
- 東大シグマテニスサークル
- 東京大学スポーツ愛好会硬式テニスパート
- 東京大学スポーツ愛好会軟式テニスパート
- 東大smash　and　spur
- 東大テニスサークルJoker
- 東大トマト
- BESTER
- 東大レモンスマッシュ

バスケ

- ありう～ぷ
- 東京大学運動会女子バスケットボール部
- 東京大学運動会男子バスケットボール部
- 東大Airwalk
- 東京大学スポーツ愛好会バスケットボールパート
- ペイサーズ

バドミントン

- 東京大学運動会バドミントン部
- 東京大学スペースシャトル
- 東京大学スポーツ愛好会バドミントンパート
- 東京大学TBA
- 東大punpkin
- ひこうせん

バレー

- 東京大学運動会女子バレーボール部
- 東京大学運動会男子バレーボール部
- 東京大学スポーツ愛好会バレーパート
- ソフトバレーサークルSUNSET
- 東京大学バレーボールサークルmaru
- 東京大学ユーフォリア

野球・ソフトボール

- 東京大学運動会硬式野球部
- 東京大学運動会準硬式野球部
- 東京大学運動会ソフトボール部
- 東京大学運動会軟式野球部
- 東京大学セローリ
- 東大タクティクス
- 東京大学丁友会硬式野球部
- 東京大学BigBox's
- 東京大学ベルスターズ
- 東京大学レオパーズ

郵便はがき

恐れ入り
ますが、
63円切手
をお貼り
ください。

113-8691

東京都文京区本郷
7-3-1東大構内

東京大学新聞社
『東大2022』係　行

ご住所（〒　　－　　）			お名前
学校名	学年	年齢	男・女
志望大学・科類・学部など 大学　科　類 学部	購入書店		
	購入日　月　日		

※アンケートにお答えいただいた方全員に、2021年度版『受験生特集号』（9月14日発行）をお送りいたします。学校名・学年・志望先などは、今後の誌面づくりの参考にさせていただきます。上記の個人情報は新聞送付のほか、当社の発行物のご案内など、情報をお届けするために利用させていただく場合がございます。受験生特集号送付をご希望でない場合には左の□に、個人情報を発行物のご案内などに利用するのをご希望でない場合には右の□にチェックをお願いいたします。
□ □

[1] 次のうち良かった企画、つまらなかった企画の番号を記入してください。

(括弧内は開始ページを表します)

1. 川窪慎太郎さんインタビュー(P7)
2. 信友直子さんインタビュー(P241)
3. 梅本和義さん(P249)
4. スクラッチアート　岩田奎さん(P16)
5. スクラッチアート　岸さとみさん(P20)
6. スクラッチアート　早川健太さん(P24)
7. スクラッチアート　持田勘多さん(P28)
8. スクラッチアート　宇都星奈さん(P168)
9. スクラッチアート　川瀧紗英子さん(P172)
10. 東大生からの応援メッセージ(P32、176)
11. カラフルな東大(P161-166)
12. コロナと学生生活(P166)
13. アンケートでスクラッチ①　受験編(P40)
14. 東大教員・東大生からの勉強アドバイス(P41)
15. 合格体験記・浪人奮闘記(P65)
16. COLUMN　宅浪(P84)
17. 一般入試紹介&2次試験当日シミュレーション(P85)
18. COLUMN　仮面浪人(P96)
19. 推薦入試制度紹介(P97)
20. 外国学校卒業学生特別選考紹介(P103)
21. アンケートでスクラッチ②　大学生活編(P110)
22. 科類紹介(P111)
23. COLUMN　TLP(P124)
24. 初修外国語紹介(P125)
25. 駒場生活徹底解説(P133)
26. オンライン授業のリアル(P148)
27. COLUMN　ロシア語選択(P150)
28. 部活・サークル紹介(P151)
29. 進学選択制度紹介(P177)
30. PEAK紹介(P197)
31. アンケートでスクラッチ③　進路編(P204)
32. 後期学部紹介　社会科学・人文科学系編(P205)
33. 後期学部紹介　自然科学編(P217)
34. 大学院生活紹介(P229)
35. 高専からの東大編入(P235)
36. COLUMN　コロナと東大の留学・国際交流プログラム(P240)
37. アンケートでスクラッチ④　社会問題編(P260)
38. 東大卒業後の働き方(P261)
39. COLUMN　コロナと就活(P268)
40. 東大卒業生に聞く国家公務員の仕事(P269)
41. 就職先一覧(P274)

■良かった企画　[　　][　　][　　][　　][　　]
■つまらなかった企画　[　　][　　][　　][　　][　　]

---

[2] 上の企画リストから一つ選び、ご意見・ご感想をお聞かせください。

[　　]番について

---

[3] この本をどこで知りましたか?

1. 書店　2. 高校　3. 予備校・塾　4. 友人　5. イベント
6. ウェブサイト[　　　　　　]　7. 雑誌・書籍等[　　　　　　]
8. 東京大学新聞　9. その他[　　　　　　]

---

[4] その他、ご意見・ご感想・ご要望などありましたら自由にお書きください。

(どういった情報・人を取り上げてほしいか、東大・東大受験についての質問など)

---

[5] プレゼント応募について一つに○をしてください。

希望する・希望しない　※プレゼント応募の締切は2021年10月31日(当日消印有効)

その他の球技

- 東京大学運動会卓球部
- 東京大学運動会ハンドボール部
- 東京大学運動会フィールドホッケー部
- 東京大学運動会ボウリング部
- 東京大学運動会ホッケー部女子
- 東京大学運動会ラクロス部女子
- 東京大学運動会ラクロス部男子
- 東京大学競技ドッジボールサークルVOLER
- 東京大学スカッシュ同好会
- 東京大学スポーツ愛好会卓球パート
- 東大すぽると
- Pacificus Racquetball Club
- 東京大学ハンドボールサークルMEINZ
- 東京大学BeachBoys
- 東京大学フロアボールクラブ
- 東京大学ペタンクサークルUToPIA

ウィンタースポーツ

- 東京大学運動会スキー部
- 東京大学運動会スケート部アイスホッケー部門
- 東京大学運動会スケート部フィギュア部門
- 東京大学LBJ ski team
- 東京大学基礎スキー同好会CrazyCats
- 東京大学Cloud9
- 東京大学ラビットアルペンスキーチーム

山岳

- 東京大学運動会スキー山岳部
- 東京大学運動会ワンダーフォーゲル部
- 東京大学オリエンテーリングクラブ
- 東京大学狩人の会
- 東京大学クライミングサークル Granite
- 山岳愛好会雷鳥
- 東京大学TECKTECK

自転車・乗り物

- 東京大学運動会航空部
- 東京大学運動会自転車部
- 東京大学運動会自動車部
- 東京大学なかよしさいくる

水上・水中

- 東京大学運動会水泳部競泳陣
- 東京大学運動会水泳部水球陣
- 東京大学運動会漕艇部
- 東京大学運動会ヨット部
- 東京大学海洋研究会
- 東京大学海洋調査探検部
- 東京大学Grand Bleu
- 東大水泳サークルcoconuts
- 東京大学ヨットサークルSEAWIND

ダンス

- 東京大学運動会応援部チアリーダーズ
- 東京大学運動会競技ダンス部
- 東京大学KPOP COVER DANCE TEAM WINGS
- 東京大学KPOPダンスサークルSTEP
- 東京大学ジャズダンスサークルFreeD
- 東京大学ストリートダンスサークルBOILED
- T.U. Dancing Club WISH
- 東大娘。’20
- 東大フラサークルKaWelina
- 東京大学フラメンコ舞踏団
- 東京大学民族舞踊研究会

武道・格闘技

- 東京大学合氣道会
- 東京大学合気道気錬会
- 東京大学運動会合気道部
- 東京大学運動会空手部
- 東京大学運動会弓術部
- 東京大学運動会剣道部
- 東京大学運動会柔道部
- 東京大学運動会少林寺拳法部
- 東京大学運動会躰道部
- 東京大学運動会相撲部
- 東京大学運動会フェンシング部
- 東京大学運動会ボクシング部
- 東京大学運動会レスリング部
- 東京大学弓道同好会
- 東京大学極真空手同好会
- 東大剣友会
- 東京大学護身武道空手部
- 東京大学古流武術鹿島神流
- 東京大学スポーツ合気道クラブ
- 東京大学颯剣会
- 東京大学WTFテコンドーサークルてこん会
- 東京大学ふぁんそん太極会
- 東大プロレスBAKA道場
- 東京大学ゆみの会

陸上

- 東京大学運動会陸上運動部
- 東京大学運動会陸上運動部女子パート
- ホノルルマラソンを走る会

その他

- 東京大学運動会応援部
- 東京大学運動会体操部
- 東京大学運動会馬術部
- 東京大学運動会B&W部
- 東京大学運動会洋弓部
- 東京大学射撃部
- 東京大学スカイウォーカーズ
- 東京大学ダブルダッチサークル D—act
- 東大釣友会
- 東京大学トライアスロンチームDo—Up
- 東大Burst
- 東京大学ハンググライダーサークルfalsada
- ビリヤード友の会

鉄門

- 医学部鉄門アメリカンフットボール部
- 医学部鉄門硬式庭球部
- 医学部鉄門ゴルフ部
- 医学部鉄門サッカー部
- 医学部鉄門山岳部
- 医学部鉄門水泳部
- 医学部鉄門スキー部
- 医学部鉄門漕艇部
- 医学部鉄門卓球部
- 医学部鉄門バスケットボール部
- 医学部鉄門バドミントン部
- 医学部鉄門バレーボール部
- 医学部鉄門ハンドボール部
- 医学部鉄門野球部
- 医学部鉄門陸上部

音楽系

合唱・アカペラ

・東京大学アカペラバンドサークルLaVoce
・東京大学音楽部女声合唱団コーロ・レティツィア
・東京大学音楽部男声合唱団コールアカデミー
・東京大学歌劇団合唱団
・東京大学合唱団あらぐさ
・東京大学コーロ・ソーノ合唱団
・東京大学混声合唱団コール・ユリゼン
・東大ショークワイア
・東京大学白ばら会合唱団
・中世ルネサンス無伴奏混声合唱団ムジカサクラ
・東京大学柏葉会合唱団
・東京大学法学部緑会合唱団

古典音楽

・東京大学オルガン同好会
・東大古典音楽鑑賞会
・東京大学古典ギター愛好会
・東京大学室内楽の会
・東京大学尺八部
・東京大学三味線くらぶ
・東京大学箏曲研究会
・東京大学ピアノの会
・東京大学ベルカント研究ゼミナール

吹奏楽・管弦楽

・東京大学運動会応援部吹奏楽団
・東京大学音楽部管弦楽団
・東京大学歌劇団管弦楽団
・東京大学クラリネット同好会
・東京大学吹奏楽部
・東京大学フィルハーモニー管弦楽団
・東京大学フィロムジカ交響楽団
・東京大学フォイヤーヴェルク管弦楽団
・東京大学ブラスアカデミー
・東大リコーダー同好会
・東京大学LowBrass同好会

民族音楽

・Estudiantina Komaba
・東京大学民族音楽愛好会
・UT-Fuaim

ロック・ポップス

・東大アンプラグド
・東京大学ウクレレサークルウクレレ・ヒキナ
・FGA
・東大音感
・東京大学ビートルズ研究会アビーロード
・東京大学フォークソング研究会
・東大British Rock研究会
・東大POMP

その他

・東大エレクトーンクラブ
・東京大学ジャズ研究会
・東京大学Jazz Junk Workshop
・東京大学ビルボード研究会
・東京大学フルート同好会
・東京大学ぺるきゅしおんあんさんぶる
・東京大学マンドリンクラブ

アウトドア

・東大温泉サークルOKR
・東京大学地文研究会天文部
・Tokyo Sky Walker

アニメ・ゲーム

・東京大学アニメーション研究会
・東京大学esportsサークル
・東京大学ゲーム研究会
・ゲームサークル大都会
・東京大学テトリス研究会
・同人サークル ノンリニア
・東大七盤サークル
・東京大学ビジュアルノベル同好会
・BEMANI 4 UT
・東京大学遊戯王デュエルサークル
・東大ラブライブ!
・東京大学LoLサークル

イベント・企画

・伊豆に学ぶ
・東京大学運動会総務部
・AGESTOCK実行委員会
・東大おかやま愛好会
・学生団体GEIL
・コミックアカデミー実行委員会
・出版甲子園
・旅屋
・東大美女図鑑
・東京大学道民会
・東大ドリームネット
・謎解き制作集団AnotherVision
・東大みかん愛好会
・東京大学UTSummer

文化系

演劇・映画
- 東京大学映画研究会
- 映画制作スピカ1895
- 快晴プロジェクト
- 劇工舎プリズム
- 劇団綺畸
- シアターマーキュリー
- D．P．Theater Club at Komaba
- 東京大学ミュージカルサークルClavis

起業・投資
- 株式投資サークル JumpingPoint
- 東大金融研究会
- 東京瀧本ゼミ企業分析パート
- 東京大学投資クラブAgents
- BusinessContestKING
- 東大FASTPASS

広報・出版
- 時代錯誤社
- 東京大学新聞社
- 東京大学入試研究会
- bisCUiT
- ビラ研究会

国際交流
- アイセック東京大学委員会
- アジア開発学生会議
- アジア政治学学生協会
- 東大AFPLA
- IAESTE
- ウガンダ野球を支援する会
- HCAP東京大学運営委員会
- NPO法人MIS
- MPJ Youth
- OVAL JAPAN
- KIP知日派国際人育成プログラム
- 京論壇
- GNLF
- Todai Global Interaction Friends
- 日露学生交流会
- 日本学生協会基金
- Bizjapan
- First AccessX UTokyo
- FICS
- 東京大学UNiTe

自然科学
- iGEM東大
- 東京大学愛鳥研究部
- 東京大学アマチュア無線クラブ
- UTaTané
- 宇宙開発フォーラム実行委員会
- 東京大学キムワイプ卓球会
- 東京大学CAST
- 東京大学教養学部化学部
- 国際資源エネルギー学生会議
- 東京大学生物学研究会
- 東京大学地文研究会気象部
- 東京大学地文研究会地質部
- 東京大学地文研究会地理部
- 都内数学科学生集合
- 東京大学プラレーラーズ
- ut.code();
- 理論科学グループ
- RoboTech

社会奉仕
- 学生団体マイハウス
- 環境三四郎
- 駒場子ども会
- J―FUNユース
- Table for Two―UT
- 東京大学点友会
- 東龍門
- 東京大学乗鞍サマースクール
- FairWind
- 東京大学復興ボランティア会議
- 東大POSSE
- ぼらんたす
- 夢のつばさプロジェクト

趣味・娯楽
- 東大うどん部
- 東京大学カープ応援サークルスライリー
- 東京大学ガンダム愛好会
- 東大幻想郷
- 東京大学珈琲同好会
- 東京大学GFC
- 東京大学瞬星会
- 東京大学将棋部
- 東大昇竜会
- 東大女装子コンテスト実行委員会
- 東京大学戦史研究会
- 東京大学宝塚同好会
- 東大帝虎会
- 東京大学ディズニーサークルUTD
- 東京大学鉄道研究会
- 東大TeX愛好会
- 東京和蒼会

・東大特撮映像研究会
・東大ハロプロ研究会
・東大B'z同好会
・東大飛燕会
・東大学Furry研究会
・東大VTuber愛好会
・東京大学ポケモンサークルぽけっち
・東大ホースメンクラブ
・東京大学漫画調査班
・東京大学模型部
・UTokyo Aviation Geek Society
・東大料理愛好会
・東京大学料理サークルカラメルビター
・東京大学旅行研究会

人文社会学

・東京大学安保法制廃止を求める東京大学人アピール実行委員会
・NPO法人日本教育再興連盟
・東大カモノハシ協会
・東京大学教育問題研究会
・東京大学行政機構研究会
・東京大学現代国際法研究会
・高等教育無償化プロジェクトFREE東大
・東大三国志研究会
・東京大学手話サークルしゅわっち
・東京大学高山ゼミ
・東京大学瀧本ゼミ政策分析パートナール
・東京大学日本の医療の光と影ゼミ
・日本民主青年同盟東大駒場班・本郷班
・東京大学法と社会と人権ゼミ
・UTT Data

創作活動・芸術

・東大イラスト研究会
・東大英語美術サークル
・東京大学折紙サークルOrist
・東京大学作曲研究会GCT
・東京大学写真文化会
・東京大学手芸サークルあっとはんど
・東京大学新月お茶の会
・designing plus nine
・東京大学陶芸サークル倶楽部楽
・東大美術サークル
・東大VRサークルUT-virtual
・東京大学フォーミュラファクトリー
・服飾団体Miss Catwalk
・東大文芸部
・ペンクラブ
・東京大学放送研究会
・東大マイコンクラブ
・東大まんがくらぶ
・東大LEGO部

伝統文化

・東京大学裏千家茶道同好会
・東京大学薫風流煎茶同好会
・東京大学香道部
・東京大学茶道部
・東京大学珠算研究会
・東京大学書道研究会
・東京大学神社研究会
・東大中国茶同好会
・東京大学日本舞踊研究会
・東京大学能狂言研究会観世会
・東京大学能狂言研究会狂言会
・東京大学能狂言研究会宝生会
・東京大学百人一首同好会
・東大禊クラブ
・東京大学落語研究会
・東京大学陵禅会

パフォーマンス

・東京大学お笑いサークル笑論法
・東京大学奇術愛好会
・東京大学マラバリスタ
・まるきゅうProject

文学

・東京大学漢詩研究会
・東京大学Q短歌会
・古文サークルすずのや
・東京大学書評誌「ひろば」
・東京大学創文会
・東京大学読書サークルこだま
・東京大学文学研究会
・文学入門ゼミ

マインドスポーツ・パズル

・東京大学囲碁部
・東大オセロサークルGORO
・Callas
・東京大学クイズ研究会
・東京大学コントラクトブリッジ同好会
・東京大学人狼研究会
・東京大学ペンシルパズル同好会
・東大ポーカー同好会
・東京大学麻雀サークル白
・東大ルービックキューブサークル

その他

・IMO project
・東京大学Agrilien
・東京大学E.S.S.
・東京大学英語ディベート部
・東京大学キリスト者学生会
・グローバル消費インテリジェンス
・東京大学紅茶同好会KUREHA
・すずかんゼミナール『学藝饗宴』
・東大スパイス部
・第一高等学校・東京大学弁論部
・TSUNAGU
・鉄門倶楽部
・東大原田武夫自主ゼミ
・東京大学フロンティアランナーズ
・polaris
・牧原ゼミ
・東大むら塾
・模擬国連駒場研究会
・もぐもぐさんぽ
・東京大学元仮面浪人交流会
・東大YN会

自治団体

・東京大学学生会館運営委員会
・東京大学生協駒場学生委員会
・東京大学第71期駒場祭委員会

東大にある500近い部活・サークルを、オリエンテーション委員会提供のデータからまとめた。この一覧を参考に大学入学後に加入する部活やサークルを決めてみてはいかがだろうか。（一覧は2020年度の登録団体。分類はオリエンテーション委員会のものによる）

サークル一覧の見方
各サークルの名称を「東大」「東京大学」の冠称を除いた場合の五十音順・アルファベット順で並べています。

カラフルな東大

写真で東大のキャンパスとその周辺を巡ろう

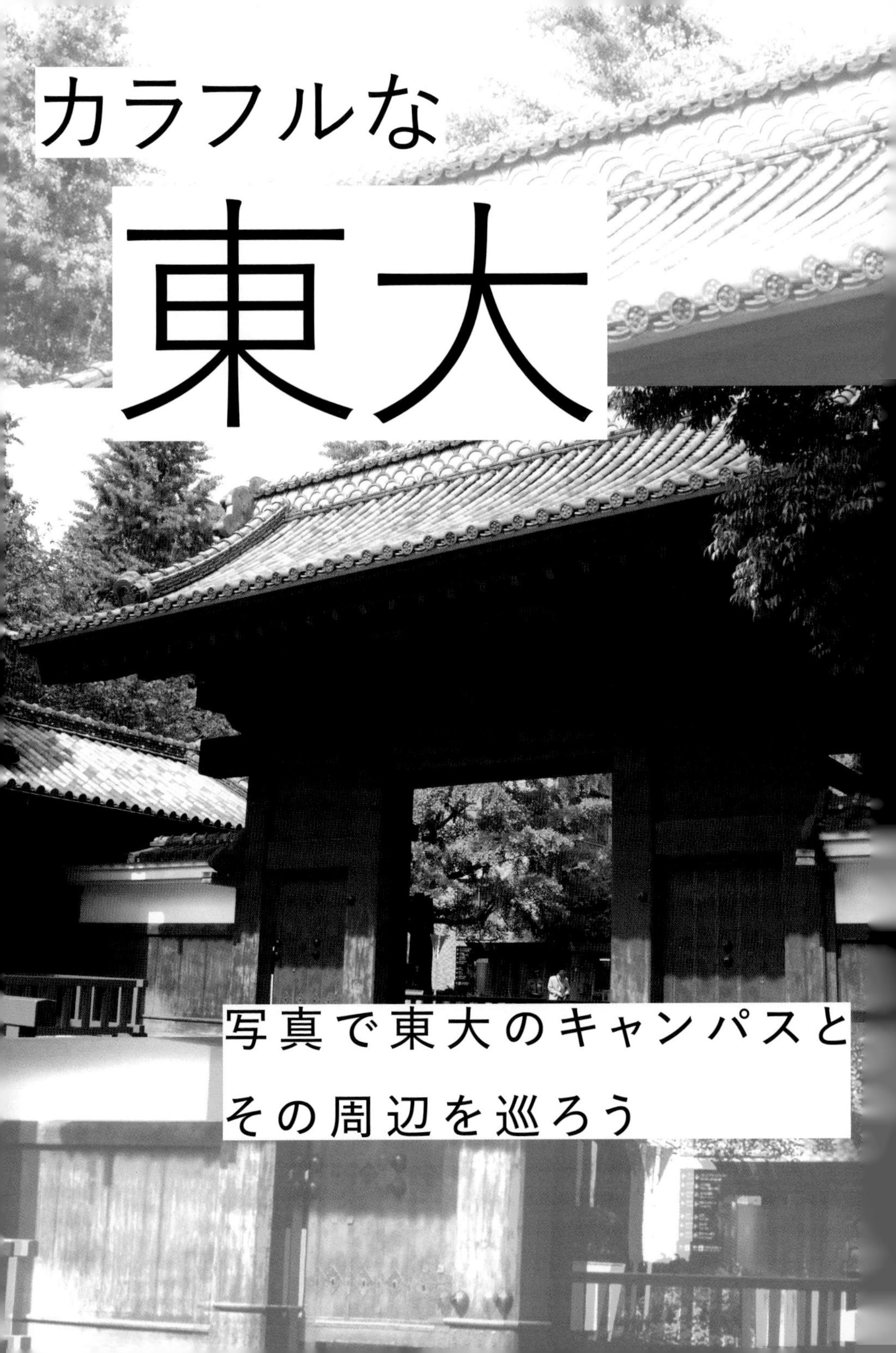

本郷キャンパス

ほとんどの学生が後期課程への進学でこのキャンパスに移る。
コロナ禍でも駒場Ⅰキャンパスよりは人出が見られた。
国の重要文化財に指定されている歴史的な建物が多い

1

2

3

4

5

6

1. 安田講堂：東大の象徴的な建物。令和２年度入学者歓迎式典はここで挙行された
2. 中央食堂：安田講堂前の広場の地下に位置する
3. 総合図書館：約120万冊と豊富な蔵書を誇る図書館
4. 三四郎池：夏目漱石の小説「三四郎」の舞台になった。東大生の憩いの場となっている
5. 上野英三郎博士とハチ公像：上野英三郎博士は日本の農業土木・農業工学の創始者。ハチ公は上野博士の飼い犬で、忠犬として有名
6. 弥生講堂アネックス：農学部正門を入って左にある木質構造の多目的ホール

駒場Ⅰキャンパス

東大に入学した学生は全員が教養学部前期課程に所属し、
このキャンパスで最初の２年を過ごす。
フレッシュな雰囲気のキャンパス

1

2

3

4

5

7
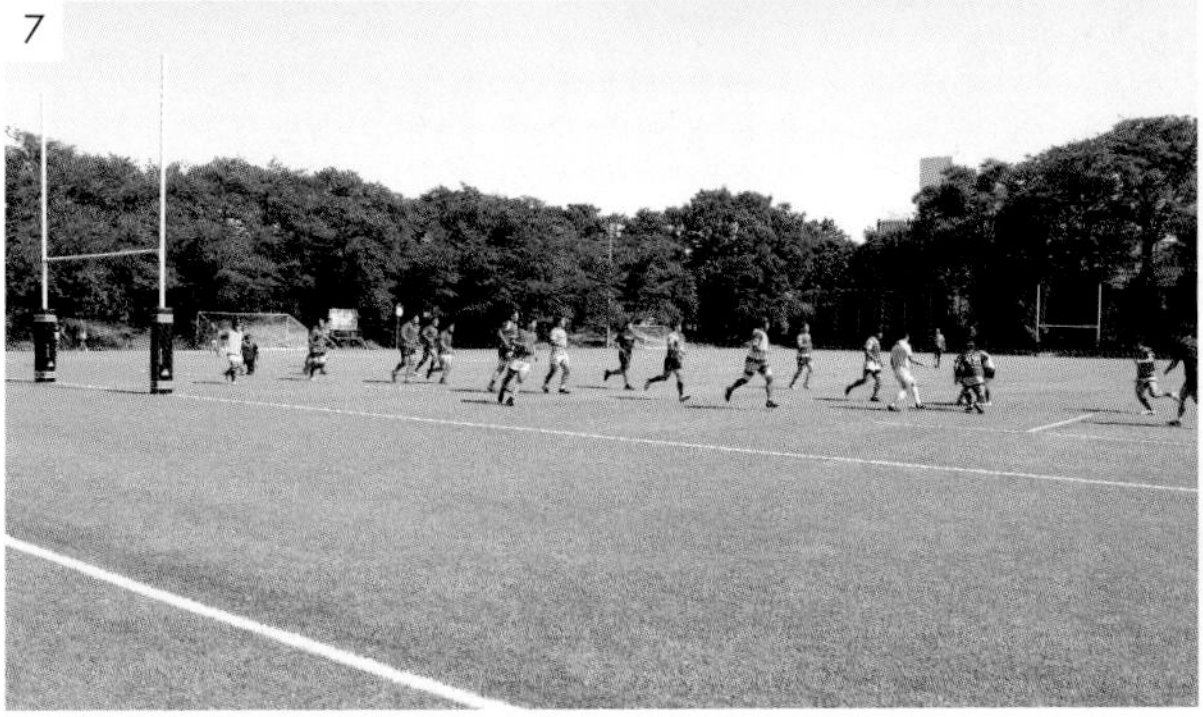

6

1. 正門：駒場東大前駅の東大口から徒歩１分でたどり着く。門扉にあるカシワバとカンランの校章は旧制第一高等学校の名残
2. １号館：正門を入ると目の前に現れる駒場キャンパスのシンボル。ゼミや語学などの授業で多く使われる
3. 900番教室：正門から入って左に位置する建物。1969年に三島由紀夫と東大全共闘が討論を交わした場所
4. 駒場食堂：１階にはカフェテリア若葉、２階にはダイニング銀杏が入る。コロナ禍でも時短で営業を続け、昼時には多くの学生で賑わいを見せる
5. 21 KOMCEE East：”二十一世紀型”の「理想の教育棟」。双方向の授業、滞在型の学習空間の創造を目指す
6. 銀杏並木：駒場Ⅰキャンパスを東西に貫く並木道
7. ラグビー場：一面人工芝のラグビー場。コロナ禍でも感染対策を徹底して運動部が練習に励む

駒場 II キャンパス

生産技術研究所、先端科学技術研究センターがある研究が盛んなキャンパス

1

2

4

3

5

6

1. 先端科学技術研究センター 13号館：駒場 II キャンパス正門を入ると正面に現れる建物

2-4. 生産技術系研究所：建物は駒場 II キャンパスの双壁の東側をなす。研究領域は工学のほぼ全ての領域をカバーしている。F 棟（2.）、左から C 棟・B 棟（3.）、吹き抜け（4.）

5.6. 先端科学技術研究センター：建物は駒場 II キャンパスの双壁の西側をなす。文系と理系の垣根を超えた領域の研究を行なっている。4号館（5.）、3号館南棟（6.）

柏キャンパス

本郷、駒場に次ぐ第3の主要キャンパス。文理学際のその先として「学融合」を理念に掲げる

1

3

2

4

5

6

7

1. 柏Iキャンパス遠景：大学院生や研究者が主な構成員。建物は左からカブリ数物連携宇宙研究機構、宇宙線研究所、総合研究棟
2.3. 物性研究所：物性分野における世界最高水準の基礎研究の先導を目指す
4. 大気海洋研究所：2010年に東京大学海洋研究所と東京大学気候システム研究センターが統合し設立。地球表層圏に関する科学の深化を通じた社会貢献を目標とする
5. 新領域創成科学研究科：未開拓の領域を研究の対象とし、人類が解決を迫られている課題に取り組む。写真の建物は環境棟
6. 五六郎池：本郷キャンパスの三四郎池にちなんでこの愛称が付けられた
7. 柏の葉キャンパス駅前サテライト：スマートシティとしての柏を生かしたオープンイノベーションの拠点

柏キャンパス一般公開2021「オンラインで学ぶ、知の最先端」が2021年10月22日から29日までオンラインで開催予定

コロナと学生生活

新型コロナウイルスについての研究をしている医科学研究所がある白金台キャンパスや、東大生がよく行くキャンパス周辺の商店街などをご紹介

1

2

3

4

5

1. 白金台キャンパス：新型コロナウイルスを研究している医科学研究所や附属病院がある。
   写真の建物は１号館
2. 御殿下グラウンド：本郷キャンパスにある全面人工芝のグラウンド。コロナ禍でも感染対策を講じてアメフト部などが日々練習を行う
3. career ticket cafe：本郷通りにある大学生、院生限定の無料カフェ
4. 5. 駒場東大前商店街：駒場にある商店街。
   キッチン南海は昔から駒場生に愛されている（4.)。STAN は人気のサンドイッチ屋（5.)

東大生が描くスクラッチアート

後編

東大にはどのような人がいて、
新型コロナウイルスの流行で制限が加わる中
どのように活動を続けているのか。
後編では、休学を経て法学部から
教育学部に転学部した宇都星奈さんと、
現在博士課程で学びながら
東大のジェンダー平等を目指し活動する
川瀧紗英子さんを紹介する。
この2人によって描かれる
スクラッチアートを見てみよう。

社会教育に見つけた道

宇都星奈（うと・せいな）さん
教育学部・3年

努力すればそれだけできるようになる点で、勉強は好きだった。「とりあえず東大に行ってみたい」という気持ちが具体化していったのは高校時代。地元の田舎町を飛び出して鹿児島市の鶴丸高校に進学すると、周囲が高い目標を持つ環境に刺激されて東大受験を決意。大学で確固たるやりたいことがあったわけではなく「周りの期待に応えたい」「地方出身の女子でもレベルの高い大学に行って可能性を広げたい」という思いで受験に臨んだ。現役時は不合格となるも、1年間の浪人生活を経て、文Ⅰへの合格をつかんだ。

科類選びのポイントは「なんとなく法学部に興味があって」

入学して受けた法律の授業はそれなりに楽しかった。加えて、仲良くなった周囲の友達も大半がそうだったため、進学選択は法学部を選択。「司法試験を受けて、弁護士になったらいいかなって考えてました」。サークル活動では吹奏楽に打ち込む毎日を送り、演奏会の責任者を担当するなど役割を果たす中でプロジェクトの運営ノウハウなどを身に付けた。

サークル活動で吹奏楽に励んだ（写真は宇都さん提供）

「なんとなく」歩んできた宇都さんが将来のことを真剣に考えるようになったのは、2年次の初めに体調を崩したことがきっかけだった。『頑張る』ということすらできなくなったときに初めて、自分はこれまで一般的な『正解』を追い求めるために頑張っていただけで、そこに自分の意思はなかったことに気付きました」

転機となったのは2年次の冬、先輩の誘いでNPO法人「カタリバ」に見学に行ったことだった。高校生と大学生が1対1で対話し、キャリアについて一緒に考える活動に参加する中で「自分自身がいかに自分のことを本気で考えてこなかったかを痛感しました」。また他の大学生との出会いを通して、いろいろな生き方があることを知り、世界が大きく広がっていった。「カタリバ」の活動に1年半ほど真剣に取り組んだ末、4年次春から休学し「カタリバ」の授業も行っている島根県益田市の一般社団法人「豊かな暮らしラボラトリー」でインターンシップをすることに。同法人の「自分の暮らしを自らデザインしていける人を増やしていく」というビジョンに共感したことに加え、何回か訪れた益田市の人々の温かさに引かれたことが休学の最大の理由だったと語る。「怖さもあるけれど、自分で自分の道を決められたという自信がつきました」

新天地となった益田市では、空き家

「なんとなく」東大まで来た

自分で決めた、1年の休学

益田市で行われたカタリバの授業の進行をした（写真は宇都さん提供）

益田市で地域の大人と高校生と一緒に「観光地魅力化プロジェクト」を開催した（写真は宇都さん提供）

を使ったシェアハウスでの暮らしが始まった。主な業務内容は「人と人とをつなぐこと」。例えば高校生の教科「総合」の学習に関わったときは、高校生のやってみたいことのリクエストを実現するために、地域の大人と高校生を結ぶ、といった役割を果たした。コロナ禍で従来通りの活動はできなくなったが、その中でもどうすれば実現できるかを考えることに尽力。ソーシャルディスタンスを取りながら地域の大人と中高生が対話するためのツールを考案するなど、クリエイティブな日々を送った。「東京では同年代としか関わっていなかったけれど、益田では老若男女と関わりが生まれます。それに、東京では『何かをするために人に出会う』ことが多いと思いますが、益田では『出会うことで何かが生まれる』体験ができました」

２０２１年の春に東大に復学すると同時に、教育学部の教育実践・政策学コースに転学部した。「社会教育に携わる一員として、1年間現場で経験を積む中で自分なりに考えた知識や感覚知を、授業で確かめたいと思って」。学校以外の広く社会で生涯にわたって行われる「社会教育」を扱う授業をメインに受けている一方、学校教育の開発についても意欲的に学んでいる。

東京では新たに一般社団法人「Ｆｏｒａ」に加入し、高校生の探究学習の支援を行う。生徒自身が正解のない課題を設定し仮説検証を繰り返していく探究学習。現在重要性が叫ばれているが「自分が高校生の時にあったら、すごく苦手だったと思う。だからこそ楽しい学びを一緒に作っていきたい」と意気込む。授業で講義される教育学の理念と、実際の現場をつなぐにはどうすればいいのか、日々頭を悩ませつつ奔走中だ。

社会教育に活躍の場を見出して以降、学んだ大切にしていることは「相手の背景を考える想像力」。活動を通して、ある物事に関わる人たちのそれぞれの背景を想像することがどれだけ大切か思い知った。「想像力の幅を広げるために勉強しているという部分もあるかもしれないです」

受験生に伝えたい東大の良さは「本当にやりたいことが見つかった時に、一番高いレベルでやれる」こと。東大を一旦離れた身として「東大に入っても、そこがゴールではなくて、先があるわけですよね。多様な経験を積む中で、いわゆる『正解』みたいなものから外れて自分のやりたいことに向かってみても意外と大丈夫だと分かりましたし、その姿勢が自分の人生を楽しくすると気付きました」と明るくアドバイスを送る。そんな宇都さん自身の今後の抱負は「まずは一生懸命勉強してみる」こと。「やりたいことは、やった経験のあることの中からしか見つからないと思うから」と語る笑顔がまぶしい。

「想像力」を広げるために

「自分の中の声を信じて」積極的な行動で道を開く

川瀧紗英子（かわたき・さえこ）さん
新領域創成科学研究科・博士2年

「中学時代から東大への漠然とした憧れは抱いていました」と語る川瀧さん。しかし当時はまだ明確な目標ではなく、高1の時も合唱部と華道部の活動が中心の生活だった。「特に合唱部は先輩が熱心で、練習はほぼ毎日ありました。そのため普段の勉強は、学校の授業の予復習と苦手な数学の自学が中心でしたね」。文系科目の方が得意だったが、当時は文系より理系の方が就職先を多く想像できたため、文理選択では将来を考え理系を選んだ。

東大受験を明確に意識したきっかけは、高2で行った東大のオープンキャンパス。東大での学生生活のイメージが湧き「面白そう」と感じたことに加え、受験相談会で東大生から直接話を聞き「自分も頑張れば合格できる」と思えたという。さらに、国語と英語が得意な川瀧さんにとって、理系もその両方が受験科目にある東大は最適だった。志望科類は「進路選択の幅が広い」ことから理Ⅱを選んだ。部活が多忙で塾や予備校には通わず、学校の勉強と自学で受験に臨んだが、現役時は惜しくも不合格。浪人を決意した。

浪人するに当たり、まず現役時の反省点を考えた。例えば、現役時は自分の課題点に向き合うのが嫌で「ミスをしても原因を突き詰めて考えていなかった」。また、同じ問題集を繰り返し解く際、解法の理解よりも答えを覚えることに意識が集中してしまい「初見の応用問題への対応力が身に付いていなかった」とも振り返る。そこで浪人時代は、自分の苦手の分析と、定理など基礎的な部分の理解を徹底した。

さらに「そもそも自分は本当に東大に行きたいのか?」と東大受験に対する意志も見つめ直した。「自分の本当にやりたいことを突き詰めて考える中で、やはり東大が第一志望だと決意が固まりました。浪人して本当に良かったです」。1年間勉強に専念して再挑戦した結果、見事理Ⅱに合格した。

意志を貫きかなえた東大合格

高校時代から脳科学に興味があったという川瀧さんは、前期教養課程での印象深い授業として、1Aセメスターに受けた脳科学の講義を挙げる。「脳科学研究者が、毎回交替で各自の研究内容を紹介してくれました。最終授業日には理化学研究所（理研）の研究室を見学し、研究の様子を知りました」。

さらに春休み中には、理研で約1カ月間実験の見習いを経験。マウスの脳特異的な遺伝子組み換えなど、分子生物学的な手法で脳の仕組みを解析したいと思うようになった。

2Sセメスターでは、前期教養課程生向けの進学ガイダンスに積極的に参加。各進学先の教員による研究内容紹介を熱心に聞いた。脳科学を扱う所は多く、進学先に悩んだという。最終的に、理研での経験から自分に合うと感じた分子生物学をじっくり研究でき、進学ガイダンスで教員の研究への熱意を感じた理学部生物化学科を選んだ。

理学部時代は、神経細胞の概日時計

迷いを経て見極めた研究の道

のストレス応答における機能について研究。正常な神経細胞と、細胞内時計を作る時計遺伝子が発現せず時計機能が破綻した神経細胞に、強いストレス刺激を与える実験をした。その結果、概日時計がない細胞は正常な細胞に比べ変性しやすいことが分かった。研究に取り組むうち、神経細胞だけでなく、全細胞に共通するストレス応答の仕組みも研究したいと思うように。奨学金のチャンスや各研究室の研究内容などを考慮した結果、大学院では新領域創成科学研究科に進んだ。

　配属された研究室では、一般的な細胞が発がんストレスを受けてがん化する仕組みを研究。修士課程は研究漬けの多忙な日々を送ったという。しかし博士課程に進んだタイミングで新型コロナウイルスが流行。最初の2カ月間は研究が完全にストップした。「修士課程よりも時間に余裕ができた分、友人と毎週土曜日に読書会をしました。人によって読み方が違うため、新たな視点を得て自分の教養が深まった気がします」。ただ、研究室のある白金台キャンパスは活動制限の緩和が早く、以降はほぼ通常の研究が可能に。今後は研究成果をまとめて世界に発信し、生命科学の進歩に貢献したいという。

　研究と並び注力しているのが、東大のジェンダー平等を目指す学生団体・Toward Diversity での活動だ。川瀧さんは、修士2年次に団体を立ち上げて以来運営に携わる。

　川瀧さん自身はジェンダーの問題にどのような思いを抱いてきたのか。出身は山梨県で、周囲には女子が理系や東大に進むこと・浪人することなどへの偏見が少なからずあったが、当時はさほど気にしていなかったと語る。

　だが東大入学後、偏った男女比に起因する女子の立場の弱さに違和感を強く持つように。「教室いっぱいの学生のうち女子が私を含め2人しかいない授業があり、驚きましたね」。ただ、学部生時代はこの問題に対して行動は取らなかった。

「東大のジェンダー平等を実現したい」

転機となったのは院進後、リーディング大学院という奨学金支給の研究プロジェクトに参加したことだった。先輩のプロジェクトを引き継ぐ形で、東大の理系研究者のジェンダーバランスを考える取り組みを主導し、それがToward Diversityの原型になった。東大の理系研究者にワーク・ライフ・バランスをどう維持したかなどの話を聞き、まとめたものを国際学会で発表した。

Toward Diversity で学内のジェンダー平等を目指して活動している
（写真は川瀧さん提供）

さらに現在は団体の活動で得た人脈を生かし、難関大学を目指す地方女子高生を後押しするプロジェクト・Path to Science for Girls（ＰＳＧ）にも取り組む。「親や学校教員の反対などのつまらない理由で、地方の女子高生が進学を諦めてしまわないよう、エンパワメントしたいです」。ＰＳＧでは東大など難関大の女性教員が自身の研究内容を地方の高校生に伝え、交流するオンラインイベントを企画中だ。研究機関としての大学で活躍する女性研究者の具体的なイメージを持ってもらいたいという。

最後に、受験生へのメッセージを寄せてもらった。「東大では、優秀な学生と先生から良い刺激をたくさん受けることができ、自分が成長するチャンスがあります。誰かに言われた進路に従うのではなく、自分が本当にやりたいこととして抱く『声』を信じて前に進んでほしいですね。もしやりたいことが決まっていなくても、東大に来れば、それを考える時間があります」

東大生からの応援メッセージ2

現役東大生から受験生へ向けて、エールを送ります！（32ページより続く）

1

2

3

4

5

*1.*ウクレレ・ヒキナの皆さん「Aloha e komo mai!（東大で待っています！）」
*2.*宇都さん「自分の道を自分で選ぶ」
*3.*川瀧さん「倦まず弛まず焦らず」
*4&5.*Toward Diversityの皆さん「頑張れ！受験生」「がんばれ受験生　応援しています」

進学選択
制度紹介

リベラルアーツを重視する東大ならではの制度

「進学選択」。

最先端の授業や研究に触れることで入学時には

想像もしなかった進学先を選ぶ人も多々いる。

科類によって対応する進学先が変わってくるため、

入学前に制度の詳細を知るのも重要な戦略だろう。

「進学選択」六箇条

東大には10の学部があるが、1〜2年生（前期教養課程）は全員教養学部に所属し、3〜4年生（後期課程）では多様な学部に分かれる。後期課程に進学する際、自分で後期課程で所属する学部・学科などを決める制度が「進学選択」だ（学部によっては学科の他に類、コースなどが存在するが、以下本文では「学部・学科」と略記する）。

進学先は2年生の8〜9月に内定する。後期課程の各学部・学科が、どの科類から何人まで受け入れるかは決まっており、全員が希望通りに進学できるわけではない。各学部・学科を志望した人のうち、成績上位の人から順に内定する。

其の一 指定科類・全科類

進学選択の際、各学部・学科には2種類の定員がある。

一つは「指定科類」。特定の科類（「文Ⅰ・Ⅱ」や「理科」など複数の科類を含むこともある）の人のみが対象となる。文Ⅰなら法学部の、理Ⅰなら工学部などの定員が多く設けられ、これらの学部に進みやすい。行きたい進学先が決まっている人は、そこに進学しやすい科類を受験するといいだろう。

もう一つは「全科類」。全ての科類の人が対象で、指定科類に比べて受け入れる人数が少ない学部・学科が多い。

指定科類と全科類が両方ある学部・学科では、指定科類で志望して内定しなかった場合、自動的に全科類に振り分けられる。「文Ⅰ→工学部」「理Ⅱ→経済学部」のように、大学に入ってから文転・理転したい人は、主にこの全科類枠を使うことになる。

理転の際に要注意なのが「要求科目」だ。一部の学部・学科で設けられ、その科目の単位を取得していないとそこには進学できない。要求科目の多くは文科生が対象で、理科生にとっては必修であるような理系科目が大半。例えば薬学部の場合「物性化学」「熱力学か化学熱力学」「生命科学か生命科学Ⅰ」から2科目以上の単位取得を文科生に課している。要望科目というものも存在し、これは進学選択で志望する際の必須条件ではないが、進学後の学習のために単位取得が望ましい。

其の二 3段階方式

進学選択は3段階で行われ、まず第1段階で定員の約7割の進学内定者が決まる。残りの約3割は第2段階で決定する。第1段階で進学先が決まった場合、第2段階で志望することはできない。

第3段階は、第2段階までに定数を満たさなかった学部・学科の一部が独自の判断で実施する。第2・第3段階では成績以外の基準を設ける学部・学科もあり、一部の学科は学生の望む学習と実際の教育内容との食い違いを防ぐため、面接や志望理由書を評価に用いている。

其の三 内定者の決め方

第1段階では、第1志望のみ単願で登録。最初に指定科類の志望者のうち、成績上位の人から順に定数まで内定する。次に、指定科類で内定しなかった人と、指定科類以外の科類からの志望者を合わせた人を対象として、全科類で内定者を成績順で決定する。

第2段階では、志望できる学部・学科の数は無制限。学生は志望する進学先全てに順位を付けて登録する。まず指定科類、次に全科類という内定の順番は第1段階と同じ。成績の高い人から内定可能な学部・学科のうち最も志望順位が高いところに内定させる「受入保留アルゴリズム」が特徴だ（図1）。面接や志望理由書を条件とする学部・学科もある。

第3段階は、定数に満たなかった学部・学科が任意で実施。第3志望まで選択でき、面接や志望理由書が課される場合もある。

（図1）第2段階の受入保留アルゴリズムの仕組み

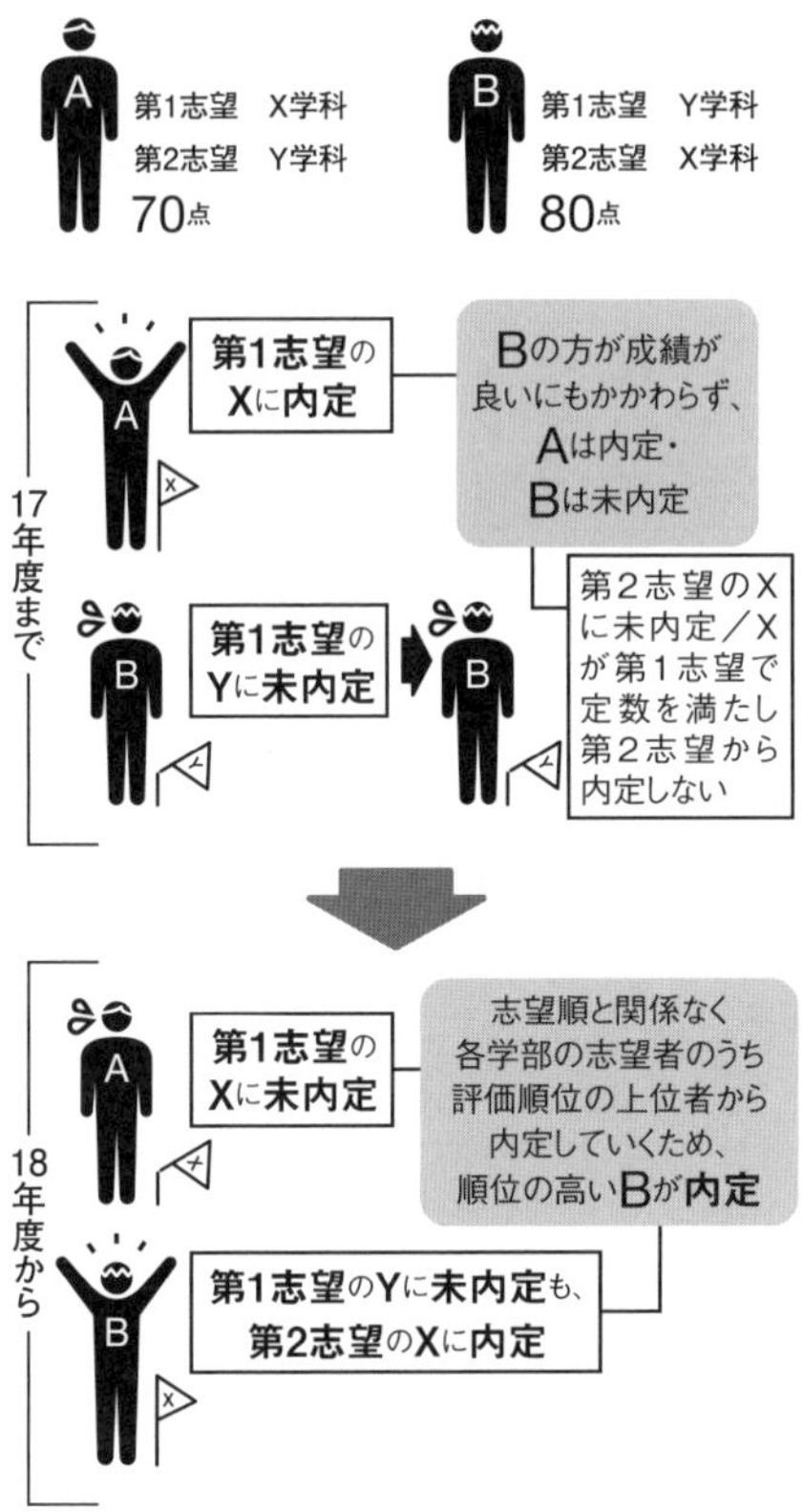
A
第1志望　X学科
第2志望　Y学科
70点
B
第1志望　Y学科
第2志望　X学科
80点
17年度まで
第1志望のXに内定
Bの方が成績が良いにもかかわらず、Aは内定・Bは未内定
第1志望のYに未内定
第2志望のXに未内定／Xが第1志望で定数を満たし第2志望から内定しない
18年度から
第1志望のXに未内定
志望順と関係なく各学部の志望者のうち評価順位の上位者から内定していくため、順位の高いBが内定
第1志望のYに未内定も、第2志望のXに内定

具体例
（2020年度実施の進学選択の法学部第1段階、187ページ）

第1段階では、まず文Ⅰからの志望者の上位267人と、理科（理Ⅰ～Ⅲ）からの志望者の上位4人が指定科類枠で内定する。その後、指定科類枠で内定しなかった文Ⅰ・理科からの志望者、指定科類枠のない文Ⅱ・Ⅲからの志望者を全て合わせ、上位12人が全科類枠で内定する。

其の四 成績の出し方

2021年度実施の進学選択（2022年度進学選択）では基本的に、2Sセメスター・2S2タームまでに履修した科目の基本平均点が利用される。

基本平均点は、各科目について「単位数×点数」を算出し、その和を取得単位数で割ったものだ。各科目の成績は学務システム上で確認することが可能で、優上・優・良・可・不可の5段階評価に応じて点数が付く（表）。

特定科目の点数の比重を重くしたり、上限を超えて取得した単位の科目の点数の比重を軽くしたりする「重率」を用いる学部・学科もある。他にも「指定平均点」という独自の得点計算を行う場合もある。

其の五 スケジュール

1年次

進学選択での成績に算入される科目の多くは、1年次に履修する。進学選択を有利に進める上で重要。進学選択に必要な手続きはないが、要求科目など履修計画には要注意だ。

2年次(図2)

1 4月上旬:『進学選択の手引き』の配布

この冊子上で、その年の進学選択の定員や条件、登録の日時など、詳細なルールが発表される。

2 4月下旬〜5月:ガイダンス

各学部・学科のガイダンスが駒場で行われる。教員によるカリキュラムや卒業後の進路の説明、在学生による学生生活の紹介などがある。

(表) 成績と点数の対応

成績評価	対応する点数	判定
優上	90点以上	合格(単位取得)
優	89〜80点	
良	79〜65点	
可	64〜50点	
不可	49点以下	不合格
欠席	0点	

3 6月下旬:第1段階定数発表・第1段階進学志望・不志望の登録

2年生は全員が、ウェブサイト上で第1段階の志望先を登録する(進学志望登録)。この段階での志望は後で変更可能。「(進学)不志望」を選択して、9月下旬から1Aセメスターに戻る「降年」(詳細は後述)も可能だ。

4 7月上旬:第1段階志望集計表発表

進学志望登録が終わると、学部・学科別の志望者数一覧が発表される。各学部・学科における自分の成績順位はウェブサイト上で確認できる。

5 8月下旬:成績確認・第1段階志望登録の変更

2Sセメスター・2S2タームの成績が発表され、進学選択で利用する自分の成績が分かる。志望登録変更期間ではこの点数を受け、第1段階の志望登録を変更することが可能だ。進学選択に参加するには、それまでの取得単位数など科類ごとに設けられた条件を満たす必要がある。この条件を満たしていない場合、進学選択に参加できず自動的に降年となる。

6 8月末:第1段階進学内定者発表・第2段階定数発表・第2段階志望登録

第1段階で内定したかどうかが、ウェブサイト上で発表される。ここで内定することができれば進学選択は終了。第2段階は対象外となる。同時に第2段階定数が発表され、未内定者は第2段階の志望を登録する(登録自体は8月上旬から可能)。

(図2) 進学選択の日程

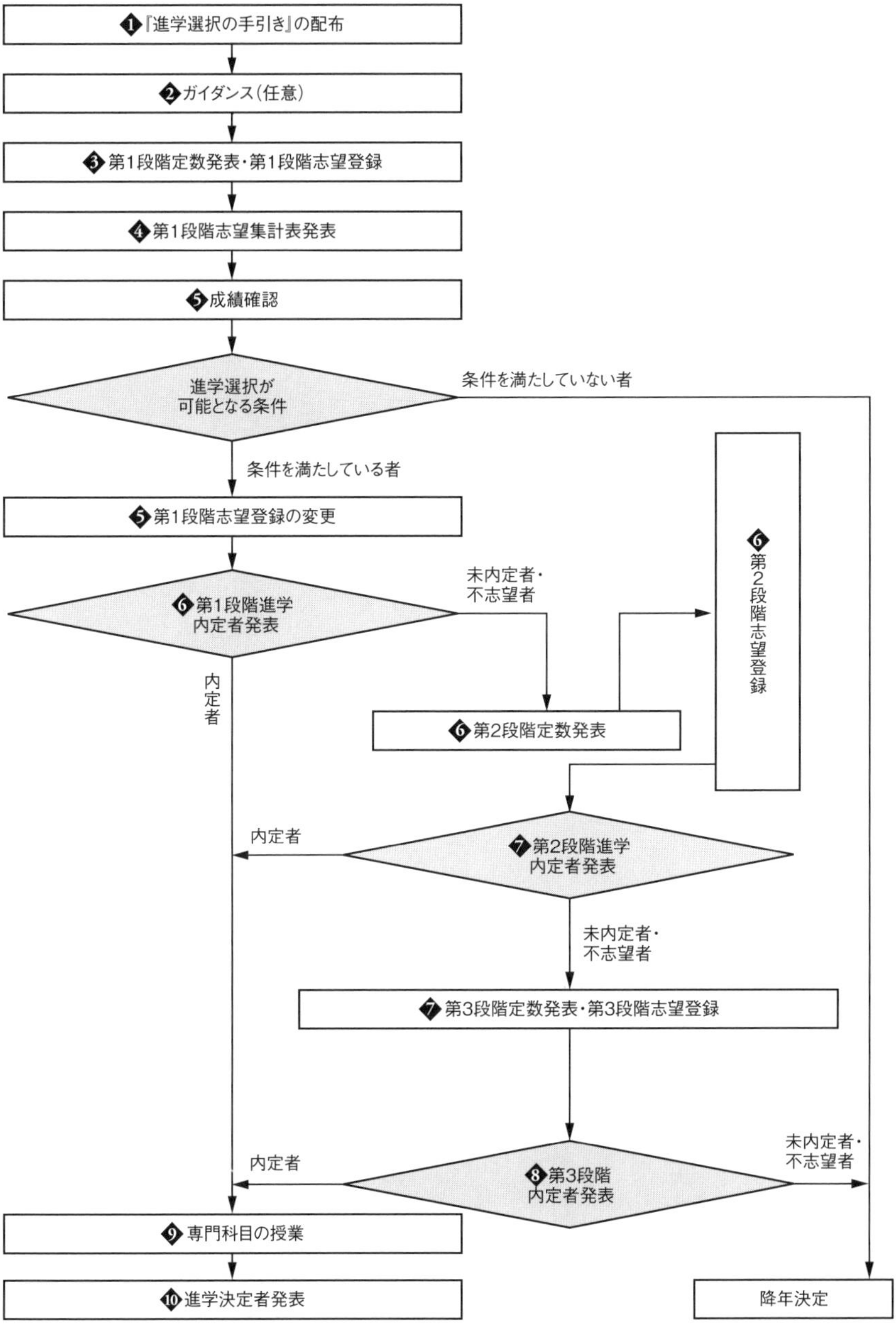

（注）❶〜❿は「其の五・スケジュール」と対応している

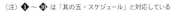

7 9月上旬：第2段階進学内定者発表・第3段階定数発表・第3段階志望登録

第2段階で内定すればここで進学選択は終了。第2段階までに定員に達しない学部・学科の一部が第3段階の定数を発表するので、未内定者は翌日までに志望登録することになる。

8 9月下旬：第3段階内定者発表

第3段階では第1志望から第3志望まで登録でき、第1志望から順に内定の可否が判定される。第3段階までに内定できなかった場合は降年（詳細は後述）となり、1Aセメスターに戻る。

9 2Aセメスター〜：専門科目の授業

進学内定者は、それまでの前期教養課程ではなく、内定した後期の学部・学科が開講する「専門科目」を履修する（法学部など一部の学部・学科では2年次の4月から専門科目が始まる）。専門科目が本郷で開講される学部・学科もある。

10 3月中旬：進学決定者発表

前期教養課程の修了要件を満たせば、4月から晴れて内定先の学部の3年生になる。修了要件を満たしていない場合には留年することになり、内定も取り消される。

其の六 救済制度

追試験

試験欠席や、不可（100点満点中50点未満）の場合、理科生の基礎科目を中心とした一部の科目で実施。与えられる点数の上限は原則50点で、試験を病欠し医師の診断書がある場合などは上限が75点になる。

平均合格

初修外国語などの科目で不可があっても、同系統の科目を全て合わせた平均点が50点を超えていれば、全科目の単位を取得できる制度。例えばドイツ語選択の文科生の場合「ドイツ語一列①」「ドイツ語一列②」「ドイツ語二列」のうちどれかが不可でも、3科目の合計点の平均点が50点以上なら三つ全て単位を取得できる。

他クラス聴講・特修クラス聴講

2年生が、1年次に単位を取得できなかった必修科目を履修すること。他クラス聴講はSセメスターで1年生のクラスに交じる形で、特修クラス聴講はAセメスターで特別クラスの形で行われる。追試験と同様に成績には上限があり、いずれかで単位が取れないと留年になる。

留年・降年

留年とは、新年度に進級せず同じ学年を繰り返すこと。2Aセメスター終了時に前期教養課程の修了条件を満たしていない場合などがあり、この場合後期課程への内定も取り消される。

降年とは2Sセメスター終了時点で進学選択への参加条件を満たしていない場合や、進学先が最後まで決まらなかった場合などに、2Aセメスターに進まず1Aセメスターからやり直すこと。

進学選択までに志望進学先に必要な成績に達するのが厳しい、と判断した学生が自主的に留年や降年をして、来年度の進学選択への参加を選ぶ例もある。

進学選択体験記

運命の選択　その決め手は

文Ⅰ→医学部医学科

田村旭《たむらあさひ》さん

学術分野にとどまらず興味が広かった田村さん。入学後も希望学科は定めず、幅広くリベラルアーツを楽しんだ。「心理Ｉ」や「教育臨床心理学」の授業で精神医学へ興味を持った他、ＶＲなど工学への関心も培った。法学の勉強にも勤しんだが、1年次の12月から、自分の興味について考察を重ねた。

「医師にしかできないことがある」。人間の心を研究するに当たり、医師免許が必要な実験があることなどを考慮。情報技術は、工学部へ進学しなくても触れられると考え、2年次の7月に医学科に選択を固めた。その後も、教員や先輩へ相談して得た「学部での学びは研究の『背骨』を形作っていくことである」という言葉を胸に携え、考え続けた。最終的に、医学科には第2段階で内定した。

　昨年度のオンライン化は、通学時間短縮など、自身の環境では優位に働いたと評価。興味のままにこま数を増やすことも可能になり、2Sセメスターでも積極的に20こま以上受講した。また、医学科への進学には面接が待ち構える。その準備に必要な研究室や学科の情報は、先輩やインターネットから入手した。「高校までの経験や、縁や運のおかげで進学できました」

　進学選択で目前の状況から「楽しい」を引き出す姿勢が威力を発揮したと田村さん。文Ｉから医学科へ進学した類いまれな経験を基に、自身の立場や環境を懐疑的に捉え、偶然の縁や運を大切にして楽しむ重要性を訴える。

志望の変化を3段階で

乗濵さん	
1S	漠然と経済学部を意識
1A	経済学部以外の選択肢を知る
2S	ガイダンスを機に工学部電子情報工学科に一本化

田村さん	
1S	志望する学科は絞らずにリベラルアーツを楽しむ
1A	改めて自己分析。法学の他にも興味を掘り下げる
2S	春休みに理系科目を勉強。工学部や医学科を中心に考える

文Ⅱ→工学部電子情報工学科

乗濵《のりはま》　駿平《しゅんぺい》さん

中学時代から企業でのマネジメントや経営に漠然と興味があった乗濵さん。入学当初、経済学部経営学科への進学を考えていたが、1年次の夏休みに友人に誘われて参加した東大主催のテック系プログラムで教員に理転を勧められたこともあり、モノづくりへの興味を抱いた。これ以降、経済学部以外の選択肢を考えるようになる。

進学選択に当たって、ネットで先輩のブログを閲覧したり、ゼミで先輩から情報収集を行った結果、教養学部教養学科総合社会科学分科相関社会科学コースや工学部電子情報工学科など10個ほどの選択肢が上がった。当初は「障害者のリアルに迫る」ゼミを受けていたこともあり社会学への興味が強く、相関社会科学コースに傾いていた。

しかし、2年次の5月に参加した電子情報工学科のガイダンスで、話していた学生や教員の目が輝いていて熱意に満ちているのを見て憧れを強く抱くようになった。他にも2Sセメスターに受講したプログラミングを扱う「ものゼミ」という主題科目でアイデア力を武器に理系とも渡り合えると確信。これらを踏まえて迷いなく、同学科への進学を選択した。

「理転をできるのは東大の進学選択ならではですね」と振り返る。「自分が何に興味があるのか真剣に考え抜いて決めたことに関しては覚悟が決まるし、頑張り抜けると思うんです」。自分の本当に興味がある分野は何かを考え抜く進学選択の魅力を力説する。

〈進学選択、生の声〉

- ＋ 興味の幅が広い自分にとって文科生でも本格的な理系の内容を学べて良かった。
- ＋ 理系科目よりも人文科学・社会科学の方が自分に合っていることに気付けた。最初から学部が決まってなくて本当に良かった。
- − 進学選択では成績だけでなく、志望動機なども重視した方が良いと思う。
- − 理系科目が成績に多く反映されて、語学や文系科目が得意でもあまり成績に反映されなくて悲しいし、文転したい理科生は不利。

徳永さん	
1S	文理問わず幅広い分野に興味を持ち、進学先は決まらず
1A	依然として進学先は決まらない
2S	「民族文化論」を受講し、民俗学に心を奪われる

理Ⅰ→教養学部教養学科超域文化科学分科文化人類学コース

徳永《とくなが》　紗英《さえ》さん

「何を勉強しても楽しい」という好奇心旺盛な性格から、なかなか専門分野を決められなかった徳永さん。高校の文理選択からかなり悩んだという。そのため、大学の学問に触れてから学部を決められる東大を志望。「理転より文転の方ができそうだと、より多くの選択肢を残せる理系に進みました」

入学後も、幅広い分野に関心を寄せたが依然として進学先は決まらず、進学情報センターに足を運ぶことも。転機となったのは、2Sセメスターの「民族文化論」の授業だ。何気なく質問したのが二つのミンゾクガク（民俗学・民族学）問題と呼ばれる「良い質問ながら、簡単に答えることができない難問」だったらしく、A4用紙1枚半にわたる回答があった。回答を見ると新たな疑問が生まれ、質問を繰り返すうちに、教員と毎日やり取りをしていた。気付けば「当たり前の日常を見つめる」民俗学に心を奪われていたという。

「本当に楽しいと思う学問と心から尊敬できる先生に出会えた」ため、その後は迷うことなく、民俗学を専門とするその教員がいるコースへの進学を希望。第1段階で内定を獲得した。

「運命の出会い」ができたのは、どの授業でも学ぶ楽しみを見いだし、最前列付近に座って質問をしていたからこそと振り返る。文転を経た現在、理Ⅰで培った思考の枠組みは無駄ではなかったと語る。「何が将来につながるかは分からない。目の前にあるものに夢中になって取り組んでほしいです」

進学選択失敗談

必修の成績が大事

文Ⅰ→経済学部経済学科

政治に興味があり文Ⅰに入学したが、実際に政治の授業を受けると「思ったよりさまつなことをやっている」印象を受けた。「もっとロマンチックなことをやりたい」と興味を持ったのが経済学。「人間が予想し得ないことも計算で判明する」ことに引かれた。

1Aセメスター、相関社会科学コースで経済を学ぶことを目標に、進学選択の第1志望を教養学部教養学科総合社会科学分科にすることを決意。経済学部よりも「自分の問題意識に沿って自由に履修できそう」なことが魅力だった。

文Ⅰから総合社会科学分科に進学するためには80点以上の基本平均点が要求される。1Aセメスターは総合社会科学分科で成績が重視される社会科学の授業を何個も履修。2Sセメスターでは、点数の低い科目の「追い出し」をし基本平均点を上げる工夫をした。

しかし、結果第1志望には届かず、第2志望の経済学部に進学。敗因として1Sセメスターに履修した必修科目の成績の悪さを挙げる。文Ⅰ生が準必修として履修する社会科学科目「法Ⅰ」「政治Ⅰ」はどちらも50点だった。また「情報」や「初年次ゼミナール」など他の科目で塗り替えられない必修科目の成績も悪影響を及ぼした。

行きたかった学科には進学できなかったが、進学選択への不満はない。「この制度がなかったら、経済学に出会うこともなかったと思います」。入学前の後輩には「毛嫌いせずに、授業を真面目に受けてみて」とアドバイス。「進学選択のため必死に点数稼ぎすることへ違和感を持つ人もいるかもしれないけど、大学の学問は高校時代に想像していたよりずっと広いです。学びたいことを見つけても、手遅れにならないように気を付けてください」

2021年度 進学選択データ（2020年度実施）

【注記】
(1) 内定の人数、志望登録した人数を表示している。
定数内の人数の内、最低点が同点の場合は定数を超えて内定する。

《定数内の人数の見方（例）》

100	← その学部・学科などを志望登録した人数。
65 2	← その学部・学科などの内定の人数。

この例の場合、内定の人数が65人、最低点が同点の内定者数が2人だったことを示す。

(2) 外国人留学生《日本政府（文部科学省）奨学金留学生、外国政府派遣留学生、日韓共同理工系学部留学生、外国学校卒業生特別選考第一種、公益財団法人日本台湾交流協会学部留学生》、PEAK生及び推薦入学者は集計には算入していない。
(3) 経済学部の進学選択準則に記載されている「各科類の基本科類定数の6%」にあたる数とは次のとおりである。
文科I類25名、文科III類30名、理科I類69名、理科II類34名、理科III類6名

第1段階 進学内定者数

法学部	定数			内定者数											
	第1段階定数			指定科類						全科類					
	指定科類		全科類	文科			理科			文科			理科		
	文I	理科		文I	文II	文III	理I	理II	理III	文I	文II	文III	理I	理II	理III
	267	4	12	333 267			5 1	5 3		66	5 2	33 10	4	2	

経済学部 ※【注記】の(3)を参照	定数			内定者数											
	第1段階定数			指定科類						全科類					
	指定科類		全科類	文科			理科			文科			理科		
	文II	理科		文I	文II	文III	理I	理II	理III	文I	文II	文III	理I	理II	理III
	200	7	42		294 200		17 5	25 2		10 4	94	42 30	12 4	23 4	

文学部	定数		内定者数											
	第1段階定数		指定科類						全科類					
	指定科類	全科類	文科			理科			文科			理科		
	文III		文I	文II	文III	理I	理II	理III	文I	文II	文III	理I	理II	理III
A群（思想文化）	39	9			46 39				2 2	3 2	7 1	3 3	5 1	
B群（歴史文化・日本史学）	16	2			21 16						5 2			
C群（歴史文化・東洋史学）	13	2			6 6					1 1				
D群（歴史文化・西洋史学）	16	2			10 10					2 2		1		
E群（歴史文化・考古学）	4	1			3 3									
F群（歴史文化・美術史学）	8	2			2 2				2 1				1 1	
G群（言語文化）	60	14			47 47				1 1	5 5		5 5	3 3	
H群（心理学）	15	2			21 15				1 1	2 1	6	3	2	
I群（社会心理学）	12	2			23 12					2	11 2		1	
J群（社会学）	26	8			41 26				1 1		15 7			
	文学部合計		0	0	176	0	0	0	6	11	12	8	5	0

教育学部	定数			内定者数											
	第1段階定数			指定科類						全科類					
	指定科類		全科類	文科			理科			文科			理科		
	文Ⅲ	理科		文Ⅰ	文Ⅱ	文Ⅲ	理Ⅰ	理Ⅱ	理Ⅲ	文Ⅰ	文Ⅱ	文Ⅲ	理Ⅰ	理Ⅱ	理Ⅲ
基礎教育学	9		3			12 9				1	1 1	3 1		3 1	
比較教育社会学	6		3			11 6					1 1	5 2			
教育実践・政策学	11		5			19 11				1 1		8 2	2 2		
教育心理学	7	2	3			12 7	2 1	4 1			1	5 2	1	3 1	
身体教育学			11								2 2	1 1		5 5	
		教育学部合計		0	0	33	1	1	0	1	4	8	2	7	0

教養学部	定数				内定者数											
	第1段階定数				指定科類						全科類					
	指定科類			全科類	文科			理科			文科			理科		
	文Ⅰ・Ⅱ	文Ⅲ	理科		文Ⅰ	文Ⅱ	文Ⅲ	理Ⅰ	理Ⅱ	理Ⅲ	文Ⅰ	文Ⅱ	文Ⅲ	理Ⅰ	理Ⅱ	理Ⅲ
超域文化科学	6	12		5	7 5	3 1	29 12				2	2	17 4	4 1		
地域文化研究	8	12		2	6 5	3 3	20 12				1		8 2	2		
総合社会科学	11	10		1	22 11	4	16 10				11	4	6	1 1		
数理自然科学			6	1				7 4	2 2				1 1	3		
物質基礎科学			12					9 9	3 3							
統合生命科学			11	3				2 2	9 9							
認知行動科学	3		3		1	3 1	6 2	6 2	3 1							
学際科学科A群 （科学技術論、地理・空間）	5		4		3 2	1	5 3	2 2	2 2							
学際科学科B群 （総合情報学、広域システム）	1		3	4	1	8	4 1	6 2	6 1		1 1	8 2	3	4	5 1	
国際日本研究コース				3								1 1				
国際環境学コース				3											1 1	
			教養学部合計		23	5	40	21	18	0	1	3	7	2	2	0

工学部	定数			内定者数											
	第1段階定数			指定科類						全科類					
	指定科類		全科類	文科			理科			文科			理科		
	理I	理II・III		文I	文II	文III	理I	理II	理III	文I	文II	文III	理I	理II	理III
社会基盤学A	12	1	1				15 12	3 1			1 1	1	3	2	
社会基盤学B	9		3				12 9				2 2	1 1	3		
社会基盤学C	4		3				4 4			2	3 1	2 1		4 1	
建築学	34		6				53 35 2			4 3	1		18	10 3	
都市環境工学	7	3	3				10 8 2	6 3		1	1	2 1	2	3 2	
都市計画	13		6				27 13			2 2	2 1	6 2	14	1 1	
機械工学A	57	2	2				74 57	9 2					17	7 2	
機械工学B	26		1				49 26						23	1 1	
航空宇宙工学	34	1					50 34	6 1							
精密工学	25	3	3				56 25	14 3		1	1 1		31 1	11 1	
電子情報工学	25	(6)	3				59 25	8 5		1	2 1	1 1	34 1	3	
電気電子工学	33	(6)	8				77 33	9 1		1	1	2 2	44 1	8 5	
応用物理・物理工学	28		3				34 28						6	4 3	
計数工学・数理／システム情報	31	3	2				50 31	7 3			2 1	1 1	19	4	
マテリアル工学A	8	(10)	(3)				7 7	6 4						2	
マテリアル工学B	16	(10)	(3)				7 7	1 1							
マテリアル工学C	16	(10)	(3)				17 16	6 4	1 1			3 3	1	2	
応用化学	32	3	2				21 21	6 3						3 2	
化学システム工学	22	4	5				21 21	8 4						4 4	
化学生命工学	18	11	3				15 15	22 11						11 3	
システム創成A	21	4	4				37 21	10 4		1	1 1		16	6 3	
システム創成B	21		5				50 21				2	3 2	29	11 3	
システム創成C	24	2	4				58 24	6 2		2 2	3 2		34	4	
		工学部合計		0	0	0	493	52	1	7	11	14	3	34	0

理学部	定数			内定者数											
	第1段階定数			指定科類						全科類					
	指定科類		全科類	文科			理科			文科			理科		
	理I	理II・III		文I	文II	文III	理I	理II	理III	文I	文II	文III	理I	理II	理III
数学	28		3				46 28						18 1	5 1	1 1
情報科学	16		4				39 16						23 4	2	
物理学	43		5				61 43						18 1	8 4	
天文学	4		1				6 4						2	1 1	
地球惑星物理学	16		5				24 16						8 1	6 4	
地球惑星環境学	11		3				11 6	8 5		1 1		2 2	5	3	
化学	16	10	5				17 16	11 10					1 1	1 1	
生物化学	13		1				5 4	12 9					1	3 1	
生物情報科学	6		1				5 1	8 5					4 1	3	
生物学	10		2				3 1	24 9					2	15 2	
			理学部合計	0	0	0	135	38	0	1	0	2	9	14	1

農学部	定数				内定者数											
	第1段階定数				指定科類						全科類					
	指定科類			全科類	文科			理科			文科			理科		
	理II	理I・III	文科		文I	文II	文III	理I	理II	理III	文I	文II	文III	理I	理II	理III
生命化学・工学	42			12					57 42					9 9	15 3	
応用生物学	14			5					9 9			2 2	2 2	1 1		
森林生物科学	4			2					4 4		1 1					
水圏生物科学	9			3					11 9			1	3 3	2	2	
動物生命システム科学	4			2					2 2			1	1 1	1 1		
生物素材化学	8								10 8							
緑地環境学	2			2					1 1				1 1			
森林環境資源科学	6			4					1 1			1 1				
木質構造科学	5							4 4	4 1							
生物・環境工学	11	5		2					2 2							
農業・資源経済学	14		6			4 3	8 3	4 2	21 12							
フィールド科学	2			2					4 2			1		1 1	2 1	
国際開発農学	9			4				2 2	10 7			1	3 3		3 1	
獣医学課程獣医学	18			3					26 18					1 1	8 2	
				農学部合計	0	3	3	8	118	0	1	3	10	13	7	0

薬学部	定数			内定者数											
	第1段階定数			指定科類						全科類					
	指定科類		全科類	文科			理科			文科			理科		
	理I・III	理II		文I	文II	文III	理I	理II	理III	文I	文II	文III	理I	理II	理III
	16	31	8				19 16	56 31			1 1	2 2	3	25 5	

医学部	定数				内定者数											
	第1段階定数				指定科類						全科類					
	指定科類			全科類枠	文科			理科			文科			理科		
	理II	理III	理科		文I	文II	文III	理I	理II	理III	文I	文II	文III	理I	理II	理III
医学	7	63		2					17 7	97 63	3 1		1 1	1	10	34
健康総合科学			13	18				2 2	8 8		1 1		11 11			
			医学部合計		0	0	0	2	15	63	2	0	12	0	0	0

第2段階　進学内定者数

法学部	定数				内定者数											
	第2段階定数				指定科類						全科類					
	指定科類			全科類	文科			理科			文科			理科		
	文I	文II・III	理科		文I	文II	文III	理I	理II	理III	文I	文II	文III	理I	理II	理III
	88	2	2	35	99 77	28	61 2	25 1	31 1		22	28 3	59 28	24 1	30 3	

経済学部 ※【注記】の(3)を参照	定数			内定者数											
	第2段階定数			指定科類						全科類					
	指定科類		全科類	文科			理科			文科			理科		
	文II	理科		文I	文II	文III	理I	理II	理III	文I	文II	文III	理I	理II	理III
	86	3	18		131 86		85 1	65 2		33 7	45		84 4	63 7	

文学部	定数		内定者数											
	第2段階定数		指定科類						全科類					
	指定科類	全科類	文科			理科			文科			理科		
	文III		文I	文II	文III	理I	理II	理III	文I	文II	文III	理I	理II	理III
A群（思想文化）	9	12			52 9				10 2	25 2	43	16 3	11 5	
B群（歴史文化・日本史学）	3	4			30 3				9	13 2	27	4	2	
C群（歴史文化・東洋史学）	11	5			31 1				8 1	7	30	3 1	5	
D群（歴史文化・西洋史学）	9	4			32 3				8	9 1	29	5 1	5	
E群（歴史文化・考古学）	4	3			21 1				5	7	20	5	4	
F群（歴史文化・美術史学）	8	2			20				6 1	4	20	4	6	
G群（言語文化）	28	15			63 9				9	30 5	54	13 1	22 4	
H群（心理学）	2	4			64 2				10	34 1	62 3	16	24	
I群（社会心理学）	3	3			58 3				13	28	55 3	14	22	
J群（社会学）	9	7			80 9				22	39	71 5	17 1	11 1	
		文学部合計	0	0	40	0	0	0	4	11	11	7	10	0

教育学部	定数			内定者数											
	第2段階定数			指定科類						全科類					
	指定科類		全科類	文科			理科			文科			理科		
	文Ⅲ	理科		文Ⅰ	文Ⅱ	文Ⅲ	理Ⅰ	理Ⅱ	理Ⅲ	文Ⅰ	文Ⅱ	文Ⅲ	理Ⅰ	理Ⅱ	理Ⅲ
基礎教育学	4		3			16 1				1 1	10	15	4 1	5 1	
比較教育社会学	3		2			21 3				1	4 1	18 1	3	3	
教育実践・政策学	4		4			19 4					3	15 1	4 1	4 2	
教育心理学	4	2	1			13 4	5	8 2			1	9	5 1	6	
身体教育学			8							2	11 3	9 1	2	3 1	
		教育学部合計		0	0	12	0	2	0	1	4	3	3	4	0

教養学部	定数				内定者数											
	第2段階定数				指定科類						全科類					
	指定科類			全科類	文科			理科			文科			理科		
	文Ⅰ・Ⅱ	文Ⅲ	理科		文Ⅰ	文Ⅱ	文Ⅲ	理Ⅰ	理Ⅱ	理Ⅲ	文Ⅰ	文Ⅱ	文Ⅲ	理Ⅰ	理Ⅱ	理Ⅲ
超域文化科学	2	9		1	16	27 2	43 9				16	25	34	7 1	5	
地域文化研究	3	6		2	11	18 3	36 6				11	15	30	3 1	6 1	
総合社会科学	8	1		1	22 5	24 3	24 1				17	21	23 1	7	5	
数理自然科学			2					45 1	19 1							
物質基礎科学			8					40 5	17 2							
統合生命科学			8	1				17 1	33 3		2	3	3 1	16	30	
認知行動科学	1		1		6	10	14 1	28	27 1							
学際科学科A群 （科学技術論、地理・空間）	4		1		6 1	18 2	24 1	13 1	14							
学際科学科B群 （総合情報学、広域システム）	1		3		3	17 1	7	45 2	22 1							
国際日本研究コース				4							3 1	1	6 1		5	
国際環境学コース				4							1	1	6	1 1	5	
			教養学部合計		6	11	18	10	8	0	1	0	3	3	1	0

工学部	定数			内定者数											
	第2段階定数			指定科類						全科類					
	指定科類		全科類	文科			理科			文科			理科		
	理I	理II・III		文I	文II	文III	理I	理II	理III	文I	文II	文III	理I	理II	理III
社会基盤学A	7	0	0				33 7								
社会基盤学B	6		0				33 6								
社会基盤学C	3		0				23 3								
建築学	13		4				84 13			1	3 1	6	71	39 3	
都市環境工学	3	0	3				52 3			3 1	6 1	8 1	49	37	
都市計画	8		4				72 8			3 1	6	9 2	64	47 1	
機械工学A	31	0	0				206 31								
機械工学B	13		0				175 13								
航空宇宙工学	18	0					99 18								
精密工学	11	0	3				172 11			2 1	4	1	161	47 2	
電子情報工学	14	(0)	(10)				173 14			2 1	5		159 8	38 1	
電気電子工学	21	(0)	(10)				192 21			3	2		171	37	
応用物理・物理工学	14		3				95 14						81 1	20 2	
計数工学・数理／システム情報	18	0	3				117 18			3	3 1		99	33 2	
マテリアル工学A	7	(2)	(2)				81 7	40					74	40 1	
マテリアル工学B	16	(2)	(2)				91 16	36			2		75	36	
マテリアル工学C	8	(2)	(2)				115 8	41 2			1		107	39 1	
応用化学	23	4	0				62 13	38 4							
化学システム工学	12	3	1				89 12	49 3		1	1		77	46 1	
化学生命工学	11	7	1				45 7	42 7			1		38	35 1	
システム創成A	12	2	(3)				133 12	43 2		1	5	2	121	41	
システム創成B	11		(3)				167 11			1	6	4	156	50	
システム創成C	12	2	(3)				180 12	56 2		1	11	2	168	54 3	
		工学部合計		0	0	0	278	20	0	4	3	3	9	18	0

第2章

理学部	定数		内定者数											
	第2段階定数		指定科類						全科類					
	指定科類	全科類	文科			理科			文科			理科		
	理科		文Ⅰ	文Ⅱ	文Ⅲ	理Ⅰ	理Ⅱ	理Ⅲ	文Ⅰ	文Ⅱ	文Ⅲ	理Ⅰ	理Ⅱ	理Ⅲ
数学	0	13										61 12	18 1	
情報科学	0	10										86 8	30 2	
物理学	0	21										65 16	23 5	
天文学	0	4										38 4	19	
地球惑星物理学	0	10										57 8	28 2	
地球惑星環境学	3	2				31 1	35 2					30 1	33 1	
化学	16					39 3	40 3							
生物化学	6					13 2	48 4							
生物情報科学	5					39 3	43 2							
生物学	0	10										10 1	42 9	
		理学部合計	0	0	0	9	11	0	0	0	0	50	20	0

農学部	定数			内定者数											
	第2段階定数			指定科類						全科類					
	指定科類		全科類	文科			理科			文科			理科		
	理科	文科		文Ⅰ	文Ⅱ	文Ⅲ	理Ⅰ	理Ⅱ	理Ⅲ	文Ⅰ	文Ⅱ	文Ⅲ	理Ⅰ	理Ⅱ	理Ⅲ
生命化学・工学	20		5				28 2	111 18					26	93 5	
応用生物学	13						10	40 2							
森林生物科学	2		3				8 1	27		2	6	3	7	27	
水圏生物科学	6						18 3	43 3							
動物生命システム科学	5		0				6	34							
生物素材化学	5						7	42 1							
緑地環境学	3		1				10	23 3		1	6	2	10	20	
森林環境資源科学	1		11				11	29 1		1	11 2	7 1	11	28	
木質構造科学	3						27 1	36 2							
生物・環境工学	5	1	18	1	9 1	2	16 3	37 2		1	8 6	2 1	13 2	35 3	
農業・資源経済学	8	5		4	38	23 5	26 3	61 5							
フィールド科学	2		1				11 1	29 1		2	4	4	10	28 1	
国際開発農学	3		5				11	41 3		2	10	10 1	11	38 4	
獣医学課程獣医学	8						9 1	35 7							
			農学部合計	0	1	5	15	48	0	0	8	3	2	13	0

薬学部	定数		内定者数											
	第2段階定数		指定科類						全科類					
	指定科類	全科類	文科			理科			文科			理科		
	理科		文I	文II	文III	理I	理II	理III	文I	文II	文III	理I	理II	理III
	29					41 1	85 28							

医学部	定数				内定者数											
	第2段階定数				指定科類						全科類					
	指定科類			全科類	文科			理科			文科			理科		
	理III	理II	理科		文I	文II	文III	理I	理II	理III	文I	文II	文III	理I	理II	理III
医学	33	3		2					10 3	34 33	1 1			1	7 1	1
健康総合科学			8	14				11 3	13 4			4	6 1	8	9	
				医学部合計	0	0	0	3	7	33	1	0	1	0	1	0

第3段階進学内定者数

文学部	第3段階定数		指定科類	
	指定科類	全科類	指定科類	全科類
	文III		文III	
B群（歴史文化・日本史学）		2		1
C群（歴史文化・東洋史学）	1			
D群（歴史文化・西洋史学）	6	2		1
E群（歴史文化・考古学）	3	3		
F群（歴史文化・美術史学）	8	1		1
G群（言語文化）	19	5	2	2
		文学部合計	2	5

工学部	第3段階定数			内定者数		
	指定科類		全科類	指定科類		全科類
	理I	理II・III		理I	理II・III	
応用化学	7			7		
		工学部合計		7	0	0

教育学部	第3段階定数			内定者数		
	指定科類		全科類	指定科類		全科類
	文III	理科		文III	理科	
基礎教育学	1					
身体教育学			3			1
		教育学部合計		0	0	1

農学部	第3段階定数			内定者数		
	指定科類		全科類	指定科類		全科類
	理科	文科		理科	文科	
応用生物学	11			2		
森林生物科学	1		3			1
動物生命システム科学	5					
生物素材化学	4			1		
緑地環境学			1			1
森林環境資源科学			8			
生物・環境工学			6			4
		農学部合計		3	0	6

教養学部	第3段階定数			内定者数		
	指定科類		全科類	指定科類		全科類
	理科	文科		理科	文科	
物質基礎科学	1			1		
統合生命科学	4			3		
		教養学部合計		4	0	0

理学部	第3段階定数		内定者数	
	指定科類	全科類	指定科類	全科類
	理科		理科	
化学	10		3	
	理学部合計		3	0

医学部	第3段階定数				内定者数			
	指定科類			全科類	指定科類			全科類
	理III	理II	理科		理III	理II	理科	
医学	1				1			
健康総合科学			1	13			1	0
			医学部合計		1	0	1	0

PEAK紹介

東大には全授業が英語で開講される

PEAKというコースがある。

国際化の推進のために開設されたPEAK。

ここではその概要を説明するとともに、

1学年約30人のPEAK生が何を学び、

どのような学生生活を過ごしているのかを紹介する。

ＰＥＡＫを知る

国際的な環境で多様な学びを

特別な入試形態
幅広い学問分野

教養学部英語コース（ＰＥＡＫ）は、全授業が英語で行われるコースだ。各国から集まった1学年約30人の学生が学んでいる。１学年約３０００人の学部生の中では小さなコースだが、かけられる期待は大きい。

東大ではキャンパスの国際化が長年の課題だった。ＰＥＡＫが開設された12年当時、ＴＨＥ世界大学ランキングの総合評価で27位（国内首位）となった一方、国際性の概況では３００位以下（国内5位）になるなど、外部からも国際性の低さが指摘されていた。

濱田純一元総長は「タフでグローバルな東大生であれ」というスローガンを掲げ、キャンパスの国際化を推進。その中で、留学生受け入れの拡大として開設が決まったのがＰＥＡＫだ。

ＰＥＡＫ生として東大に入学する場合、書類選考と面接からなる「学部英語コース特別選考」の受験が必要だ。書類選考では各国の共通試験や高校の成績のみならず、受賞歴や職業経験、ボランティア経験なども評価の対象になる。また高校教員からの推薦書や与えられたテーマに基づいたエッセイも必要。一般入試のような数学の難問は出題されないが、難関であることは変わらない。

入学試験に合格したＰＥＡＫ生は文Ⅲおよび理Ⅱに該当する「国際教養コース」の学生として9月に入学する。入学に際して日本語能力は必要ではないが、入学後、日本語能力に合わせて日本語の授業を必修で受講する。学部英語コース特別選考以外の入試で入学した学生は国際教養コースに入ることはできないものの、ＰＥＡＫの授業を履修することができる。

PEAK(2021年9月入学)の国・地域別入学許可者数

国・地域	入学許可者数(人)
日本	12
中国・韓国・台湾	27
その他アジア	11
ヨーロッパ	10
オセアニア	3
アメリカ合衆国	1

(PEAK公式ウェブサイトを基に東京大学新聞社が作成)
注1　2重国籍者はそれぞれの国籍につき1人ずつ数えている
注2　2021年4月5日時点における入学許可者の数であり、実際の入学者はこれより少ない場合がある

2021年度Sセメスターに開講されたPEAK科目(一部)

Language and Literature
Mathematics I ②
Introductory Physics
International and Area Studies II
Basic Energy Engineering
Specialized Seminar: Decision Analysis practice

後期課程では、原則として「国際日本研究コース」「国際環境学コース」のいずれか入学時に選択した方に進学する。これら2コースは4月入学の学生でも進学選択で進学することができる。

国際日本研究コースでは日本と東アジアの文化や社会を学ぶ。学問分野は多岐にわたり、哲学や文学、歴史学といった人文科学的なものから社会学や政治学など社会科学的なものまで、さまざまな側面から日本と東アジアを研究することができる。一方国際環境学コースでは、環境について、環境哲学や環境行政といった人文・社会科学的な分野から環境学・環境工学や公衆衛生学のような自然科学的な分野まで多面的に学ぶ。これら2つのコースは国際性と学際性という教養学部の理念の下運営されており、分野横断的に学べるのが特徴だ。

世界に広がる卒業生の活躍

卒業後は、約半数が大学院に進学、約4割が就職する。大学院進学者のうち約7割が海外に留学する。東大大学院総合文化研究科に開設されている英語による授業のみで学位取得可能な大学院プログラムである国際人材養成プログラムや国際環境学プログラムに進学する卒業生もいる。大学院での専攻は東アジア学や日本史学、社会学、環境学や経済学、公衆衛生学などさまざまだ。一方、就職者は約8割が日本で就職する。就職者の業種としては、コンサルティングや金融業界が人気だ。

来日できなくても希望を持って

張 飛宇さん
香港出身
PEAK
国際教養コース

張さんが日本に興味を持った理由は、父親が日系企業に勤めていたからだという。インターナショナルスクールに通い英語で教育を受けていた張さん。英語で授業を受けられる点と、前期の国際教養コースでさまざまな学問分野に触れられる点から東大のＰＥＡＫを選んだ。入学審査に臨むに当たり、アメリカ版共通テストともいえるＳＡＴを受験するなどの準備をした。また、友人と環境関連の発明を行い、特許を取得していたことも強みとなった。

「ＰＥＡＫの魅力はさまざまな国の学生と異文化交流できることです」。クラスメートは東アジア出身者が多く、ヨーロッパやインドの出身者が続く。ＦａｃｅｂｏｏｋやＬＩＮＥで積極的に連絡を取り合っているという。

総合科目などで日本語開講の授業を履修しているが、授業以外でも一般生との交流を行っている。文Ｉの友人が作った言語交換コミュニティーへの参加もその一つ。自動車部へ入部することも考えているという。

入学してからコロナ禍でいまだ来日できていない。授業は全てオンラインだ。今後履修する予定の実験科目が対面で受けられるかどうか、不安を感じている。オンライン授業の不満点として、ビデオオフでお互いの顔が見られないため少人数での議論がうまく進まないことがあると話す。張さんはそれほど困っていないが、カナダ出身の友人はほぼ半日に及ぶ日本との時差に苦しめられているそうだ。

来日できたらまず実験などの授業を受け、クラスメートに会いたいと語る。「空いている時間があれば、横浜や千葉に行きたいです」

生物や情報の分野に興味があり、研究者になりたいという張さん。しかし、就職という選択肢も考えており、将来どうなるかは未知数だ。

勉強もキャンパスライフも積極的に

Aさん(匿名希望)
中国(上海)出身
PEAK
国際環境学コース

村上春樹の小説や『源氏物語』など日本文学に親しんでいたAさん。学生の国籍や履修できる授業の面で多様性のあるＰＥＡＫに興味を持ち、進学した。前期で特に印象深かった授業は全学自由研究ゼミナールで、ふ化する前のひよこの解剖などを行ったという。後期は、出身地である中国で理系の人材を重宝していることから、国際環境学コースに進学した。

後期課程ではAさんは経済学や統計学の授業を多く履修している。「後期は、前期より深く学べて面白い授業が多い気がします」とのこと。ＰＥＡＫ以外でも工学部や教養学部の情報系の授業を受けている。これらは日本語での受講になるが「カタカナ語が多いですし、先生も親身に対応してくれます」とあまり苦労はないそうだ。

キャンパスライフについては、ＰＥＡＫ Ｓｔｕｄｅｎｔ Ｃｏｕｎｃｉｌという組織が主催するイベントで他のＰＥＡＫ生と交流。新しく寮に入った新入生を歓迎するハウスツアーや、学生と教職員が一緒に昼食を取るＰＥＡＫランチもその一つだ。また、駒場Ｉキャンパスのグローバリゼーションオフィス（ＧＯ）では学生が務めるＧＯチューターが留学生にアドバイスする制度がある。月1回程度、文化交流イベントも行われており、コロナ前はイベントで日本人学生と仲良くなることができたという。Aさんも現在はチューターとしてオンラインで活動している。サークルについてはＶＲ関連の開発を行うサークルやフィギュアスケートサークルなどに所属している。

今年の夏で卒業するAさんは院進の予定だ。英語で学位が取れる総合文化研究科の国際環境学コースか、興味のある機械学習などの分野に進学するかで迷っている他、カナダやアメリカなどへの留学も視野に入れているという。

CONTENTS

スクラッチ

第3章 後期課程編

後期課程を

前期教養課程を終えると、
いよいよ後期課程での専門的な学問が始まる。
学問の世界をのぞき見して、
入学後自分がそこでどのような「絵」を描くのか、
想像してみよう。

アンケートでスクラッチ③ ～進路編～

科類別の進学希望先

進学希望先（学校推薦型選抜での入学者は内定進学先）を尋ねると、文Ⅰは法学部（81％）が前年から8ポイント低下した一方、教養学部（11％）が6ポイント増加。文Ⅱは経済学部（92％）が前年からほぼ横ばいとなった。文Ⅲでは文学部（46％）、教養学部（17％）が、それぞれ11ポイントの増加、低下となった。理Ⅰは工学部（62％）と理学部（27％）など、理Ⅱでは農学部（25％）、理学部（18％）、薬学部（16％）、工学部（15％）など希望が分かれた。学部・学科選びで重視するものについて、97％の新入生が「自分の興味」を選び、「就職の強さ」（28％）、「設備」（14％）、「研究成果」（13％）などが続いた。

大学院

大学院進学について、修士・博士課程いずれかまでに進学したい新入生は48％。博士課程まで進学したい（10％）という回答は前年から5ポイント低下した。

卒業後の進路

学部卒業後または大学院修了後の希望進路（複数回答可）は「民間企業」が48％で最多。「研究職」（33％）、「公務員」（20％）と続き、「未定」は25％に上った。

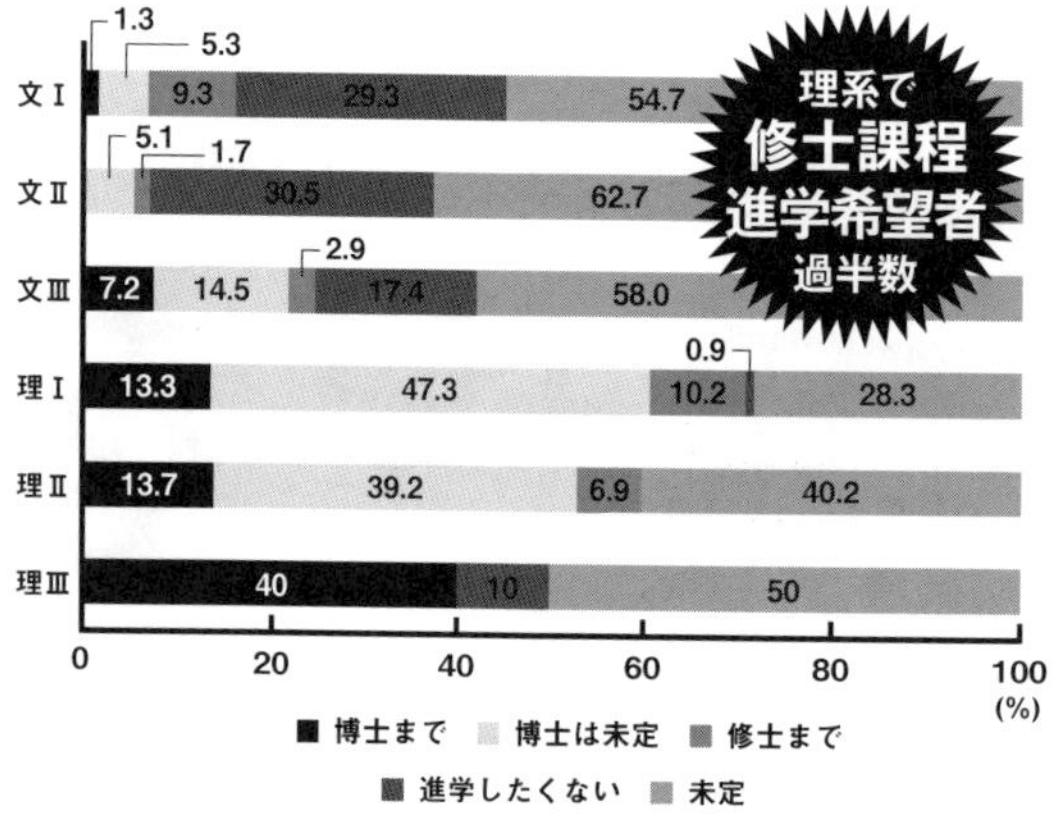

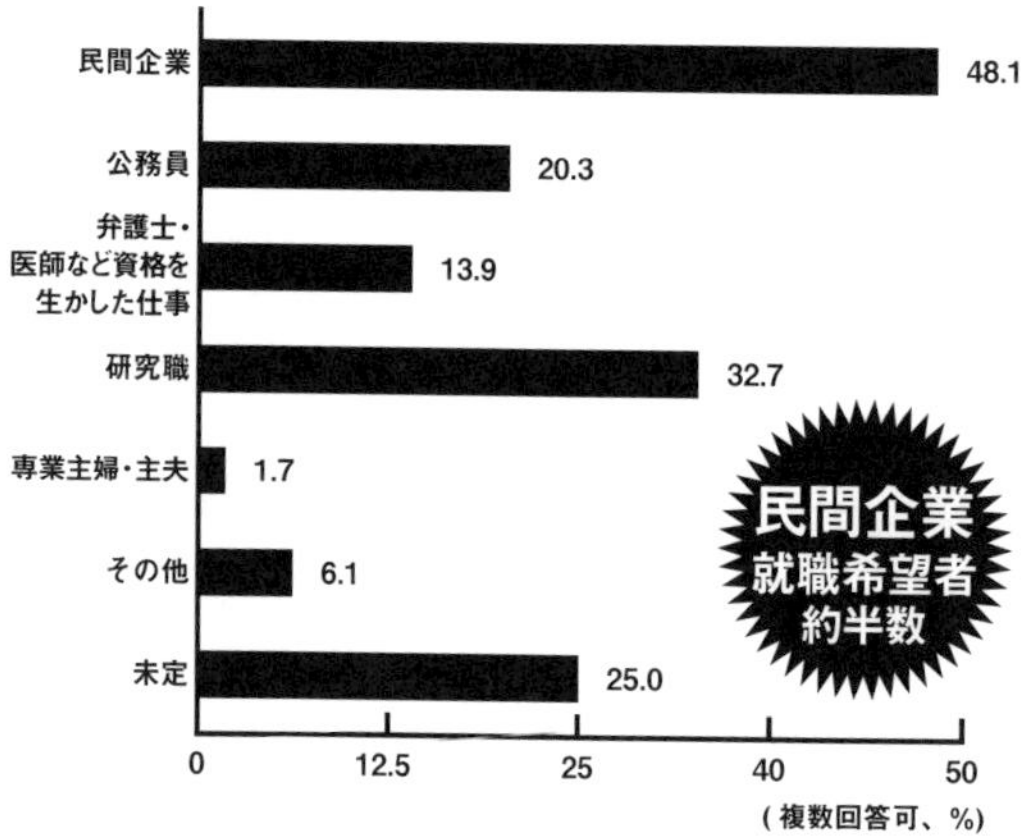

※文章中の数値は少数第1位を四捨五入したもの
【出典】東京大学新聞社が2021年度入学者に実施した新入生アンケート（有効回答数541件）

後期学部紹介
社会科学・人文科学系編

2年間の前期教養課程を経て、

専門的な内容を学ぶ後期課程へ進学する。

後期課程ではどのような授業や生活が

待っているのだろうか。

ここでは主に文Ⅰ～Ⅲ生が進学する

法学部・経済学部・文学部・教育学部と、

文理融合型の教養学部を紹介する。

（紹介する学生は全て4年生。時間割は全て3S1ターム

の各学生のもの）

法学部

教育理念

人々の生活・人生・生命に直接関わる司法・行政・立法を多種多様な角度から学び、法的・政治学的識見を会得することを目指す。

学部構成

第1類（法学総合コース）・第2類（法律プロフェッション・コース）・第3類（政治コース）に分かれる。公務員志望の人は第1類に、法曹を目指す人は第2類に進学することが多い。類ごとに必修科目が異なり、第2類が実定法科目の必修単位数が多いのに対し、第1類・第3類は比較的自由に履修を組める。進学後の転類は可能だ。

20年度より法科大学院との接続が重視された法曹コースが設置されている。

進学

文Iの学生は単位がそろっていれば、ほぼ成績に関係なく進学できる。18年度から全科類枠が35人増え47人に。以前ほど高い成績は必要ではなくなった。

カリキュラム

法学部の講義の大半は、大教室での一方通行的な講義だが、演習という必修のゼミ形式の授業も行われる。演習では教員と学生が少人数で、特定の資料や課題を巡る報告や討論を展開する。

卒業後

司法関係の職に就く人や公務員になる人が多い。他の学部に比べ、特に官公庁へ就職する人の割合が高いことが特徴だ。法曹を目指す人は東大や他大学の法科大学院に進学する人が多く、公務員志望者では公共政策大学院に進学する人もいる。企業就職先は多岐にわたるが、金融機関・商社に進む人が多い。

池畑《いけはた》 有咲《ありさ》さん

文Ⅰ→法学部第１類

	月	火	水	木	金
1		日本政治外交史		行政法第1部	民法第2部
2	国際経済論I	民法第2部		国際経済論I	日本政治外交史
3		国際法第2部		民法基礎演習	国際法第2部
4		行政法第1部			
5					政治学演習（外国語科目）

「特徴のない」ことで広がる選択肢

高校生の頃、ぼんやりと国家公務員になることを考え、文Ⅰに入学。前期教養課程では、法学の勉強にやりがいを感じ、多くの文Ⅰ生と同じく法学部第１類（法学総合コース）と第２類（法律プロフェッション・コース）で迷った。第1類への進学を決めたのは２Ａセメスターのことだった。

コースの特徴は「特徴がないこと」だと語る。実定法などの必修が少なめで、履修の自由度は法学部の他のコースより高い。ほとんどの人は、必修以外の時間割を自分の興味がある授業で埋めており、イスラーム法などニッチな科目を含め、さまざまな内容を学べる。10単位を限度に、他学部の授業の履修も可能。また、第３類（政治コース）とは違い、卒業にリサーチペイパー（研究論文）を必要としていない。当初公務員試験を受ける予定だった池畑さんは、授業を幅広く選べたことがその準備に役立ったという。

法学部の人間関係は「うわさ通りの砂漠」であり「法学部に入ってからは新しい友達ができてない」と振り返る。授業は一方通行で、成績は試験一発勝負で決まるため、出席率が極めて低い。一方、演習（ゼミ）は少人数で、教員との距離は近いが、新型コロナウイルス流行の影響でゼミの対面出席もほとんどなくなり、人間関係はさらに疎遠になりつつある。

授業によって膨大な量の資料を読む必要があるため、予習に時間がかかる場合がある。また、授業内容を書き起こした「シケプリ」を法学部生同士で作成する伝統がある。授業に出席しない学生は、シケプリを用いて試験勉強することが多い。池畑さんは、期末試験の１カ月半前から復習を始めているというが、２カ月前から始める人も。授業の負担はそれほど大きい。

法学部の履修システムは複雑な部分もあり、注意が必要だ。例えば、4年次で必ず12単位を取得する必要があり、資格取得やインターン、就職活動に時間をかけたい人にとっては負担になり得る。

法曹志望者が多い第２類や、政治学を志す人が選択する第３類に比べて、第１類は民間志望から公務員志望まで志望する進路は幅広い。存分に迷いを待ってくれる環境であるからこそ、多様な進路に進む結果が生まれるのかもしれない。

経済学部

教育理念

経済社会の複雑な諸現象を体系的に把握し、これを科学的に解明する。

学部構成

マクロ経済学など共通する科目を多く持ちつつ、経済学科と経営学科、金融学科の3学科に分かれている。経済学科は、財政・金融・産業・労働などさまざまな経済現象を、統計的・数理的・制度的・歴史的な分析手法を用いて把握・分析することを目指す。経営学科の目標は、企業の諸活動や経営組織における人間活動を多様な分析手法で把握・分析すること。金融学科では金融工学、マクロ金融政策、企業財務、企業会計などを深く学べる。

進学

文Ⅱ生でも成績次第では進学できない。全科類枠でも人気のため、成績が重要になる。

カリキュラム

授業は「専門科目1」「専門科目2」「専門科目3」「専門科目4」「選択科目」で構成される。「専門科目1」は経済学部での学習の入門である総論的な科目。「専門科目2」は経済学科、「専門科目3」は経営学科、「専門科目4」は金融学科の選択必修科目。「選択科目」には、発展的内容を含む大学院との合併授業が数多くある。特徴的なのがゼミ形式の授業で、教員から直接指導を受けることができる貴重な機会。各ゼミには人数制限があり参加者の選抜が行われるが、大半の学生が一つ以上に参加している。

卒業後

学部生の約8割が銀行、証券、シンクタンクなどの民間企業に就職。国家公務員や公認会計士になる人も多い。大学院進学者は10分の1以下と少ない。

第3章

文Ⅱ→経済学部経済学科

	月	火	水	木	金
1				特別講義 国際紛争研究 (外国語科目)	
2	国際経済Ⅰ	特別講義 現代朝鮮半島の政治	産業組織Ⅰ	国際経済Ⅰ	
3	上級世界経済Ⅰ	金融Ⅰ	ITと産業界		産業組織Ⅰ
4		英語学英米文学特殊講義Ⅳ	金融市場と公共政策	少人数講義 (北尾Ⅰ)	金融Ⅰ
5					

石坂《いしざか》 果南《かなん》さん

実用性では測れない経済学の面白さ

高校生の頃から経済に興味があり、経済学部への進学自体は入学前から決めていた。経済学科への進学を選んだのは2年次になってからだ。

一言で経済学とは言っても、その中身は企業統治（コーポレートガバナンス）やマーケティングといった実用に直結しやすい分野から「経済とはそもそも何か」を問う理論的な分野までさまざまだ。経済学部に設置されている三つの学科のうち、数学を使う授業が特に多いのが金融学科で、経営学科では企業で活用できるようなマーケティングを中心的に学習できるという。

経済学科に所属する石坂さん自身は、さまざまな時代の経済の歴史に触れられる経済史や「お金はなぜ価値を持っているのか」を学ぶ「上級世界経済Ⅰ」や財政論を扱う「財政Ⅰ」、国際貿易論を学ぶ「国際経済Ⅰ」など理論的研究に関する授業を中心的に受講。前期教養課程で受講した「経済Ⅰ」や「数学Ⅰ」などの学習内容は、2Aセメスターで受講した、経済学部の全学科共通の必修選択科目などの内容に直結したという。

将来直接役立つというより「好みにもよるけど、授業が面白いということが経済学科の一番の魅力だと思います」と語る石坂さん。理論的な内容は一見実用的でないようにも思えるかもしれないが「経済はどのように生まれたのか」「1000年単位で経済がどのように変化して、どのような影響を社会に与えてきたのか」といった内容の経済学科の授業は興味深いという。例えば経済史の授業では、共産主義や昔の資本主義といった、現在とは異なる経済システムに触れられる。それらを理解し、想像するのはとても面白いとのこと。経済学科の選択必修は他の二つの学科よりも経済史が多いことから「経済だけではなく、歴史も好きな人には経済学科は向いていると思います」。ただ、それぞれの学科に設置されている選択必修科目同士に共通する授業が多くあることから「学科間の差はそれほど大きくないんじゃないかな」とも語る。

周囲に英語が得意な人が多いことから、進路としてよく耳にするのは英語力を生かせるコンサルティング業界。石坂さん自身もコンサルティング業界に進むという。

文学部

教育理念

社会や文化が生み出すあらゆる現象を研究の対象とし、思想系統、歴史系統、言語・文学系統、心理・社会系統など歴史的に成立した多様な分野を横断しながら、人間の長い営み、世界規模の空間的広がりをさまざまな角度から研究する。

学部構成

人文学科のみの1学科制だが、哲学、中国思想文化学、インド哲学仏教学、倫理学、宗教学宗教史学、美学芸術学、イスラム学、日本史学、東洋史学、西洋史学、考古学、美術史学、言語学、日本語日本文学、中国語中国文学、インド語インド文学、英語英米文学、ドイツ語ドイツ文学、フランス語フランス文学、スラヴ語スラヴ文学、南欧語南欧文学、現代文芸論、西洋古典学、心理学、社会心理学、社会学の各専修に分かれている。日本語日本文学はさらに国語学専修と国文学専修に分かれており、全部で27専修。

進学

文Ⅲから進学しやすい。かつてはほとんどの専修が定員に達していなかったものの、17年度からA群～J群の10群を進学単位として進学選択が行われるようになった影響で、定員を満たす専修が増加した。全ての専修に全科類枠がある。

カリキュラム

所属外の専修課程や学部の単位取得は広く認められている。大人数でのマスプロ型の講義がほとんどないのが特徴。各専修課程には必ず演習（ゼミ）が設けられ、学生が少人数授業に参加する。

卒業後

文学部全体の4分の1程度が大学院に進学し、残りはマスコミなどの情報・通信業、官公庁など各分野に就職する。

文Ⅲ→文学部日本語日本文学専修

武元《たけもと》 奈菜《なな》さん

	月	火	水	木	金
1		イスラム学概論Ⅰ			
2			国文学演習Ⅷ		
3		国文学演習Ⅴ	芸術学概論		美学芸術学特殊講義Ⅰ
4			国文学特殊講義Ⅲ		
5	比較文学概論				バリア・スタディーズ

自国の文学に触れ、感受性を涵養する

高校時代から古典が好きだった武元さん。大学入学前から海外で活動する舞台演出家を進路として考え、現在はモデル活動などを通したアーティスト活動を行っている。進路選択の決め手は、自国の文化を知り将来の強みとするためだ。『源氏物語』など中古文学（平安時代の文学）を専攻し、崩し字を読むための勉強にも取り組む。

最も重要な演習の授業では、割り当てられたテキストを現代語訳し先行研究を要約した上で、独自の論点を構築して議論をする。さらに、各分野の最新の研究について学びを深められる特殊講義という授業もある。『古事記』から太宰治に至るまで専門とする時代の異なる6人の教員が、同じテーマでそれぞれの時代について語るという授業に特に興味を引かれたという。武元さんが受講した2019年のテーマは「文学と性愛」だった。「鋭く刺激的なテーマで時代ごとの話を聞けるので、大変面白かったです」。昨年退職した渡部泰明教授（当時）の和歌の授業も印象的だった。「和歌が詠まれるのは言葉を尽くす必要のない恋の絶頂期ではなく、むしろ言語化が必要とされる恋愛の成就までの過程と失恋後である」という理論は現代に通ずるところもあり興味深かった、と語る。

文学の研究には「たった一つの正解」がなく、答えは向き合う中で変わっていくので、その流動性を楽しめる人に向いているという。「自分なりの答えを見つけていくことが好きな人には適していると思います」。他学部の学生が読む論文とは趣の違う文学的な論文を読んだり、言葉に誠実に向き合う人と触れ合ったりすることで、日々の行動や季節の移ろいに対する感受性などにも変化が表れる。「文学は目に見える益にはならないかもしれないけど、自分の心の肥やしになるし、内面の充実という点に私は価値を感じています」

周囲には自分が本当にやりたいことに取り組む個性的な人が多く、友人に恵まれたと語る。専修は少人数の分仲が良く、新型コロナウイルス流行以前の19年度は教員や友人と旅行にも出かけていたそうだ。進路は出版・広告業界への就職の他、武元さんを含め院進する人も多い。

教育学部

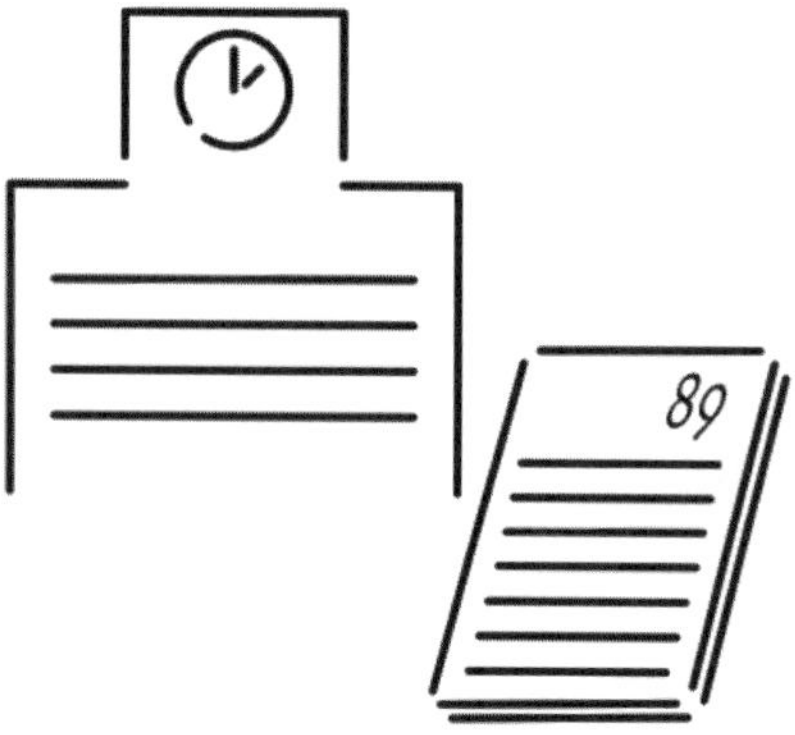

教育理念

自由さと視野の広さを持って、人間発達を中核にさまざまな観点から教育のことを思索し、分析する。

学部構成

総合教育科学科の１学科のみで、３専修に分かれる。基礎教育学専修には基礎教育コースがあり、「教育とは何か」を哲学・歴史・人間・臨床の視点から捉える。教育社会科学専修には比較教育社会学コースと教育実践・政策学コースがあり、前者は社会科学的手法で、後者は教育現場そのものへの実践的なアプローチで教育を研究する。心身発達科学専修には教育心理学コースと身体教育学コースがある。前者は人間の学習行動やカウンセリング、後者は身体トレーニングや心身の発達を研究している。学部は１学年１００人前後と小規模で、アットホームな雰囲気がある。

進学

全科類から進学可能だが、文Ⅲは進学枠が大きい。身体教育学コースを除いて75点前後の成績で進学できる。

カリキュラム

講義は概論・特殊講義など一部を除いて、調査・実験・演習・基礎演習・フィールドワークなど、少人数のゼミ形式のものが多い。各科目は、コースごとの卒業論文指導を除いて基本的にどのコースに所属していても受講可能。他学部聴講も自由度が高い。

学士（教育学）の学位に加え、必要単位をそろえることができれば、教員免許状、社会教育主事、司書、司書教諭、学芸員などの免許状や資格を取得できる。

卒業後

教育・学習支援業やマスコミ、官公庁など各分野に就職する。大学院に進学するのは３分の１程度。

文Ⅲ→教育学部教育実践・政策学コース

伊《い》坂《さか》 柊《しゅう》人《と》さん

	月	火	水	木	金
1		教育方法学演習Ⅰ		教授・学習心理学演習（教育・学校心理学）	教育心理Ⅱ
2	発達心理学	教育方法学演習Ⅰ		教授・学習心理学演習（教育・学校心理学）	教育心理Ⅱ
3		英語教授法・学習法概論		比較教育学概論	日本社会の変容と課題
4	英語学概論Ⅰ	日本社会の変容と課題		比較教育学概論	日本社会の変容と課題
5		博物館概論			
6	進路指導・生徒指導				

多種の教育現場 議論で考察

教師以外の道で教育に携わることを高校の進路学習で考え始めた。現場での教育方法学などを学べることに魅力を感じ、教育実践・政策学コースへの進学を念頭に文Ⅲを受験。前期教養課程では自分の関心を再確認するため、教育系だけでなく幅広い分野の授業を履修した。進学選択では別分野も考えたが「興味だけで学ぶなら自分で勉強すればいい」と、初志を貫いた。

コースでは、学校だけでなく地域や図書館の文化・社会活動なども含んだ幅広い教育現場での実践を読み解いたり、制度や政策の検討を行ったりする。扱える範囲の広さは「卒業論文で書きたいことが教育に関係してさえいれば、教員のうち誰かの研究領域と被るはず」だというほど。教員から一方的な知識の伝達が行われる講義形式の授業はほとんどなく、多くは学生間の議論が中心だという。授業はほとんど縛りがなく履修することができ、関心分野に比重を置いた学習がしやすいのも特徴だ。

伊坂さんは学校の教師や授業について関心があり、教育方法学の分野を中心に学ぶ。教員が現場で撮影した映像を見て気付いた点を、学生間で共有する「教育方法学演習」の授業が特に面白いと話す。「ある生徒のことを自分は『控えめで発言しない』と思ったのに対し、別の学生は『熟考している』と評することもあります。同じ映像でも人によって見え方が異なり、議論でそれを共有する中で自らの知見が深まります」

新型コロナウイルス感染拡大の影響もある。例年は実際に学校で観察を行えるが、感染対策のため映像に代えられた。「現場に行くことを楽しみにしていたので残念でした」。また、同じコースに所属していても、例えば教育行財政学を学ぶ人とは授業がほとんど被らないことも多いといい「人付き合いは多くはないです」と語る。

卒業生の進路は公務員を中心に、民間企業への就職や院進と多様だ。伊坂さんは「『日本社会の変容と課題』を受講し、教育格差に問題意識を抱きました。学校の先生としてよりも多くの生徒と関われる教育系の民間企業で、自分の作った教材やカリキュラムを提供したいです」と語る。

教養学部

教育理念

21世紀の人間社会における複合的な現象・課題の全体像を視野に入れることのできる、また地球規模の問題に対応できる人材の育成を目指す。

学部構成

教養学部には、1・2年の前期教養課程と3・4年の後期課程の2種類が存在し、ここでいう教養学部とは3・4年の後期課程を指す。教養学科と学際科学科、統合自然科学科の3学科がある。教養学科には超域文化科学分科、地域文化研究分科、総合社会科学分科があり、その下でさらにコースに分かれる。

進学

文系的分野の教養学科、理系的分野の統合自然科学科、文理融合的分野の学際科学科に分かれるが、基本的に全科類からいずれの学科にも進学可能。

カリキュラム

教養学部では数多くの教員がさまざまな分野で研究を展開していることから、授業の多くは少人数の環境で行われる。教養学科の各分科では、2カ国語が必修化され、国際的発信力を持ち、既存の学問領域を横断する柔軟な発想力のある人材の育成を可能にしている。統合自然科学科では、既成の学問分野にとらわれない独自の教育プログラムが展開され、複数の分野にまたがる専門的な知識や見識を獲得するだけでなく、それらを基礎に先進的な学問分野への道を進める。学際科学科では、柔軟な思考と適切な方法論を用い、新しい課題に総合的な視点を持って対処できる人材の育成を目指す。

卒業後

就職先は官公庁・メーカー・マスコミなどさまざま。文系、理系とも大学院へ進学する割合が高い。

文Ⅲ→教養学部教養学科総合社会科学分科国際関係論コース

三木《みき》理佐《りさ》さん

	月	火	水	木	金
1					
2		国際法	特殊研究演習Ⅲ［ラテンアメリカ研究コース］	特殊講義「法学展開研究」	イギリス思想変遷論
3	ラテンアメリカ文学・思想Ⅰ	国際法			
4	国際法			特殊研究演習「国際取引演習」	特殊講義「開発研究入門」
5					

世界を回り、「自分の軸」を探す

高校生の頃からぼんやりと国際関係に興味があり、国際系の職業に憧れていた。進学先を悩んだ末、決断したのは多くの学生と同じく２年次の夏。文Ⅲから教養学部後期課程への進学には高得点が必要なため、語学に熱心に取り組んだ他、各科目の勉強時間を確保するため履修する科目数を少なめにした。

国際関係論コースの学生は、国際政治、国際経済、国際法の必修３本柱に加え、その他の準必修科目から必要単位を履修する。コースの特徴は、受講生が固定されたゼミがないこと。代わりに、学生は自ら関心に基づき演習科目を選択する。

教養学部で最も難しいのは、自分の研究テーマを見つけ、研究の際に「明確な軸」を持つことだと三木さんは語る。学生の多くは国際系サークルに所属していたり、帰国子女であったりと、海外に興味を持っている点が共通している。しかし、総合社会科学分科は教養学科の他分科と比べて人数が多いため「アットホーム感は若干薄め」。研究する地域や興味分野で人間関係が分かれやすい一方で、コースを超えて人脈を広げることもできる。また、教員との距離は比較的近く、レポートの相談などは気楽にできるという。

国際関係論コースの学生のうち半数近くは長期留学を選択するが、３Ａセメスターのみ開講されている必修科目があるため、４年で卒業しようとすると必修・卒論・就活が重なり多忙になる。そのため、５年間学部に在籍する人が多数。スペインに３年次の秋から留学していた三木さんも５年で卒業する見込みだ。また、国際関係論コース以外の副専攻科目を勉強する、サブメジャー・プログラムを選択する人もある程度存在する。

各自の興味関心を持つ人が集まる国際関係論コースは卒業生の進路も幅広い。年によっては、民間就職と公務員・独立行政法人職員を目指す人がおおむね同数で、院進する人が若干少なめになる。民間企業では、コンサルティング会社や商社など、国際的な企業に就職する人が多い。また、内定を得たものの、研究したいとの思いから、院進に進路を変更する人もいるそうだ。

理Ⅱ→教養学部学際科学科総合情報学コース

三《み》﨑《さき》滉《こう》太《た》さん

	月	火	水	木	金
1		統計学Ⅱ			実解析学Ⅰ
2	科学技術社会論	情報数理科学Ⅱ［総合情報学コース］	情報工学Ⅴ（1）		計算数理
3		情報工学実験	人間情報学Ⅵ	情報工学実験	計算数理演習
4	確率統計Ⅱ				
5	実解析学演習Ⅰ		プログラミング演習		Advanced ALESS Ⅱ
6		アントレプレナーシップⅠ			

集中：地球・生物圏システム科学実習　GEfIL実践研究PHASE 1

情報学を起点に多様な学び

前期教養課程の「情報」や「アルゴリズム入門」の授業でAI、特に機械学習を学びたいと思い始め、学際科学科総合情報学コースに進んだ。興味のある数学や統計の分野を学べることや、教養学部の他学科科目など専門以外の科目も学びやすく感じられたのが魅力的だった。

２Ａセメスターの「統計学」と「統計学実習」の授業で統計学の基礎から最先端に触れ、興味と奥深さを感じた三﨑さん。現在は、道具として使える機械学習と理論的な正しさを保証する統計学を学び「今手元にある限られたデータからできることはないか」を考えていくことに関心がある。

学際科学科には文系寄りのＡ群もあるが、総合情報学コースは理系寄りのＢ群に属する。しかし同コースの４年生のうち、約半数は文科出身。「情報学を起点とし、さまざまなことを学ぶ」という総合情報学コースでは、授業や研究の内容も十人十色だ。三﨑さんのように情報を本格的に、理論も含めて学ぶ人もいれば、情報学を用いて人間を理解することに興味があり、センサーから得られた情報を解析して「良い筋トレとは何か」を研究している人もいる。コースの同期と話をして授業や研究の内容を共有すると刺激を受けるという。進路も三﨑さんのような院進のほか、エンジニアやコンサルタント、官公庁への就職と広範だ。

少人数のため、密な教育を受けられるのも学科の特長。学生と教員の距離が近く、質問や面談を行いやすいという。ただし自分からの働き掛けが重要だ。「どの学部でもそうだと思いますが、環境を生かすも殺すも自分のアクション次第」だと話す。

進学前から情報系に明るかったわけではない三﨑さん。高校生の頃は「Wordなどを使うので精一杯でした」。前期教養課程でもプログラミングなど情報系の授業を多く履修していたわけではないが、２Ａ・３Ｓセメスター開講の必修科目の履修で後期課程の授業に付いていけた。進学選択について「どこに進んでも、自分が面白いと思うことはきっとあるし、卒業後の進路、就職先まで完全に決まってしまう訳でもありません。開かれた学問の世界から自分が少しでも面白いと思えるものを、自由に遊び心をもって決めてほしいです」

後期学部紹介

自然科学編

理Ⅰ〜Ⅲ生が主に進学する

工学部・理学部・農学部・薬学部・医学部を紹介する。

工学部・理学部・農学部は、

専門分野ごとに学科や専修が

細かく分かれているのが特徴だ。

ここで紹介しているのはほんの一部ではあるが、

理系学生たちの生活を見てみよう。

（紹介する学生は全て4年生。時間割は全て3S1ターム

の各学生のもの）

理学部

教育理念

理学は、自然現象の仕組みを解明したいという人間本来の知的欲求から出発し、次第に体系付けられてきた学問であり、応用諸自然科学の発展を支えてきた。実習や実験を通じて「最上の教師」である自然に自ら問い掛け、思索することの重要性を学ぶ。

学部構成

数学科、情報科学科、物理学科、天文学科、地球惑星物理学科、地球惑星環境学科、化学科、生物化学科、生物学科、生物情報科学科の10学科から成る。数学科のみ駒場Ⅰキャンパスに位置している。

進学

主に理Ⅰ、理Ⅱから進学する。物理・情報系の学科には理Ⅰからの、生物系には理Ⅱからの進学者が多い。特に人気の物理学科は好成績がないと進学できない年も多い。

カリキュラム

1学年300人ほどの学生数に比べて教員の数が多い。特に1学年10人程度で少人数の天文学科では、きめ細かい指導がなされる。地球惑星環境学科や生物学科ではフィールドワークに力を入れている。化学科や生物化学科では3年次の午後に多くの実験がある。4年次の実験・実習・演習では、少数の学生と教員との緊密なやり取りが行われる。

卒業後

8割程度の学生が大学院の理学系研究科修士課程に進学する。大学院進学者の半数近くが博士課程に進学し、その後大学などの研究機関や民間企業の研究所などで専門知識を生かした職業に就く。数学科からは大学院数理科学研究科への進学者が多い。学部卒での就職は少ないが、情報・通信業や銀行などへの就職が見られる。

理Ⅰ→理学部地球惑星物理学科

牧《まき》 梨《り》乃《の》さん

<table>
<tr><th></th><th>月</th><th>火</th><th>水</th><th>木</th><th>金</th></tr>
<tr><td>1</td><td>地球流体力学Ⅰ</td><td>弾性体力学</td><td></td><td>宇宙空間物理学Ⅰ</td><td>大気海洋循環学</td></tr>
<tr><td>2</td><td>電磁気学Ⅱ</td><td>地球生命進化学</td><td>固体地球科学</td><td>統計力学Ⅰ</td><td></td></tr>
<tr><td>3</td><td rowspan="2">地球惑星
物理学演習</td><td rowspan="2">地球惑星物理学
基礎演習Ⅲ</td><td rowspan="2" colspan="2">地球惑星物理学演習</td><td rowspan="2">地球惑星物理学
基礎演習Ⅳ</td></tr>
<tr><td>4</td></tr>
<tr><td>5</td><td></td><td></td><td></td><td></td><td>地球惑星物理学
観測実習</td></tr>
</table>

多彩な実験・演習で充実した学び

専攻したい分野は特に決めずに理Ⅰに入学、興味の赴くままにさまざまな授業を取っていたという牧さん。自転車部での活動を通して自然と触れ合う中で、1Aセメスターから地球惑星物理学科と地球惑星環境学科の2学科に興味を持つようになった。フィールドワーク重視の地球惑星環境学科と迷いつつも、最終的には2Sセメスターで地球惑星物理学科への進学を決めた。前期教養課程で受けた「地球惑星物理学入門」という授業が面白かったことが現在の学科を選択する理由の一つだったという。

前期教養課程では、進学のための点数はそこまで必要なかったため、点数を狙うよりは、興味に従って授業を履修していた。

地球惑星物理学科の良いところは、少人数の学生に対して多数の教員が所属しているため、学生と教員がコミュニケーションを取りやすいところだという。また、新型コロナウイルスが流行する前は、控室を利用して学生間でも交流を盛んに行っていたようだ。五月祭では3・4年生が一緒に展示を行うこともあった。

学科では興味分野にどっぷりと漬かることができる。ただ、大気海洋、固体地球、惑星・宇宙の3分野の単位を取る必要があり、興味がないものを勉強しなければならないこともあるようだ。さらに、単位認定の基準が厳しく、他学部の単位が認定されにくいという。

とはいえ、学科ならではの授業として、実験や実習は魅力的だ。3年次には「地球惑星物理学実験」と「地球惑星物理学演習」、4年次には「地球惑星物理学特別演習」が用意されている。特に、3年次の地球惑星物理学演習では「Fortran」という言語を用いたプログラミングの授業が行われるという。他にも観測実習では、例えば黒潮の流量を測定したり、火山で化学物質の変化量を測定したりするなど、実際にさまざまな場所に足を運んで研究を体験することができるようだ。

進路は例年8～9割程度が院進し、修士課程修了後は、博士課程、民間企業、官公庁、あるいは学芸員とさまざまな選択肢があるようだ。牧さん自身は、修士課程には進学する予定だが、その後は未定だという。

農学部

教育理念

国際化が急速に進むに伴って、世界ではさまざまな問題が生じている。科学の英知を武器に食糧問題や環境問題など、人間の生活や生存に関わる数々の問題に立ち向かい、食糧確保の命題と環境保全の命題を高いレベルで両立させることを目指す。また、具体的なテーマに即して新しい知見を発掘し、地球サイズのトレードオフの克服に科学の立場から貢献する。

学部構成

3課程（応用生命科学課程・環境資源科学課程・獣医学課程）14専修で構成。獣医学課程のみ6年制が敷かれており、獣医学課程に進学する学生は後期課程で4年間学ぶ。本郷キャンパスに隣接する弥生キャンパスに所在。

進学

理科枠や全科類枠を含めると、理Ⅱからの進学者が全体の約7割を占める。文科からの進学枠もある。進学には単位数が重要になるため、志望者は多くの授業を受けることになる。

カリキュラム

2年次のA1タームから広い視野を持って問題関心醸成を図るオムニバス形式の農学総合科目と、専門分野の基礎を学ぶ農学基礎科目を履修することになる。3年になると、各専修とも授業に実験や実習、演習が組み込まれる。また、所有する牧場や千葉・北海道・秩父演習林などの附属施設は、実習などに活用される。4年次には、学生の大半は研究室に配属されて卒業研究に取り組む。

卒業後

半数以上が大学院（主に農学生命科学研究科）に進学する。就職先は、官公庁をはじめ金融・保険・医薬品企業などさまざま。獣医学課程卒業者も一部は大学院へ進学する。

理Ⅱ→農学部環境資源科学課程 農業・資源経済学専修

川瀬《かわせ》 翔子《しょうこ》さん

	月	火	水	木	金
1					国際農業経済論
2	農政学		農業経営学	農村社会学	
3	農業経営学	農政学	農業・資源経済学演習Ⅱ	東西文明学Ⅱ（言語と歴史1）	
4	国際農業経済論	農業経済学	地域経済フィールドワーク実習		数量経済分析
5	生命倫理	数量経済分析	地域経済フィールドワーク実習		農業経済学

多角的に「食」を考える

農業経済学を学びたいと決意したきっかけは、高2の米国留学。食堂のごみ箱に大量の残飯が捨てられている光景を見て衝撃を受けた。食品ロスが問題となっている一方で世界には飢餓に苦しんでいる人がいることに違和感を覚え、食料分配について考えたいと推薦入試で入学した。

前期教養課程では、必修の授業はもちろん、教養の幅を広げたいと考え「トライリンガル・プログラム」の中国語の授業や法学部のゼミなど進路に必ずしも直結しない授業にも取り組んだ。

農学部の農業・資源経済学専修に進学後は、水産や林業、畜産といった多岐にわたる農学の授業を受講。「ひとくくりに農学といってもいろいろな分野があることを学べました」。農業・資源経済学専修は文科出身の学生が全体の約3分の1を占めており、理系教科の負担が少なく比較的自由に履修を組めるのが特長だ。経済学の初歩的な授業も受講できるため、前期教養課程で履修していなくても問題はないという。印象的だったのは、3年次の「地域経済フィールドワーク実習」。1年間、日本の農村地域で調査を行い、論文を書く授業だ。昨年度は新型コロナウイルス流行の影響で現地への訪問はかなわなかったが、オンラインで山形県白鷹町の地域コミュニティーについて調査した。「町の公民館がコミュニティーセンターに変わったことで、地域活性化にどのような影響があったか調べました」

農学部では、人類の生の根幹にある「食」とそれを支える農林水産業について多様な切り口から考える。その特性を生かした「One Earth Guardians育成プログラム」にも参加しており、100年後の地球と人類の共生についてさまざまな分野の学生や研究者、実業家と対話を重ねている。

農業・資源経済学専修を卒業後は8割程度がコンサルや保険会社など多様な業種に就職するが、川瀬さんは東大か海外の大学院の修士課程で農業経済学を専攻する予定だ。博士課程への進学も検討しており、その後は農林水産省に就職し、将来的には国際連合で農業や食に関わりたいという。「衣食住が保障されていなければ、その上の幸せはない。全ての人が栄養バランスの良い食事を取れる世界をつくりたいです」

薬学部

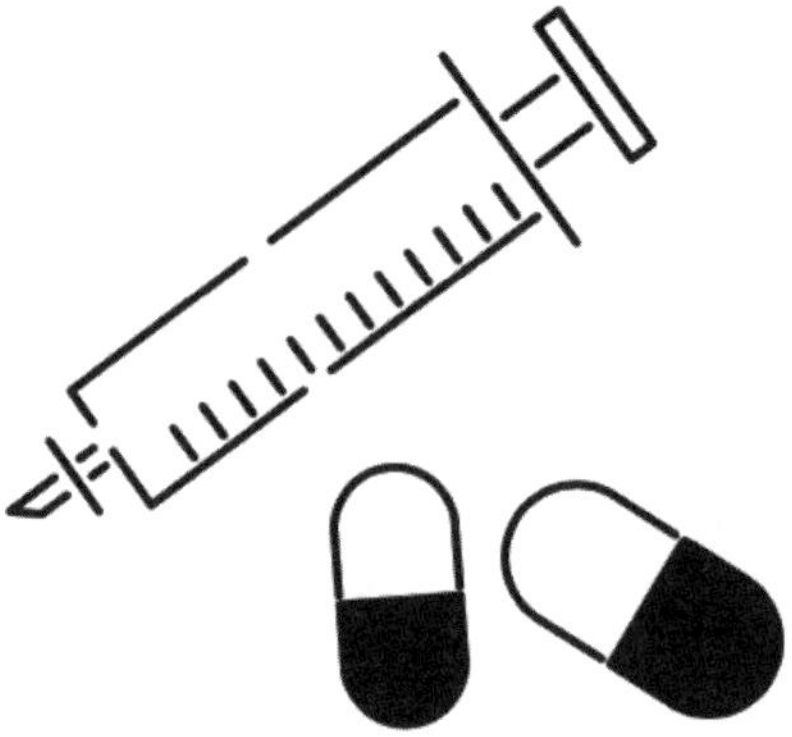

教育理念

薬学は疾病の治療と健康維持を目標とする自然科学であり、医薬とその薬が影響する人体について主に解明する。基礎生命科学の発展を推進するだけでなく、製薬産業における創薬活動、医療機関における薬物治療の進歩、医療行政に寄与する。

学部構成

6年制の薬学科と4年制の薬科学科から成る。進学選択は2学科を区別せずに行われ、4年進級時に薬学科と薬科学科に分かれる。薬学科の定員は全体の1割。薬学科は、病院と薬局での実務実習などを経て、専門性の高い薬剤師資格を有する人材の育成を目指す。薬科学科は創薬科学・基礎生命科学分野において高い能力を有する研究者を養成する。

進学

21年度は第1段階で理Ⅱから31人、理Ⅰ・Ⅲから16人進学でき、全科類枠は8人。第2段階では理科全類から29人募集した。例年人気は高く、好成績がないと進学することは難しい。

カリキュラム

3年次に毎日行われる実習では、物質の取り扱い方や、得られた結果をどのようにまとめるかなどについて基本的な訓練が行われる。

4年次の1年間は、各教室に所属して卒業実習を受ける。どの教室を選ぶかは自由だが、人数に偏りができた場合は希望者の話し合いによって決定する。

卒業後

9割程度が大学院へ進学し、修士課程から博士課程への進学率は約5割。東大の他研究科へ進学する学生も数人いる。就職では、化学・医薬品企業へ進む人が多い。

理Ⅰ→薬学部薬科学科

木野《きの》 有希斗《ゆきと》さん

	月	火	水	木	金
1					
2	インタラクティブ有機化学	薬理学Ⅱ	衛生化学	臨床薬理学	
3	薬学実習Ⅰ･Ⅱ				
4					
5					

注:実習は13:20〜18:00実施

緊密な人間関係　じっくり学ぶ

幼い頃から人間の体の「不思議」に興味を持っていたという木野さん。高校の理科では物理・化学を選択したものの、生物に興味があり、大学では生物について学びたいと思っていた。薬学に関する最新研究について専門の教員らが語る前期教養課程の授業が面白かったのが、最後の決め手だったという。

薬学部は薬学科（6年制）と薬科学科（4年制）の二つの学科から成る。薬学科は薬剤師の養成を目的とする一方、薬科学科は薬学研究を主目的とするという違いがある。しかし学科を決めるのは3年次の秋頃で、実際にカリキュラムが分かれるのは4年次の夏頃のため、専門的な勉強をする中で自分の適正に合わせて進路を考えることができる。

カリキュラムには物理など、一見すると薬学とは関係ないような科目も含まれる。「さまざまな科目を学ぶことができるので、自分が面白いと思える分野を見つけることができると思います」と木野さん。一方、多くの科目が2Aセメスターに集中しており「一つ一つの授業にしっかりと取り組むことができませんでした」と不満もこぼれた。

学生間の縦横のつながりは緊密だ。実習時に4年生や修士・博士課程の学生が手伝いに来てくれて、その際に実習の内容以外に進路などについても話を聞くことができる。また、多くの学生が同じ教室で朝から夕方まで大抵同じ必修の授業を受けることになるので、自然と仲良くなることが可能だという。さらに例年は陸上運動会や水上運動会、スキー合宿など授業外でも同学年の学生と交流するイベントが多い。コロナ禍の昨年度は例年通りに行うことはできなかったが、感染防止対策を行った上で屋外で行うスポーツ大会は実施できたという。

多くの学生は学部卒業後、院進する。さらに修士課程を修了した学生の半数程度が博士課程に進学するという。卒業生の就職先としては、製薬会社や食品会社、官公庁などが多い。

木野さんは炎症を抑える免疫細胞について薬剤研究を進めたいという。薬剤研究を通して長期的な課題に解決策を提案していきたいと語る。薬学という壮大な世界に足を踏み入れてはいかがだろうか。

医学部

教育理念

生命科学・医学・医療の分野の発展に寄与し、国際的リーダーになる人材を育成する。これらの分野における問題の適格な把握と解決のために創造的研究を行い、臨床においてはその成果に基づいた医療を実践し得る能力の育成を目指す。

学部構成

医学科と健康総合科学科の２学科から成る。医学科は後期課程が４年間あり、基礎医学・社会医学系や臨床医学系の科目を学ぶ。健康総合科学科では、主に保健学・健康科学・看護学に関するさまざまな研究を学ぶ。

進学

医学科は、理Ⅲからの志望者ほぼ全員と理Ⅱから10人程度、全科類枠から４人程度が進学可能。理Ⅲ以外からの進学には、高得点が要求される。健康総合科学科は、理Ⅱや文Ⅲからの進学者が多くなっている。

カリキュラム

医学科の基礎医学・社会医学関係の教育は、２年次後半より開始され、３年までにほぼ終了する。その全ての科目の試験に合格しないと5年に進級する資格が得られない。臨床医学系の講義・実習は、主に4年から6年まで行われる。５年次から本格的な臨床実習が始まる。

健康総合科学科には環境生命科学・公共健康科学・看護科学の３専修があり、３Ａ１タームから希望専修の科目を履修する。

卒業後

医学科の卒業生のほとんどは医師国家試験を受け、臨床医として一般病院や大学付属病院などで研修を受ける。健康総合科学科卒業生の約半数は院進する。就職先として多いのは、医療機関や民間企業など。

理Ⅲ→医学部医学科

第3章

赤《あか》井《い》 佑生《ゆうせい》さん

	月	火	水	木	金
1	脳解剖実習		微生物学Ⅱ		免疫学
2					
3			脳解剖実習		
4					
5					

注：週ごとに時間割が異なり上記は一例

医師になる実感を磨く

小学生の頃からの憧れであった臨床医を目指して理Ⅲから医学部医学科へ進学した。３年次への進級後すぐ、新型コロナウイルス流行の影響により、多くの実習科目が先延ばしに。一部の実習科目はオンライン開講となった他、変則的に座学がＳセメスターに集中し、苦労したという。他大学の医学部とは違い、後期課程の４年間に学びが凝縮されているため「最初から負担は重い」と漏らす。遅れて始まった解剖学実習で、検体の扱い方を学び解剖手順を習得していく中で、医者になるという実感を覚え始めたという。

２～４年次の１～３月には、学生の自発的な学びを推進する「フリークオーター」という制度があり、一般病院での臨床現場の体験など、医療と接する機会を得られたり、研究室で実験をして研究の現場を体験したりと各自の興味に沿った経験を積める。赤井さんはオンラインで手術の様子を見学したという。通常のカリキュラムでは研究室配属はないものの、研究室へ通い、早くから最先端の基礎研究を体験できる「ＭＤ研究者育成プログラム」もある。学生の意欲があればサポートしてくれる体制があると話す。

医学科生同士のつながりは「主に前期教養課程で同じクラスだった友人や実習でのグループ、同じ部活に所属するメンバーがベースになっている」と赤井さん。４年次の終わりには、臨床実習の参加に合格が必須となる共用試験がある。学科での授業や試験の内容と共用試験の内容が異なる部分もあるため、学科の試験勉強と両立させつつ計画的に学習を進めている。

卒業後の進路は臨床医を志望する学生が最も多く、まずは研修医として全国の病院で経験を積む。次に研究医を目指す学生が多い。医学以外の知識を生かして、医療現場を支えるシステムを作り起業した卒業生もいるという。自身は、臨床に携わり、経験を積みながら多くのことを学び、長いスパンで目指す医師像を設計し体現していくつもりだ。４年次の１年間に取り組む、共用試験に向けた学習の中で各分野の知見が一通り得られるため、その後に具体的に決められたら良いと考えている。「決め打たず、まずはやってみて、学びつつ見極めていきたいです」

工学部

教育理念

　自然、人間、社会の諸法則の真理を追求するのみならず、その真理を発展させて人間の生産的実践に役立てる。原子レベルでの物質理解から組み立てて構造化する技術まで、情報の意味を問うことから効果的な伝達・処理技術まで、そしてこれら全ての技術が及ぼす社会的影響の評価に至るまで、守備範囲と手法は幅広い。

学部構成

　社会基盤学科、建築学科、都市工学科、機械工学科、機械情報工学科、航空宇宙工学科、精密工学科、電子情報工学科、電気電子工学科、物理工学科、計数工学科、マテリアル工学科、応用化学科、化学システム工学科、化学生命工学科、システム創成学科の計16学科から成る。

進学

　進学者の多くは理Ⅰ出身だが、理Ⅱ・Ⅲの指定科類枠や全科類枠もある。

カリキュラム

　午前中に講義、午後は実験・演習・製図・見学などのある学科が多い。4年次後半は卒論の研究に大幅な時間を割く。休暇中には泊まり掛けの演習などもある。

　多様な創造性の育成を目指し、専門性を深化させる講義だけでなく、自ら取り組む設計演習、課題解決型プロジェクト演習、見学、インターンシップなどに力を入れる。学生の国際化のために、学術論文を英語で書く授業や、英語で学術発表を行う練習となる授業も開講されている。

卒業後

　大学院進学者が約8割。主に工学系研究科、情報理工学系研究科、新領域創成科学研究科などに進学する。学部卒の就職先は製造業、情報・通信業が多い。

理Ⅰ→工学部計数工学科 数理情報工学コース

助田《すけだ》 一晟《いっせい》さん

	月	火	水	木	金
1			代数数理工学	解析数理工学	信号処理論第一
2	経済工学I	量子力学第二	数学2D（物工・計数）	制御論第一	確率数理工学
3	数理情報工学演習第一A	認識行動システム論第一	数理情報工学演習第一A	計数工学実験	
4		計数工学プログラミング演習			数学2D（物工・計数）
5			数理手法Ⅳ		
6			アントレプレナーシップI		

集中　GEfIL実践研究PHASE1

普遍的な原理・方法論に迫る

高校時代から理数系に関心を持ち理Ⅰに進学した助田さん。前期教養課程では国際系の授業にも関心を寄せ、TLPにも参加した。進学選択の時期になり他学科への進学も迷ったが、ガイダンスで聞いた「普遍（不変・不偏）性を学ぶ」という言葉に引かれて進学を決心した。近年水準が高まる計数工学科への進学に必要な点数を取るために、授業には休まず出席。失敗のリスクがある試験よりも比較的高得点が望めるレポートには丁寧に取り組んだ。外国語で失敗しなかったこともポイントだったと語る。

特定分野に依存しない、情報の概念や技術をベースとした「普遍的な原理・方法論」の構築というのが計数工学科の目指すところだ。「流行のAIや機械学習、データサイエンスなどに使われる数学を学べる学科です。数学や物理が好きな人はどの授業も興味が湧くと思います」

カリキュラムには、数学の諸概念の厳密な定義や議論に重きが置かれる理学部数学科とは異なり、さまざまな定理の証明を高速で扱う科目や、定理や数式が活躍する周辺分野を扱う科目が多い。物理工学科と共に物理を学ぶのも特徴だ。

数学の問題を解いて発表する授業では、レベルの高い同期から刺激を受けたと助田さんは振り返る。工夫を凝らして教員に勝るとも劣らない解説をする学生や、問題に関連した話題まで解説する学生もいたという。実験の授業ではオープンソースを使い、画像認識や音声認識をするシステムを構築している。「私の所属する数理情報工学コースの実験は、普段座学が大半を占める分、手を動かしてプログラミングやものづくりをすることを重視する授業です」

学科には学問に意欲的な学生が多く、授業外に数人で自主ゼミを開いて専門書を輪読している同期も多いという。助田さんも課外活動として、計数工学科で教壇に立った甘利俊一名誉教授の著書を通読するゼミに参加した。「前期教養課程のときよりも学問に向き合いやすい雰囲気ですね」

計数工学科の大多数の学生は大学院に進む。修士課程修了後は、一部の学生は博士課程に進むが、学んだことを生かして、データやシステム、IT関連あるいは金融関連の仕事に就く人が多い。

馬場《ばば》 一郎《いちろう》さん

理Ⅰ→工学部航空宇宙工学科

	月	火	水	木	金
1	航空宇宙 自動制御第一	航空宇宙 情報システム学第二	ヒューマン・ インタフェース	空気力学第二A	基礎振動論
2	ジェットエンジン	航空機力学第二	数学2B		弾性力学第一
3	航空宇宙材料			航空宇宙推進学第二	航空宇宙学 基礎設計
4	航空機構造力学 第一		数学2B/航空宇宙学 製図第二	航空宇宙学製図第二	
5					航空宇宙学 製図第二
6				航空宇宙学倫理	メディアコンテンツ 特別講義Ⅰ

工学・機械を幅広く学ぶ

小さい頃から飛行機が好きで、航空技術を学べる東大を受験した。理Ⅰに入学後、都市工学や建築にも興味を持ったが、最終的には当初の目標だった航空宇宙工学科を目指すことにした。

航空宇宙工学科は進学選択の際に比較的高い成績が要求されるが、馬場さんは1年生の時必修科目「力学A」の単位を落とすなど怠けがちだったという。1年終了時に成績を見返して「このままではまずい」とやる気に火が付いた。2Sセメスターで多くの授業を履修することで全体の成績を上げ、進学選択の第二段階で無事内定を得た。

進学後は航空宇宙工学に関する基礎科目を一通り学んだ後、3Aセメスターからは航空・宇宙機について学ぶ航空宇宙システムコースと、エンジンなどの推進機関について学ぶ航空宇宙推進コースに分かれる。馬場さんは3Sセメスターに受講したジェットエンジンの授業に興味を持ち、推進コースを選択した。コース選択後は、各々の専門に特化したカリキュラムとなる。

授業では「先生が民間企業や政府の大規模プロジェクトに参加していることも多く、国内でどのような研究開発が行われているのか、詳細に聞くことができて面白いです」。一方で、実際にものを作る機会が予想より少なかったことが残念だと話す。「講義が中心で、演習の授業でも図面を描く程度でした」

より実践的な経験を積むために、馬場さんは3Aセメスターで工学部主催の「飛行ロボットプロジェクト」に参加。全長1メートルの飛行ロボットをチームで設計・制作し、飛行実験を行った。他にも、研究室が抱える航空機プロジェクトの実験機体の製作を手伝ったり、3年生を交えて無人航空機を設計・制作・飛行させるプロジェクトのリーダーを務めたりと、主体的に行動している。

4年次の春ごろから卒業論文に取り組み始め、卒業論文が終わる12月初めから航空機・宇宙機やエンジンについての卒業設計を行う。大学院に進学する人が9割を占め、馬場さんもその予定だ。「工学系や機械系の基礎知識を一通り学習するので、航空宇宙以外の分野に進学する人もいます」。大学院修了後の就職先は重工系から航空宇宙と関係ない業界まで多彩だ。

大学院
生活紹介

東大には

全15分野の研究科が設置されている。

大学院に通う学生は

どのような研究生活を送っているのかのぞいてみよう。

１週間のスケジュール例

	月	火	水	木	金	土	日
9:00〜10:00	授業準備	授業準備	仕事（語学学校講師）	授業準備	授業準備	勉強・研究	勉強・研究
10:00〜11:00	授業	授業		授業	授業		
11:00〜12:00							
12:00〜13:00							
13:00〜14:00	授業	ゼミ	予習・資料作成・研究	予習・資料作成・研究	授業	アルバイト（家庭教師）	習い事（バレエ）
14:00〜15:00							
15:00〜16:00		復習・研究					
16:00〜17:00							
17:00〜18:00					復習	予習	
18:00〜19:00							
19:00〜20:00		習い事（バレエ）		習い事（バレエ）			
20:00〜21:00	復習		復習・予習				
21:00〜22:00							

支援の研究と実践を学ぶ——教育学研究科臨床心理学コース

東《あずま》 菜摘子《なつこ》さん（修士1年）

教育学部総合教育科学科心身発達科学専修教育心理学コースへの進学後、特に臨床心理学に関心があり、大学院進学を検討していました。２年の終わりから１年間休学して行ったバレエ留学で、メンタルヘルスの重要性を感じ、意思が固まりました。

院試に向け、先輩から聞いたおすすめの書籍や過去問を利用して対策しました。院試は全面オンラインで実施されたので、回線への不安が大きかったです。実際、パソコンを有線でつないで万全を期して挑んだものの、面接で回線が落ちてしまったんですよね……。

心理支援の研究と実践を学ぶため、座学も実習もあります。少人数なので座学といっても発表やロールプレイが中心です。６月からは教育学研究科附属の心理教育相談室で、教員の指導の下、相談援助活動に当たる予定です。

現在は卒論の内容を発展させようと研究を計画しています。子どもの頃の逆境的な経験が、その後のメンタルヘルスやストレスから回復する力へ及ぼす影響に関心があり、まずはインタビュー調査を実施して、量的研究の方向性を精緻化したいです。

臨床心理学コース修了後は公認心理師試験の受験資格を得られるので、合格を目指しています。心理支援職や博士課程進学のみならず、民間企業への就職を含め、広く検討しているところです。

教育学研究科とは

総合教育科学専攻と学校教育高度化専攻からなる。教育に関する専門的・実践的な能力を持つ人材を育成する。

1週間のスケジュール例

	月	火	水	木	金	土	日
9:00〜10:00	日本銀行	リサーチアシスタント（RA）	輪読ゼミ（マクロ経済学）	日本銀行			
10:00〜11:00						留学準備	留学準備
11:00〜12:00							
12:00〜13:00			研究				
13:00〜14:00		ティーチングアシスタント（TA）					
14:00〜15:00						研究	研究
15:00〜16:00		ゼミ（機械学習）	指導教員とのミーティング		研究		
16:00〜17:00							
17:00〜18:00		研究	研究				
18:00〜19:00							
19:00〜20:00							
20:00〜21:00							
21:00〜22:00							

数値計算手法を学ぶ

週2日勤務して共同研究に参加

コースワークで基礎固め

——経済学研究科経済学コース

久保田《くぼた》 紘行《ひろゆき》さん（博士1年）

父が理系で修士号を持っていたこともあり、高校生の頃から一つの選択肢として院進を考えていました。また就活をする場合、後期課程に進学しても経済学を専攻できる期間が短く、もったいないと感じました。経済学部の講義やゼミが面白かったことや、自分は就活・就職に向いてないと感じたこともあり、院進を決めました。

院試対策は、2Aセメスターで学ぶミクロ・マクロ経済学の内容の復習が主でした。院試を受ける同期と一緒に過去問を解いて、分からないところを教え合っていました。ただ、昨年に実施された院試は新型コロナウイルス流行の影響で試験内容に変更があったので、今年の入試情報を確認するようにしてください。

修士1年目では、コースワークと呼ばれる必修科目で研究へ進む上での基礎知識を学びます。特に博士課程に進んだり海外の大学院に進んだりする場合はコースワークの成績が重要なので、かなりの時間と労力を割きました。

現在は、金融政策が労働市場に与える影響について研究しています。さらに東大や日本銀行の研究者と共同のプロジェクトに参加したり、コースワークのTAをしたりしています。来年からはアメリカの大学院への進学を考えているため、現在はその出願の準備もしている段階です。

経済学研究科とは

経済専攻とマネジメント専攻からなる。経済学の幅広い知識を持つ研究者やビジネスエリートを育成する。

1週間のスケジュール例

<table>
<tr><th></th><th>月</th><th>火</th><th>水</th><th>木</th><th>金</th><th>土</th><th>日</th></tr>
<tr><td>9:00〜10:00</td><td colspan="5">登校/食事</td><td rowspan="4">睡眠</td><td rowspan="4">睡眠</td></tr>
<tr><td>10:00〜11:00</td><td rowspan="2">ゼミ</td><td rowspan="2">研究</td><td rowspan="2">講義</td><td rowspan="2">ゼミ</td><td rowspan="2">研究</td></tr>
<tr><td>11:00〜12:00</td></tr>
<tr><td>12:00〜13:00</td><td colspan="5">食事</td></tr>
<tr><td>13:00〜14:00</td><td rowspan="6">研究</td><td rowspan="2">講義</td><td rowspan="6">研究</td><td rowspan="6">研究</td><td rowspan="2">研究</td><td></td><td></td></tr>
<tr><td>14:00〜15:00</td><td rowspan="5">研究/勉強</td><td rowspan="3">勉強</td></tr>
<tr><td>15:00〜16:00</td><td rowspan="4">研究</td><td rowspan="2">講義</td></tr>
<tr><td>16:00〜17:00</td></tr>
<tr><td>17:00〜18:00</td><td rowspan="2">研究</td><td></td></tr>
<tr><td>18:00〜19:00</td><td></td></tr>
<tr><td>19:00〜20:00</td><td colspan="5">帰宅/食事</td><td></td><td></td></tr>
<tr><td>20:00〜21:00</td><td rowspan="2">勉強</td><td rowspan="2">勉強</td><td rowspan="2">勉強</td><td rowspan="2">勉強</td><td rowspan="2">勉強</td><td rowspan="2">勉強</td><td rowspan="2">勉強</td></tr>
<tr><td>21:00〜22:00</td></tr>
</table>

興味の赴くまま研究に没頭――総合文化研究科広域システム科学系

Aさん（修士1年）

図書館で手に取った本で、それまで主観しか捉えられないと思っていた意識が、神経科学で説明されているのを読んで脳神経科学に興味を持ちました。教養学部統合自然科学科で認知神経科学とその実験的な研究手法を学ぶ中で、脳神経科学の科学的発展には数理的基礎付けが必要だと感じました。そんな中「脳科学若手の会」の合宿で情報理論的アプローチを通じて意識の研究を行う現在の研究室を知り、研究に参加したいと思いました。

学部時代からセミナーや輪読ゼミに積極的に参加し、現在の研究室とも交流がありました。院試は新型コロナウイルス流行の影響で筆記試験が口頭試問に変わるなど異例の形式でしたが、特に不安はなく、例年通りの対策をしました。

現在は週に5、6日研究室に通い、先行論文の調査や研究室のメンバーとの議論を行うほか、研究内容に直結した内容の講義を週3こま受講し、輪読にも参加しています。帰宅後も論文を読んで勉強し、研究しているか寝ているかの生活を送っています。

学部時代と研究手法を変えたので慣れるのは大変ですが、ようやく自分の信念に合致した研究ができている感覚があり、大学院生活はとても楽しいです。将来は研究者となり、物理的手法を用いて意識について何かを解明したいです。

総合文化研究科とは

言語情報科学専攻、超域文化科学専攻、地域文化研究専攻、国際社会科学専攻、広域科学専攻からなる。領域横断的な研究を目指す。

1週間のスケジュール例

<table>
<tr><th></th><th>月</th><th>火</th><th>水</th><th>木</th><th>金</th><th>土</th><th>日</th></tr>
<tr><td>9:00〜10:00</td><td colspan="4">移動、研究室朝ミーティング</td><td rowspan="3">研究室恒例ミーティング</td><td rowspan="3">勉強</td><td rowspan="3">勉強</td></tr>
<tr><td>10:00〜11:00</td><td></td><td rowspan="2">授業</td><td rowspan="2">授業</td><td rowspan="2">授業</td></tr>
<tr><td>11:00〜12:00</td><td></td></tr>
<tr><td>12:00〜13:00</td><td colspan="5"></td><td></td><td></td></tr>
<tr><td>13:00〜14:00</td><td rowspan="4">研究</td><td rowspan="6">研究</td><td rowspan="6">研究</td><td rowspan="6">研究</td><td rowspan="6">研究</td><td rowspan="9">勉強</td><td rowspan="5">家事・社交</td></tr>
<tr><td>14:00〜15:00</td></tr>
<tr><td>15:00〜16:00</td></tr>
<tr><td>16:00〜17:00</td></tr>
<tr><td>17:00〜18:00</td><td rowspan="2">専攻輪講</td></tr>
<tr><td>18:00〜19:00</td><td rowspan="4">リフレッシュ</td></tr>
<tr><td>19:00〜20:00</td><td rowspan="3">勉強</td><td rowspan="3">勉強</td><td rowspan="3">勉強</td><td rowspan="2">授業</td><td rowspan="3">勉強</td></tr>
<tr><td>20:00〜21:00</td></tr>
<tr><td>21:00〜22:00</td><td>勉強</td></tr>
</table>

実験の進行具合によっては研究室で解析・整理・資料作成

「研究生」制度を活用——新領域創成科学研究科物質系専攻

郭《かく》　紫《し》荊《けい》さん（修士1年）

学部生の頃は北京理工大学で光学や電気工学を学びました。中国では修士号までは取らないと就職できないイメージが大学生の間にあり、日本文化にも興味があったので東大の大学院に進学することにしました。修士入学までの間、学位論文などは課されずに研究指導をしてもらえる身分である「研究生」として受け入れてもらえないかいくつかの研究室にメールを送り、最終的に現在所属している光物性の研究室に受け入れてもらいました。

研究生の間は実験を進めつつ先輩に院試科目の指導を受けました。緊急事態宣言発出後は実験ができなくなりましたが、その間は家で院試の勉強をしていました。院試の情報が出るまで不安でしたが、実際は例年より科目が減り、簡単に感じました。

学部生の頃と違いを感じるのは研究室の人間関係です。中国では人と人の距離が近く、同期が互いにコミュニケーションを取りながら研究していましたが、東大では「自分の研究は自分の研究」と自分を主導的なポジションに置いて実験を進めています。

博士課程までは進む前提で、ＭＥＲＩＴ－ＷＩＮＧＳという経済的支援や異分野の副指導教員による指導などを受けられるプログラムにも参加しています。他のコース生との交流や共同研究を行うプログラムですが、活動制限下で何を続けられるかはまだ模索中のようです。

新領域創成科学研究科とは

基盤科学研究系、生命科学研究系、環境学研究系の三つの研究系があり、さらに12の専攻・大学院プログラムに分かれる。新しい学問領域の創出を目指す。

研究にバイトに気象づくし——理学系研究科地球惑星科学専攻

笠見《かさみ》 京平《きょうへい》さん（修士1年）

1週間のスケジュール例

	月	火	水	木	金	土	日
9:00〜10:00					授業		
10:00〜11:00	研究・勉強	授業	セミナー	研究・勉強			
11:00〜12:00							
12:00〜13:00							
13:00〜14:00	研究・勉強	セミナー	論文講読 セミナー 予習	研究・勉強	授業課題	研究・勉強	
14:00〜15:00							
15:00〜16:00	授業	研究・勉強	論文講読 セミナー	セミナー	アルバイト（テレワーク）		研究・勉強
16:00〜17:00						アルバイト（テレワーク）	
17:00〜18:00	勉強会						
18:00〜19:00							
19:00〜20:00							
20:00〜21:00		研究・勉強		研究・勉強	研究・勉強		
21:00〜22:00							

柏の気候系全体のもの（水・セミナー）
シミュレーションのモデルについて（火・セミナー）
所属分野のもの（木・セミナー）
空き時間でも進める（土・アルバイト）

中学生の頃から気象現象に関心があり、高1の時には気象予報士の資格を取得しました。当時からの志望通り、院進して気象の研究をしています。院試の専門科目では、研究室の指定で物理と数学で受験したため、学部後期課程の勉強より、力学や熱力学、線形代数や微積分など前期教養課程の基礎科目の復習に注力しました。

大学院生活の中心は、先行研究の勉強と研究です。研究では、実際の実験よりもシミュレーションを利用するため、自宅からリモートが多いです。研究室のコアタイムもないため、非常に自主性が求められます。ただ、平日は毎日セミナーや授業があり、その点は学部4年の時よりせわしないです。他の研究室とも勉強会をしています。

現在は主に、学会発表に向けて台風の発達に関する卒論の研究を発展させています。なかなか成果が出なかったり、プログラムのミス探しなど地味な作業が多かったりと苦労はありますが、研究を通して知らなかったことが分かるのはうれしいです。アルバイト先も気象予報会社で、時間を見つけて気象予報に関連するシステムの開発に携わっています。

迷いもありますが、修士修了後は就職に傾いています。楽しんで働ける仕事に就きたいと考え、いろいろな業種を考えなければと思いますが、気象に関われる職を目指しています。

理学系研究科とは

地球惑星科学専攻、天文学専攻、物理学専攻、化学専攻、生物科学専攻からなる。さまざまな自然現象の解明を目指す。

高専からの
東大編入

高等専門学校（高専）を卒業して

東大に編入学する学生が

一定数いることを知っているだろうか。

例年東大編入学者を輩出する

明石工業高専の進路担当者や、

高専卒業後東大に編入学した東大生に話を聞き、

高専と編入学の実態に迫った。

高等専門学校とは

実践力を効率的に身に付ける

高専は高等教育機関に分類され、高専生は中学卒業後の5年間で専門的な教育を受ける。明石高専進路指導委員会の穐本浩美委員長は「高専は、上の学校へ進学するための準備をする学校ではなく、卒業後に社会に出ることを想定した教育、すなわち完成教育を行う学校です」と語る。

高専では、5年の本科を卒業すると準学士の学位が与えられ、専攻科（本科卒業後、さらに2年間のより高度な技術教育を行う）修了で学部卒に相当する学士の学位が与えられる（図1）。しかし専門知識と技術力においては、

（図1）高専の学校制度上の位置付け

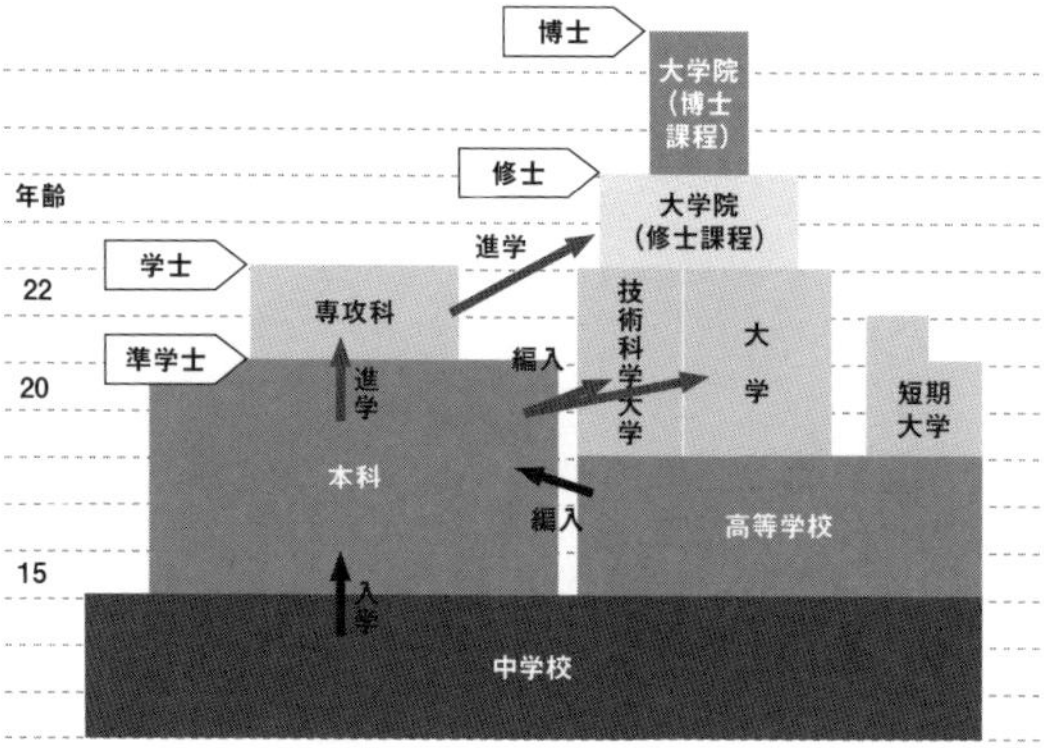

（文部科学省ウェブサイトの図を基に東京大学新聞社が作成）

（図2）くさび形教育により効率的に学習する

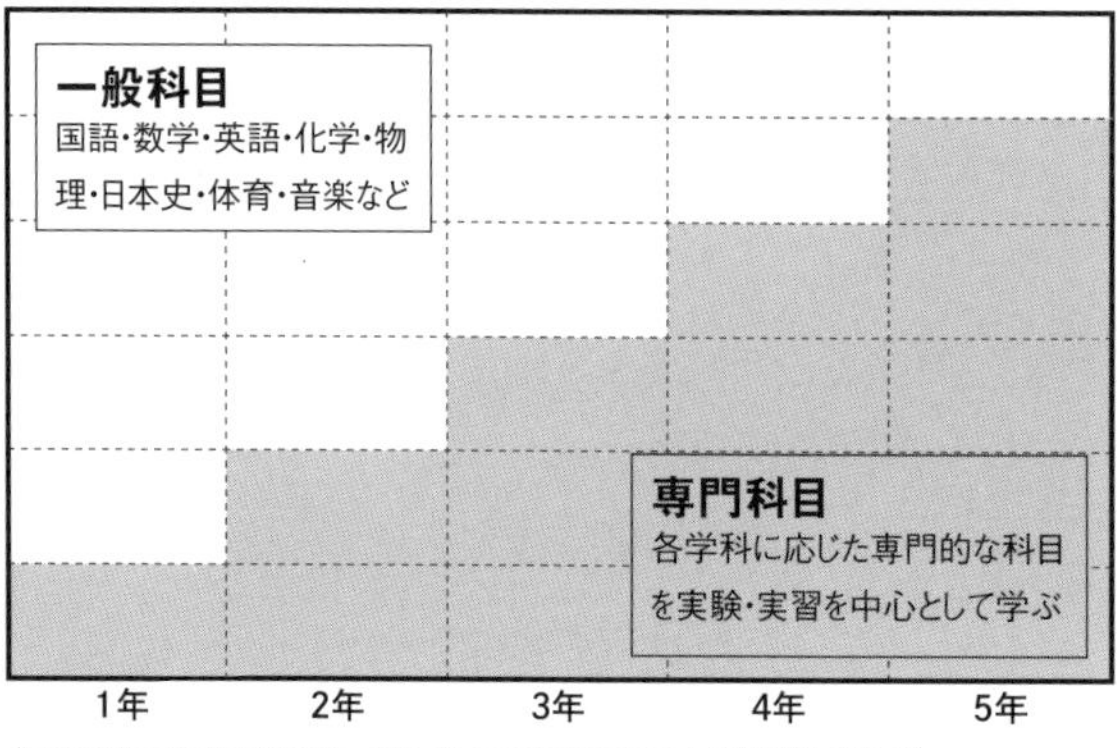

（国立高等専門学校機構ウェブサイトの図を基に東京大学新聞社が作成）

高専の本科卒でも学部卒相当あるいはそれ以上となるように、教育方法が工夫されている。高専のカリキュラムは「くさび形」と呼ばれ、1年生では一般科目の授業が多く、学年が上がるにつれて専門科目の比率が大きくなっていく（図2）。「一般科目と専門科目が並行して進んでいくことによって、効率的に学習することが可能になります」

(図3)法令により定められた卒業に必要な最低限の単位数

	一般科目	専門科目
高校	74	-
大学（医学科など除く）	38	86
高専（本科）	81	86

（一般科目、専門科目の単位数は一例）

実際、高専の本科で学ぶ5年間で取得する専門科目の単位数は大学の学部に相当する（図3）。一方、5年間で学部相当の専門教育を行う代わりに、国語や社会などの一般科目を「犠牲にしている」面もあるという。

また、高専の教育の特徴として早期専門教育が挙げられる。「早くから専門教育を施すことは入学時から専門的学習への意欲が高い学生の実力をさらに伸ばすとともに、頭が柔らかいうちにエンジニアとしてのセンスを養う狙いがあります」。さらに、高専では実験や実習の授業に多くの時間を取っていることも特徴的だという。「教室で学んだ理論や現象について理解を深め、実践力を身に付けていきます」

高専本科を卒業後、身に付けた技術や知識を生かし各学科の特性に応じた産業分野に就職する学生もいれば、学部3年次（東大・京大では2年次）に編入学する学生もいる（全国の高専本科卒業生の進学率が約40％で、明石高専は進学率が60〜70％）。東大では、現在は工学部のみが高専出身の編入学生を若干名受け入れており、毎年15人前後の学生が編入学する。

「普通高校の出身者と比較したとき、高専生の強みは実験・実習によって体験的に学んでいる点だと思います」。高専生は、頭で考えるだけでなく、実際に手を動かそうとする行動力・実践力を社会やアカデミアなどそれぞれの道で生かしている。

編入学者の声
手動かす経験強みに

深山和浩さん
（機械情報工学科・3年）

寮があることや、興味を持っていたロボットについて学べることから高専に進学した。高専では電子制御工学科に所属し工学について広範に学んだという。

高専入学当初は卒業後就職するものと考えていたが、教員からの紹介で大学への編入学という選択肢があることを知った。実際に編入学を意識し始めたのは4年生の時。編入学を目指す友人の影響で、自身も編入学を決意したという。

編入学に当たってさまざまな国公立大学を検討した。中でも一番良い教育を受けられそうであることと、2年次から編入学でき、より大学生活を楽しめると思ったことから東大を第1志望として目指すことに。編入学試験のために、過去問や問題集をひたすら解き、勉強時間は1日10時間にも及んだという。

東大に入学後、2Sセメスターは駒場キャンパスで前期教養課程の学生に交じり授業を受けた。「高専ではあまり学べなかった世界史など文系の授業も取れて、刺激的でした」

2Aセメスターからは機械情報工学科でロボットについて学んでいる。授業の進度が速く大変である一方、レベルの高い教員や友人たちに恵まれ、充実したプログラムにも参加できて、東大に来て良かったと話す。

高専で実践的な授業を受けたことによって得たものづくりの感覚は、東大編入学後も役立っているという。「実際に手を動かして学んだ経験を積んでいることは、論理を学ぶ際にもそれが実世界でどのような働きをしているのか理解するのに役立ち、高専生の強みだと思います」

Mさん（精密工学科・3年）

富山で生まれ育ち、地元の高専に進学した。中学生の頃は数学と物理が得意で、英語と国語が苦手だったため、自分の長所が生かせると思い選んだ進路だった。機械工学科を選んだが、もともと機械に特別興味があったわけではなく、高専で学ぶ中で機械工学の楽しさに気付いたという。

入学当初は将来の進路を意識していたわけではなかった。卒業生の6割が就職するような母校だったが「このまま社会に出るには力不足だ」と感じ、3年生の終わりに大学に編入学することを決意した。

高専では機械工学を学んだが、電気工学など関連する分野の知識も身に付けたいと思い、工学の広い範囲を学べる東大精密工学科を第1志望に据えた。入試の試験科目は英語・数学・理科の3科目。特に英語は、高専の授業だけでは足りないため集中的に勉強したという。「塾や模試もない中自分で勉強するしかなく、勉強方法に不安を覚えることも多かった分、合格を知った時は感無量でした」

現在は機械工学を中心に、機械を動かすために必要な知識を広く学んでいるという。「高専で得た知識を土台にして、さらに高度な内容を学んでいます」。東大生には頭の回転が速い人が多く、刺激を受けて過ごしていると語る。

将来はメカトロニクスを中心に研究を深めたいというMさん。機械の面白さを知ることができたと、高専を振り返る。「高専には問題を的確に捉えてすぐに解決できるような、工学的センスに長けた人が多いです。悩むよりも手を動かして行動できる人たちです」

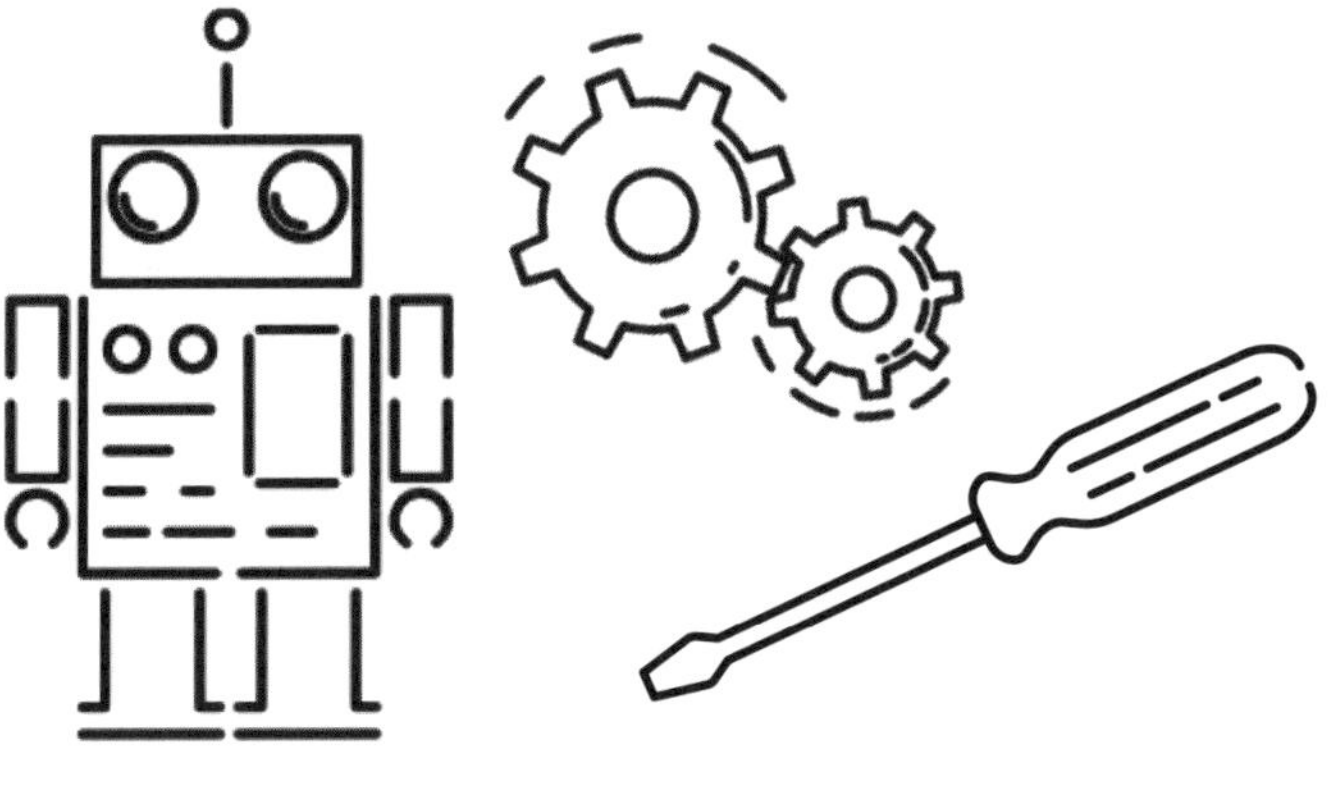

COLUMN

コロナと東大の留学・国際交流プログラム

**東大にはさまざまな留学海外プログラムがある。
しかし、新型コロナウイルスの流行の中、中止されたり、
オンライン開催となったりしている。
実際の参加者である筆者が、生の声をお伝えする。**

さまざまな国際交流プログラムに参加するぞ、と意気込んで東大に入学した筆者。TLP（トライリンガル・プログラム）やGLP（グローバルリーダーシップ・プログラム）には高校時代から憧れがあり、交換留学にも参加したいと考えていた。そのため、TLPの参加資格があると知った時はとてもうれしかった。

しかし、修了はしたものの、TLPの集大成とも言える海外研修には実際現地に赴いて参加することはできずに終わってしまった。10月ごろから参加が決まっていた1年次3月の台湾研修は、新型コロナウイルスに見舞われ直前に中止。2年次の南京サマースクールは、最初からオンライン開催が決まっていた。8月に3週間、毎朝9時からみっちり中国語を勉強し、それだけの中国語力はついたと思う。しかしパソコンを閉じたら、そこには普段と変わらない日本の日常がある。実際に現地に赴いて五感で味わう生の文化は、オンラインでは決して体感できない。自分を納得させようとしても、夏真っ盛りに家にこもって何をやっているんだろうという感覚は否めなかった。

ちょうど南京研修が終わったころ、GLPへの応募締め切りが迫っていた。「どうせコロナで海外には行けないしな」と迷ったが、せっかくなので応募。結果GLP生にはなれたが、土曜日の朝から晩まで毎週のようにオンライン開催されるワークショップや講義は予想外の負担だった。当初の目当てだったサマープログラムは、やはりオンラインになったものの、チームメートとの半年にわたるプロジェクト立案は良い経験にはなった。

交換留学も3年次の秋からオーストラリアに行くことが一旦決定したが、中止が発表された。想定内だったが、全くショックではないと言えば嘘になる。就活を考えると東大在学中の留学は難しいので、留学させてくれる就職先を検討している。

入学前に目標としていた各種プログラムには参加できたものの、思い描いていたものとは大きく異なる内容となった。とはいえ、国際交流とは単に国外に行ったり、国外の人とつながったりするだけではない。残りの大学生活は東大内や日本国内での「内なる国際化」にも目を向けていきたい。

東大で実施されている留学・国際交流プログラム（一部） ※実施される内容は下記と異なる場合があります

留学・国際交流プログラム名	期間	特色
全学交換留学	長期	東大全体で実施。留学先の授業料を払う必要がない
全学短期派遣プログラム	短期	サマー・ウィンタープログラムなど。協定校・大学連合・国内外の機関などが主催するプログラムも
東京大学グローバルリーダー育成プログラム（GLP-GEfIL）	短期	学部2年生（PEAK生は1年生）を対象に選抜。2回の留学機会が与えられる
国際研修・後期国際研修	短期	教養学部が実施。TLP海外研修など
体験活動プログラム	短期	海外企業や研究室の訪問、ボランティア活動など
東大生海外体験プロジェクト（海外企業体験活動）	短期	卒業生の寄付金で経済的に支援。企業の海外オフィスでの業務体験
各学部・研究科によるプログラム	短期・長期	学部・研究科によって多種多様なプログラムを展開

東京大学海外留学情報のウェブサイトを基に東京大学新聞社が作成

「良い人」なだけでは取材はできない

©萩庭桂太

ドキュメンタリー・ディレクター **信友直子《のぶともなおこ》**さん

84年東大文学部卒。コピーライターを経て86年から映像制作に携わる。「ザ・ノンフィクション　おっぱいと東京タワー〜私の乳がん日記」でニューヨークフェスティバル銀賞・ギャラクシー賞奨励賞を受賞、『ぼけますから、よろしくお願いします。』で文化庁映画賞「文化記録映画部門」大賞を受賞など、さまざまな功績を挙げる。

認知症を患った母と、その母を支える父の奮闘の日々を撮った映画『ぼけますから、よろしくお願いします。』など、数々のドキュメンタリー作品を手掛ける信友直子さん。東大文学部を卒業後、コピーライターとして働くも「グリコ・森永事件」の被害に遭い、45歳で乳がんも患った。その波瀾《はらん》万丈な過去と、映像制作への熱い思いに迫る。

父の無念を晴らしに東大へ

──東大を受験された理由は何ですか

私は、広島県の中でも田舎の呉市出身です。大学受験をしたのは今から40年以上前で、当時は地元の女子学生が東京の大学に進学することは非常にまれでした。

それでも私が東大進学を選んだのは、父の影響が大きかったです。大正生まれの父は、旧制第三高等学校（京都大学総合人間学部の前身）で英語学を学びたかったようです。しかし戦争が始まって陸軍に召集されたため進学を断念。ましてや英語が敵性語とされた時代で好きな勉強ができませんでした。その無念もあり父は「好きなことをやりなさい」という教育方針の下で自由に勉強する環境を作ってくれました。小さい頃から進学できなかった無念を聞かされ、一高や三高などいろいろな旧制高等学校の寮歌まで聴かされていたので、今考えると洗脳に近かった気もします（笑）。

大学生時代に撮った信友さん親子の2ショット
（写真は信友さん提供）

──東大に入学してみてどうでしたか

当時、演出家の野田秀樹さんが駒場に在学中で、駒場小劇場（かつて駒場キャンパス内に存在した学生運営の劇場）を使って劇団「夢の遊眠社」の演劇を公演していました。入学後すぐにそれを見た私は衝撃を受け、劇団に入るため見学がてら相談しに行ったら「うちは毎日夜10時まで稽古です」と言われまして。下宿先の門限が夜9時だったので、泣く泣く諦めました。

しかし演劇に対する情熱は捨てきれず、ＥＳＳ（英語サークル）に入り英語劇を始めました。さまざまな大学の学生が集まって英語劇をする「モデルプロダクション」という団体にも参加し、一緒に公演をしました。いろいろな大学の稽古場を転々とする中で多くの人と知り合えて楽しかったです。いまだにつながりがある人もいますし。

——在学中はどのような進路を考えていましたか

複数の職業に興味がありました。その中の1つは、ESSでの活動からも分かる通り、演劇です。文学部で英米文学、特に英米の現代演劇に夢中になり、卒論はピーター・シェーファーの『アマデウス』について書きました。私がここまで演劇に興味を持ったのは、1年生の時のクラス担任だった小田島雄志先生（現東大名誉教授）の影響が大きかったように思います。小田島先生はシェイクスピアの全戯曲を翻訳された方で、私は先生からたくさんの演劇作品を教えてもらいました。先生の影響もあり、私のクラスには演劇の道に進んだ人が多いです。

また「人に何かを伝える仕事がしたい」という演劇への情熱と共通の動機から、映画やテレビドラマ、新聞などにも興味がありました。東京に来てからは映画館に足しげく通い、年間200本ほど映画を見ていたと思います。ドラマは特に向田邦子さんの作品が好きで、いつか向田さんと一緒にお仕事するのを夢見ていたのですが、私が大学生の頃に亡くなってしまってとてもショックでした。

東大の新聞研究所（マスコミ研究のための東大の附置研究所。現在の大学院情報学環・学際情報学府の前身）にも入りましたね。新聞研究所に所属する学生専用の学生証があって、それを持っていることが誇らしかったのを覚えています。

——卒業後、実際に進んだ道は演劇でもマスコミでもありませんでした

私が卒業したのは1984年です。当時は男女雇用機会均等法が成立する前で、まだ女性の就職状況は厳しい時代でした。男性社員だけしか募集していない会社も多く、女性を募集していたとしても、いわゆる「お茶くみ・コピー取り」用員の短大卒の学生しか募集していないことが多かったんです。マスコミで唯一受けられたのがNHK

演劇に没頭した大学生活

厳しい女性の就活経てコピーライターに

と日本テレビだったのですが、試験日が重なってしまっていて。今でも忘れません、11月２日でした。結局ＮＨＫを受けて落ちたのですが、女性は４０００人に１人ほどしか採用していなかったので、ほとんど記念受験のようなものでした。そのような時代から、たくさんの女性の努力の上に今の社会があると考えると、感慨深いものがありますね。

　そうしてマスコミで働く道は途絶えたのですが、やはり何らかの形で自己表現がしたいと思っていました。今ならインターネットなどで手軽に自己表現をする場がたくさんあると思いますが、私が学生だった頃は、写真を撮るか手書きで文章を書くかくらいしかありませんでした。ただ、カメラを買ったり写真を現像したりするにはお金が必要で、なかなか手が出せませんでした。文章を書くのは好きだったので、それを仕事にできないかと考えていた４年次の頃、コピーライターという仕事が脚光を浴びたんです。コピーライターの糸井重里さんが西武百貨店の「おいしい生活」というキャチコピーひとつで５００万円をもらった、という都市伝説じみた情報を耳にして「夢がある仕事だなあ」と思いました。その後、コピーライターを募集している企業を探し、最終的に森永製菓に入りました。

――森永製菓に入社してみてどうでしたか

　入社後、新人研修を経て、コピーライター養成講座（株式会社宣伝会議が提供する学習講座）を受講しました。そこで半年間勉強して、やっとコピーライターとしてデビューする直前に「グリコ・森永事件」（江崎グリコ社長誘拐に始まった、１９８４～85年に「かい人21面相」と名乗る犯人グループが複数の食品会社を脅迫した事件）が起きたんです。犯人グループから森永製菓のお菓子に毒を盛ると脅されたため、店頭から森永製菓の商品は撤去され、工場は生産をストップするという大惨事になりました。

　そうなると宣伝する商品がないので、広告部の私は仕事が全くない状態

「グリコ・森永事件」乗り越え転職

になりました。平日は会社には行きましたが、ただ座って雑誌を読むくらいしかすることがありませんでしたね。その後、お菓子の安全性を証明するために、工場から直送されたお菓子を街頭で売り始めました。するとマスコミのおじさんたちが大勢寄って来て、被害者である私たちを質問攻めにしてきたんです。まだ報道倫理が確立していない時代ですし、特に私は若い東大卒の女性社員ということもあり珍しがられ、マスコミに狙われることが多くて。次第にマスコミ恐怖症になっていきました。将来の不安とマスコミに追いかけられる二次被害で、散々な社会人1年目でした。

　そんな中、ある女性新聞記者の方と知り合いました。その方は他の記者とは違い、私に対して被害者としてではなく一人の女性として接して話を聞いてくれたんです。私も心を許して、自分の思いや過去の話をしました。すると、事件が起こってから初めて涙が出てきて。それまで、両親には心配を掛けられないと思って「私は大丈夫」と伝えていたし、友達にも強がって相談したり悩みを打ち明けたりしていませんでした。でもその記者のお姉さんに話して泣いたら、別に事件が解決したわけではないのに心がすっきりして、何だか救われたような気がしたんです。

　この経験をきっかけに、誰かに取材してその内容を世の中に発信するのもいいな、と感じるようになりました。それまでは一から自分で考えたオリジナルな作品だけが自己表現だと思っていた節があったのですが、誰かの話を聞いて、それを自分なりに受け止めて発表するのもれっきとした自己表現の形だと気付いて。そこで初めて、心からやりたいと思える仕事に出会えました。

——その後、ドキュメンタリー制作の仕事に転職されています

　事件が収束してから1年間は森永で仕事を続けました。その間、テレビCMの制作現場にスポンサーとして立ち会う機会もあり、やはり制作の仕事は面白そうだなと感じていました。その

家に帰るのは「月に2、3回」

思いが次第に大きくなり、テレパックというテレビ番組制作会社に転職しました。女性プロデューサーがたくさん活躍していたことがこの会社を選んだ理由の1つです。

ただ当時はまだ女性が現場仕事中心のAD（アシスタントディレクター）をやるのは良くないという風潮があったため、AP（アシスタントプロデューサー）として経験を積みました。そして入社2年目に出したドキュメンタリーの企画書が通って、プロデューサーとしてその番組を担当した際に「やっぱり私にはドキュメンタリーが向いているな」と感じました。それからは、先ほどお話しした女性記者の方に私が救われたように、ドキュメンタリーで誰かに取材して、その人のためにもなるし、世の中にも問題提起ができるような方向に活動をシフトしていきました。

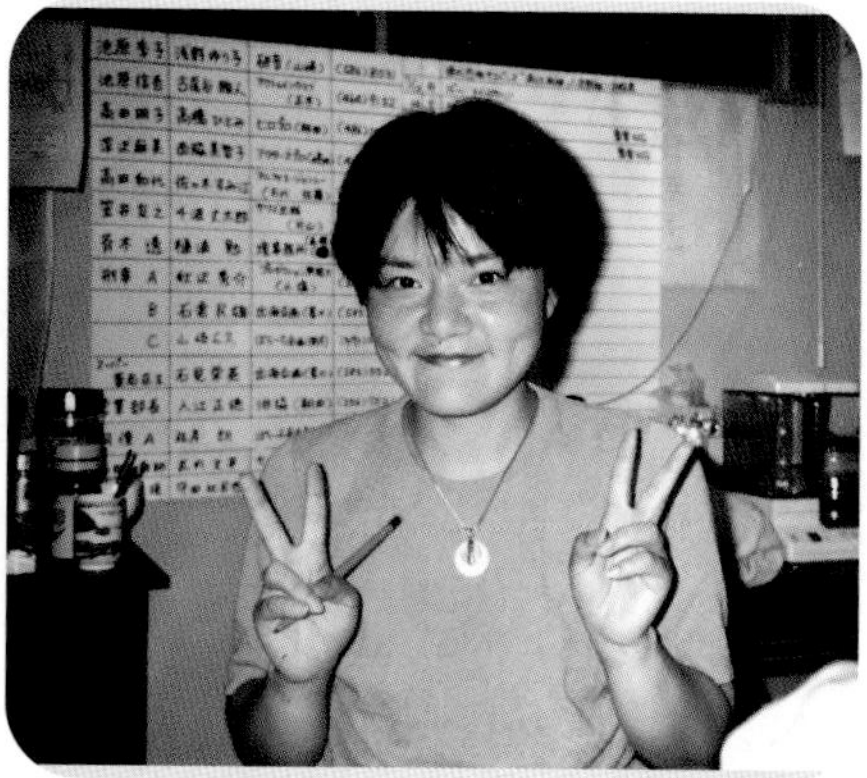

ドラマのAPとして事務所で業務をする信友さん
（写真は信友さん提供）

――そこから現在につながるキャリアが始まったんですね

日々仕事に没頭していました。さまざまな取材を通して自分の知的好奇心を満たしていくのがとても楽しくて、寝る間も惜しんで作業していました。特に30代から40代前半までの頃は、月に2、3回ほどしか家に帰らず、会社に泊まってずっと仕事をしていましたね。働き方改革が進んだ今の人たちは、頑張りたくても休まなければならなくて気の毒に思うくらいです。仕事を優先したために、結婚など犠牲にしたこともあると感じますが「もう一度人生をやり直せたとしても同じことをしているだろう」と思うほどこの仕事が好きでした。

しかし、そうやって仕事で体を酷使

したせいか、45歳の時に乳がんを患ってしまいました。それからは働き方を変えて、セーブしながら仕事をするようになりました。でもやっぱり働き過ぎくらいだった頃が一番楽しかった気がしますね。

――それほど熱中した、ドキュメンタリー制作をする上でのこだわりはありますか

基本的なことですが、まずはやはり取材相手を悲しませないこと。でも、「良い人」なだけでは取材は務まりません。取材相手とコミュニケーションを取る中で「そこまで聞くの?」というようなことまで踏み込んで、本人ですら気付いていなかった深層心理まで聞き出し、撮る。そうすることで取材相手にも新たな発見があって、作品も面白くなる、というのが理想です。そして既成概念を壊すような作品を、自分独自の視点・切り口から作りたい、という思いで仕事に取り組んでいましたね。

深いところまで踏み込む取材

ドキュメンタリーの取材で新疆ウイグル自治区にも足を運んだ
(写真は信友さん提供)

――これからはどのようなことをしていきたいですか

新型コロナウイルスの流行に伴って、いろんな人に対面で取材をするのが難しくなってしまいました。なので最近のドキュメンタリー制作は、先方にカメラを渡して、自分たちで撮ってもらったものを回収して編集する、という形を取ることも多いです。でもそれだったら私がやらなくてもいいと思うので、なかなか私がやるべきことを探すのが難しくて。

ただ、映画『ぼけますから、よろしくお願いします。』で両親の姿を撮った後も、引き続き信友家物語の続編を

ゆくゆくは自分も撮りたい

撮り続けています。母が脳梗塞を発症して亡くなるまでも撮ったし、広島の

映画『ぼけますから、よろしくお願いします。』のメイキング画像
（写真は信友さん提供）

実家での父との生活も撮っています。今は、100歳で一人暮らしをしている父が心配なので、基本的には広島での娘業を優先している感じです。

そしてゆくゆくは私自身を撮ることも考えています。母も祖母も認知症だったことから、いつか自分も、という不安がつきまとっていましたが「もしそうなったら自分で自分のことを撮ろう」とある日思い立って。いまだかつて、認知症の人が自撮りをするドキュメンタリーはないので、それを作品にしたら面白くなるだろうと思っています。仕事仲間にこの話をしたら「自分で撮れるところまで撮ってくれたら、後は僕が編集しますよ」と言ってくれたので、最終的にはそれを遺作にしたいですね。

――受験生にメッセージをお願いします

受験勉強は多分面白くないと思いますが、受験さえクリアすれば、その後は本当にいろいろな面白いことができると思います。大学って、受験から解放されて一番ハッピーな状態の人たちが集まる場所なんですよね。みんな何事も楽しむ姿勢で取り組むので、とても有意義な時間を過ごせるのではと思います。自分の大学生活を振り返ってみると、留学や旅にもっと行っておけばよかったなと後悔しています。やりたいことはためらわず、全力でトライしてみてくださいね。

東大で知的なトレーニングを

写真提供：国際交流基金(JF)

国際交流基金理事長 梅本和義《うめもとかずよし》さん

77年東大大学院理学系研究科修士課程修了、外務省入省。北米局長、在イタリア大使、内閣官房ＴＰＰ等政府対策本部首席交渉官などを経て、19年退官。20年より独立行政法人国際交流基金理事長。

東大で数学を学び修士課程まで進んだ後、
外務省に入省したという異例の経歴を持つ梅本和義さん。
理系から外交官になった経緯、外交官の仕事の大変さややりがい、
先頭に立って交渉を進めたＴＰＰ11、
文化交流の果たす外交における役割などについて聞いた。

東大時代は数学漬けだった

——東大を目指した理由は何ですか

都内の国立の高校出身ですが、周りに東大を目指す人が多いことから自然と東大を目指しました。当時は学費も今よりも安かったし、東大は学問の最高峰だと言われていましたしね。物理を学びたく、理Iを選びました。

——その後、進学振り分け（当時）では理学部数学科に進学されています

前期教養課程で学ぶ中で数学志望になったんです。一見関係ない二つのことが、新たな視点や理論によって実はより深いところで結び付いているのが示されることを知り、数学の醍醐味《だいごみ》を垣間見た気持ちになりました。

当時は日本人初のフィールズ賞受賞者でもある小平邦彦先生が数学科長だったのですが、3年生になった時学生が集められて、小平先生から訓示があったのをよく覚えています。「ここで新聞を毎日読んでいるやつはいるか」と聞かれて皆意気込んで手を挙げたのですが、先生には「そんなんじゃだめだ」と一蹴されました。ある程度業績を出した人でも常に必死になって研究しているんだ、新聞読んでいる暇があったら数学の勉強をしろ、と。当時は「すごいところに来てしまったな」と思いましたね（笑）。

そんなわけで東大では勉強漬けの日々でした。息抜きで数学科の仲間と麻雀したり登山に行ったりすることもありましたね。サークル活動は全然やってなかったです。結局数学とは関係のない道を歩むことになりましたが、東大で厳しい知的なトレーニングを積んだことは無駄にはなっていないと思います。

——学部卒業後、理学系研究科に院進されますが、修士課程終了後に外務省に入省した経緯をお聞かせください

数学専門課程で修士まで行ったのですが、やはり「これは私には難しすぎるかな」と感じるようになりました。周りにいるすごい人は皆持っている創造的な才能が自分にはなく「これは数学で生きていくのは無理じゃないか」と思い就職することにしました。

当時は、数学科からの就職といえば

数学から外交の道へ

保険会社かコンピューター・情報業界が主流でしたが、あまりそういうのはやりたくなくて。他の民間企業は数学科からは行きにくいイメージでしたし、もともと外国に興味があったこともあって当時は外交官試験に受かりさえすれば良かった外務省を選びました。

——入省当初はどのようなお仕事をしていたのですか

霞が関で1年間の研修後、在外研修でイギリスのケンブリッジ大学に留学、経済学の学士課程を取りました。

東大生には「劣等生」であった経験のない人が多いのではないかと思います。私もそうだったのですが、ケンブリッジでは途端にほとんど「落ちこぼれ」になってしまいました。何より言葉が問題です。日本語なら1日で読める学術書が英語だと2、3日かけても読めない。複数人で話していると、速すぎてついていけない。文章も思ったようになかなか書けない。また、イギリス人はすぐには心を開かない人が多いので、イギリスの暗い気候ともあいまって初めのころは随分孤独でした。もっとも、実はイギリス人の学生にとっても同じような状況であったということがその後分かりました。

基本的に、イギリス人の学生は日本の学生以上に勉強するという印象でしたね。皆自分より年下なのに、妙に大人っぽいところもあって、いろいろな意味で多くの刺激を受けました。

在外研修後は、ロンドンの日本大使館で勤務したのですが最初は大使秘書をやりました。大使の仕事内容を側で学ぶという戦前からの伝統に従うものですが、結構「雑用」が多く当時はこ

相手にとっての「日本全部」になること

ちらも若いので面倒くさいなと思ったりもしましたね（笑）。

——その後、霞が関での本省勤務と外国での在外勤務を繰り返されています。やりがいや大変さは何でしょうか

外交官という仕事は、本省勤務と在外勤務で仕事内容がガラッと変わります。霞が関の本省で働いているときは、歯車の一つとして働いている感覚です。省庁というのは所掌で分かれているので、自分のやるべき仕事がはっきりしていて関係ないものは他に回すことができる。ところが在外勤務では、大使館がどんなに小さくても相手にとって大使あるいは大使館は「日本全部」になるのです。「私は関係ありません」といった態度は取れず、いかなることにも対応しないといけない。本省勤務と随分違い、面白いところでもあり、大変なところでもあります。

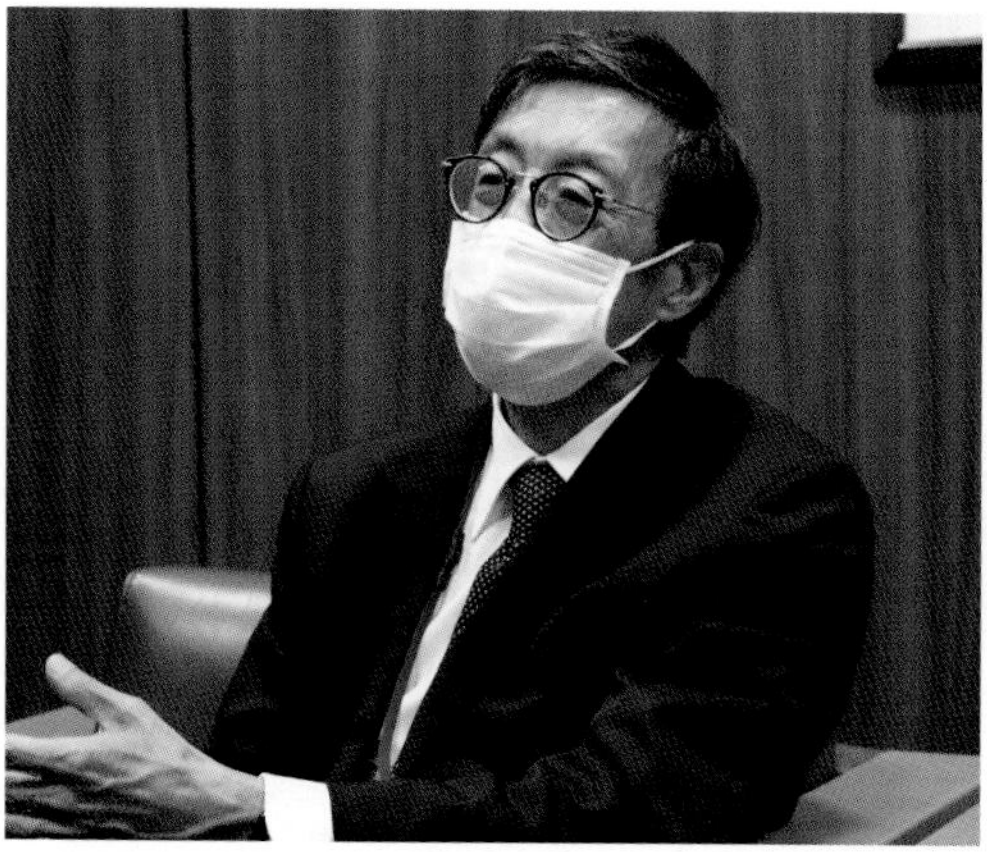

例えば私はスイス大使を務めましたが現地採用の人も含めて30人弱規模の小さな大使館でした。でも、私は日本の代表であり、相手もそのように接してきます。非常にやりがいがある仕事ですが、常に日本の代表として見られている、という重圧はありました。

——２００２年には北東アジア課長として日朝交渉を担い、２０１７・２０１８年にはＴＰＰ（環太平洋パートナーシップ協定）の首席交渉官として協定を取りまとめるなど日本の外交の第一線に立ってこられました

やはりＴＰＰ交渉は思い出深いです。ＴＰＰ交渉に日本が後から参加したのは２０１３年ですが、一度まと

合意のため奔走したＴＰＰ交渉

まったところを２０１７年にアメリカのトランプ大統領が離脱を表明したことにより、状況が一気に漂流し始めました。当時イタリア大使を務めていた私は、首席交渉官をやれと日本に呼び戻され、２０１７年夏からＴＰＰ11（アメリカを除いた11ヵ国でのＴＰＰ）の交渉に参加することになりました。

何回かの首席交渉官会議を経て２０１７年11月にベトナムのダナンで開かれた閣僚会議で原則合意に至ることになりますが、あれは手に汗握る展開でしたね。まず閣僚会議の前に我々首席交渉官レベルで協議を行い、なんとか協定本文については合意に至りました。それを受けて閣僚会議が行われたのですが、１回やっても全然駄目、２回目もまだまだ各国の差が大きい。３回目の閣僚会議になり、ようやく何とかまとめないといけないのではないかという雰囲気になって、原則合意に至りました。あとは首脳会議でエンドース（承認）してもらうだけだ、となり、首脳会議の後に発表する共同声明案を首席交渉官間で調整したのは首脳会議の直前となりました。議長国として、それをどこで印刷して首脳に渡すかなどの調整を含め、慌ただしく首脳会議の会場に駆け付けました。ところが、安倍首相とカナダのトルドー首相の首脳会談が一向に終わらない。ここに来てカナダ首相が合意をエンドースできないという事態が発生しました。関係者は皆ぼうぜんとしたのですが、何とかこの事態を打開しなければならないので再び閣僚会議を開き、カナダの閣僚に真意を問いただし、再び閣僚で前日の閣僚合意を再確認し……。閣僚会議終了後に発表する閣僚発表文書を何時間かかけて何とか再調整した時にはふらふらでした。日本の代表団は大臣も含め、２日間飲まず食わず・不眠不休で交渉に当たっていたのです。

――そのように、利害を異にする国家間で合意を形成するために、大事にされていることは何でしょうか

交渉においては大切なことは、相手国の主張とその背景にある国内事情をきちんと把握することです。そしてこちらも、どういう主張をなぜしている

日本の「低姿勢」の強さを生かして

のかをちゃんと伝える。すると、お互い「ここはこうすれば良いのでは」と接点・妥協点を探りながら話し合いを進められます。丁寧なコミュニケーションを忍耐強く重ねていかなければならないのです。その上でいつか話し合いが煮詰まってきて「これはまとめなければ」となる瞬間があります。「これを乗り越えればまとまる」となる瞬間です。その時は全員で必死になって接点を探り、最後はえいやっと飛び越えるのです。最後の一歩に持っていくまでが困難ですが、鍵になります。

ＴＰＰでは日本が丁寧に各国の主張を聞き、可能な限り要望も聞きました。もちろん譲れないところは譲りませんでしたが。また、11カ国なんとかまとめようという共通の目標もあり、最後に話し合いが煮詰まった時、一気に合意までプッシュできたのです。

世界で一部自国中心主義が見られる中、他国の主張を丁寧に聞く姿勢はさらに重要になってくると思います。ＴＰＰでも見られたように、日本はこれまできめ細かく各国と付き合いをしてきました。自己主張を控えめにしてお互いの立場を理解しようとする姿勢はリーダーシップに欠けるという批判もありますが、その「低姿勢」の強さを生かして、各国が相互理解を深める手助けができれば良いなと思います。

――外務省退官後、２０２０年には国際文化交流事業を実施する国際交流基金の理事長に就任されています。日本文化の強みや魅力は何だと思いますか

日本文化はユニークであると同時にどの国の人も楽しめる普遍性があります。また、日本文化は高尚な芸術からポップアニメまでと幅広い。盆栽、生花、武道など参加型のものもあり、かしこまったものだけじゃなくて、みんなで楽しめる文化が多くある。引き出しの多さが魅力です。実際、外国の人が日本の文化を楽しんで、日本や日本国民への好意へとつながっていくのを大使として体感してきました。

例えば、イタリア大使を務めていた２０１６年、日伊国交１５０周年を記念して実施に関わった数多くの文化イベントの一つとして、日本仏像展を

世界を魅了する日本文化

ローマで開きました。最初は仏像は少し地味だからどうなのかな、と思っていたのですが、予想以上に受けが良く、なんと仏像展のカタログが売り切れたんです。イタリアは芸術の国ですが、ミケランジェロより数百年も前の鎌倉時代に、非常に写実的な木の彫刻が作られていたことにイタリアの人々は驚いていたようです。それを見て私も「どうだ」とうれしくなりましたね。

　他にもイタリアでは浮世絵展を開いたり、土門拳さんの写真展を開いたりと積極的に文化発信を行いました。イタリアから日本へもたくさん芸術作品が入ってきていますしね。その他にも『君の名は。』などの映画作品は大使館が何もやらなくても世界中でブームを巻き起こすし『ドラえもん』も世界各国の子どもたちが見ていますよね。このような文化交流は日本がどのような文化を持っているのか世界の人々に知ってもらえることや世界から日本への評価が高まることにつながり、良いことずくめです。

　国際交流基金では、このような日本文化の発信の他、日本文化の中核でもある日本語の教育支援に力を入れています。日本や日本文化への関心が高まるにつれ増加している日本語学習者（最新の基金の調査では385万人超）への学習支援に加え、特定技能制度に対応した新試験のように国の政策課題に対応した事業も行っています。

――魅力的な文化を持っていることは外交の視点からも重要なのでしょうか

　幸いなことに、世界の大半の国は日本に対して好意を持っていると思いま

頑張って入るだけの価値がある大学

す。これは戦後積み重ねられた日本政府の言動や日本のビジネス界の仕事のやり方など先人たちのたゆまぬ努力が世界各国の人たちの信頼につながった結果だと思います。また日本の文化に対する評価も大きな要素としてあるといえます。日本文化は、昔より世界に広まってきていて、日本文化について詳しくない人でも日本に魅力的な文化があることはなんとなく知っている。

定量化はできませんが、相手国から良いイメージを持たれていることは、自分たちの主張が通りやすくなることや相手国に協力してもらいやすくなることにつながります。外交交渉で、最後に「なんとかまとめよう」となるのは、そこに相手国への好意・信頼があり相手が立派な国だと思っているからです。数字には現れなくても、日本が魅力のある文化を持っている、という評価は、外国との関係を構築していく上で非常に役立っていると思います。

——東大生、特に官界を目指す学生へメッセージをお願いします

昔に比べると公的セクターの職場としての魅力は下がっているかもしれないし、実際職場環境はまだ改善すべき点が多くあります。しかし、誰かがやらないといけない不可欠な仕事です。「政治主導」とは言うものの、政府の中で政治レベルの人はせいぜい数百人で、その他の何十万人は行政官です。行政官のレベルが下がると政府全体の質が下がり、国民が損をします。

振り返ると大変なことも多かったけど、他ではできない面白い仕事をさせてもらいました。特に外交の機微に触れて、大臣が大きな決断を下すサポートをする実務はやりがいがありましたね。割は悪いかもしれないけど、志のある人にはぜひ目指してほしいです。

——最後に、受験生に向けてメッセージをお願いします

頑張ってください。もちろん東大だけが大学じゃないし、落ちたからといって人生が終わるわけでもないけれど、やはりいろいろな意味で優れた大学です。頑張って入るだけの価値はあると思いますよ。

CONTENTS

をスクラッチ

第4章 将来編

東大卒業後

東大が人生の終わりではなく、
その先には広い未来がある。
卒業後、東大生はアカデミアや企業、官庁など
さまざまな場所で自分の道を描いている。
卒業生の声を聞き、自分の将来と向き合ってみてほしい。

アンケートでスクラッチ④～社会問題編～

ワクチンの接種

新型コロナウイルスのワクチン接種が可能になったら接種するかどうか尋ねたところ「接種する」と回答した人が60％、「分からない」が31％、「接種しない」が10％だった。

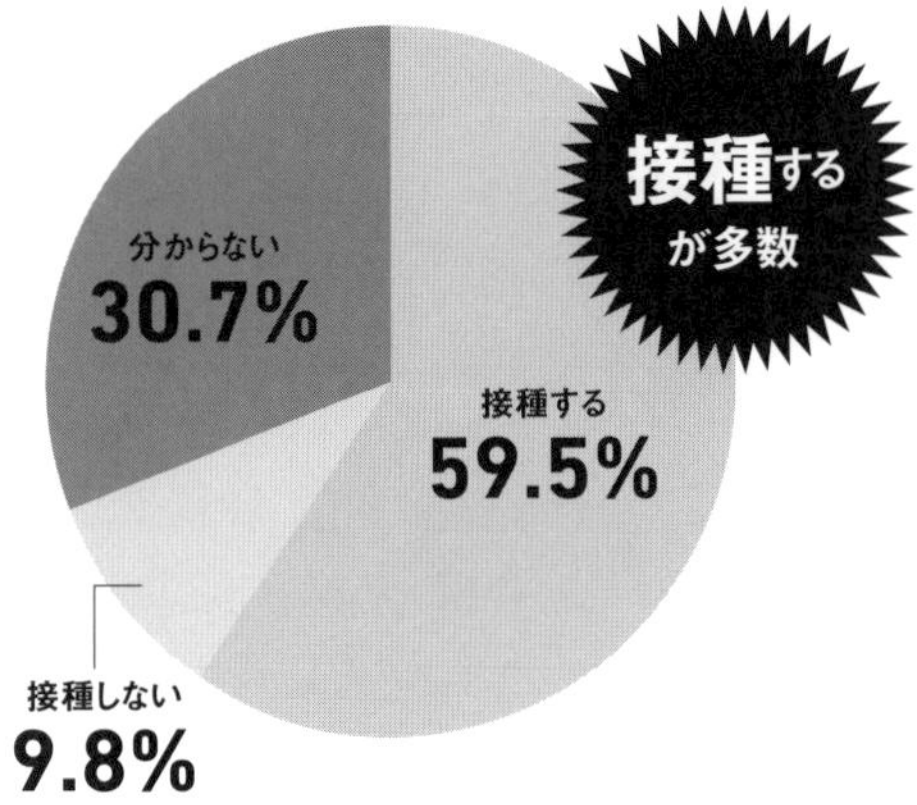

東大の学生男女比

本年度の東大合格者の女子比率が初めて21％を超えたことを踏まえ、東大で学生の男女比が約8：2であることについてどう思うか聞くと「問題だ」と答えた人は48％と昨年に比べ9ポイント下落した。一方、「問題ではない」は25％と昨年と変わらず、「興味がない」は19％と昨年から6ポイント上昇した。

男女別で見ると「問題だ」と回答したのは、女性は全１２３人のうち58％、男性は全４１０人のうち44％を占めた。「興味がない」と回答した人は、女性は11％、男性は21％だった。

希望する授業形式

「対面授業中心」が77％と最多。「オンデマンド（自分の好きな時に動画を再生できる）の授業中心」が10％、「リアルタイムのオンライン授業中心」が7％、「分からない」が6％だった。

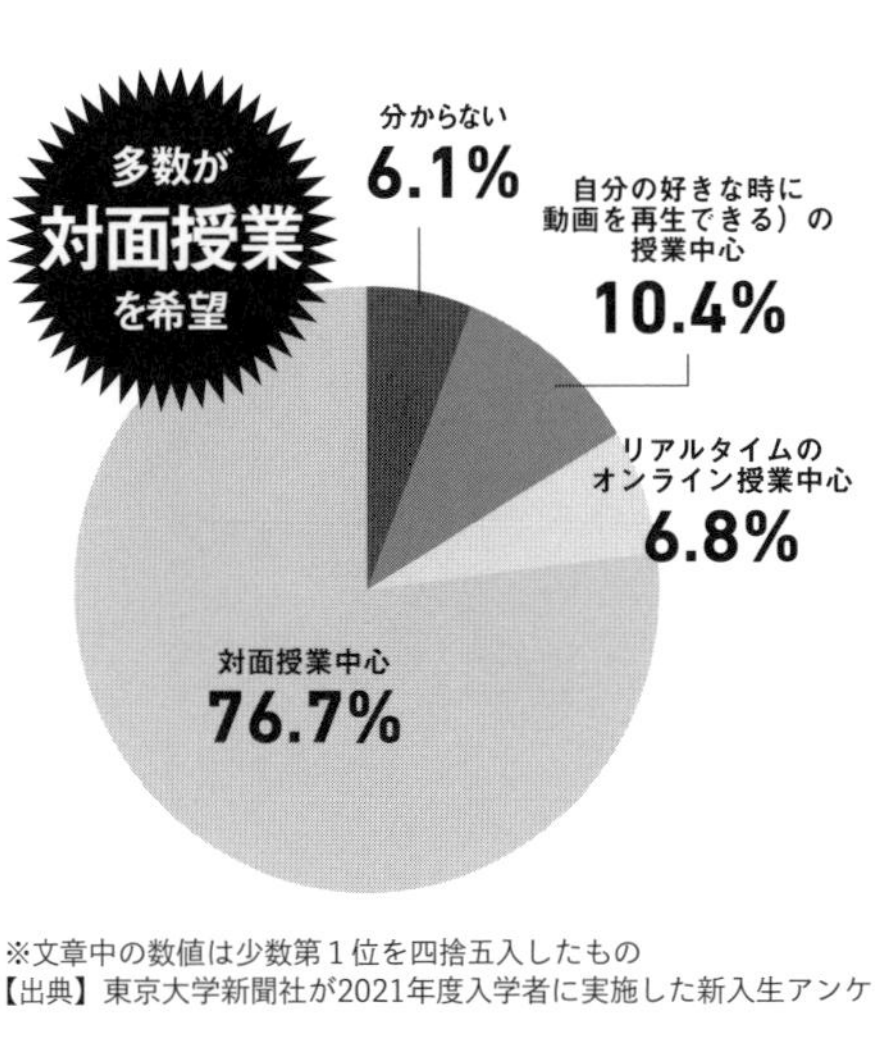

※文章中の数値は少数第１位を四捨五入したもの
【出典】東京大学新聞社が2021年度入学者に実施した新入生アンケート（有効回答数541件）

東大卒業後の働き方

大学が人生のゴールではない。

東大卒業後の東大生の進路も多様だ。

東大卒業生に、

学生時代どのように就活に取り組み、

現在どのような仕事に励んでいるのか聞いた。

末永く納得できる動機を

宮城県庁

有海《ありうみ》　拓《たく》さん
経済産業省　地域経済産業グループ地域産業基盤整備課　係長（取材当時）、現・宮城県　企画部総合政策課
13年経済学部卒

宮城県職員ではあるが、今は経済産業省に出向している（注：取材当時）。出向先では、当初宮城県を含めた被災地の企業に対する設備投資補助金の企画や運営を担当。現在はそれに加え、全国の企業に対する新型コロナウイルス感染症関連経済対策設備投資補助金の担当も兼務している。宮城県は東北最大の都市である仙台市を有し、首都圏にも近い。そのため宮城県庁の人材も多様で、開放的な雰囲気だという。

大学時代を振り返り「東大の前期教養課程での学びは今にも生きています」と有海さん。専門外の分野に対する知見も広く浅くでも身に付けておくことは大切だと語る。「そうした教養がちょっとした問題の手掛かりとなるかもしれません」。経済学部での学びも役立っている。例えば、今の仕事において企業の行動を予測する際には、学生時代に学んだ知識を使う。

一方で、プレゼンテーションの練習を積極的にすれば良かったと後悔している。社会人としての仕事は一人では完結しないため、自分の希望を的確に伝え、相手を動かすスキルが必要だからだ。さらに「学生時代は比較的時間に余裕があるので、ぜひ自分が興味を持つことを突き詰めてほしい」と勧める。

宮城県で働こうと決めたきっかけは東日本大震災。有海さんの出身も東北で、東北の復興には人生を懸けても良いと思えた。就活生には「末永く納得できる動機」に基づいて就職先を決めてほしいと語る。「自分が何をしたいかを客観的に考えることが必要だと思います」。徹底した自己分析に基づき、自分の譲れないことを定めることが大切だという。

最後にこれから就活を控える学生へメッセージをもらった。「私が就活をしていた頃も、雇用状況は良くありませんでした。難しい状況下ですが、やるべきことは変わらないので、とことん納得のいく就活をしてください」

「三大欲求の次」に道あり?
ユナイテッド

春名《はるな》 航希《こうき》さん
DXソリューション本部
Consulting Team Senior Associate
20年文学部卒

既存の組織の経営コンサルティングから新規事業立ち上げまで幅広い業務を行う中で、特に力を入れているのがDX（デジタル・トランスフォーメーション）コンサルティング。業務はシステム導入に関わるITコンサルティングという技術寄りの部分と、その技術でどんな顧客体験を作るかを考えるビジネス寄りの部分の二つに大別される。

進路が定まったのは2度目の留年が決まったとき。フリーランスで働けるようにとプログラミングを独学で学び始め、データサイエンティストになろうと決めた。最初からフリーランスで活動することは難しいと考え就職したユナイテッドで、組織そのものの事業戦略にも興味を持ち、エンジニア職からビジネス職へ転向。入社の決め手は自由度が高そうだと感じたことで、実際上司とも対等に議論でき、助言を受けながら自分の意見も通せる雰囲気だという。

学生時代の経験については、中高大と部活やサークルでサッカーをしていた経験が役立っていると語る。チームのために働き、与えられたタスクをこなす中で身に付いた根性が今に生きている。勉強は「直接役立つというより、根幹の思考力やライティング力が社会人としての基礎になると思います」。一方「バイト先の飲み会など、東大生以外の集まりでもコミュニケーション能力を鍛えておけばよかった」という後悔もある。

就活は「自分の三大欲求の次くらいにある本能的欲求に従うと、一番幸福度が高くなると思います」とアドバイスを送る。レールから外れるのが良い、ということではなく、あくまでも「やりたくて、自分に合っていることをやるべき」とのこと。純粋にデータをいじるのが楽しかったためにデータサイエンティストを志すという、自分の欲求に素直に従って進路を選んだ経験があるからこそ生まれた言葉だ。

「面白そう」な企業で製薬研究

ペプチドリーム

清水《しみず》 光《ひかる》さん
先端開発グループ
18年薬学系研究科修了

ペプチドリームは2006年に設立された創薬企業だ。清水さんの仕事は、薬が人体の中のタンパク質にどのように結合するかを調べること。薬が多くの人に使われることが仕事のやりがいになっていると語る。

就活を始めたときにはコンサルティング会社など他の業種も考え説明会などにも参加していた。しかし、それらの企業には自分は求められていないと感じ、最終的には自分の専門分野と同じ研究をしているペプチドリームに決めた。大学に残ることもできたが、同じ場所に居続けると自分の能力がどの程度か分からなくなると思い、環境を変えて企業での研究に挑戦することにしたという。

学生の頃と違うのは、研究にチームで取り組むことだと語る。学生の間は個人プレーで研究していたと話すが、企業に入ればチームの「総合値」の最大化を考えなければならなくなった。ここで必要になってくる「コミュニケーション力」は学生の頃、専門の異なるサークルの友人たちに自分の研究について話すことで身に付いたという。

就活では、自分が「面白そう」だと思えることを最優先したと振り返る。清水さんがペプチドリームを面白そうだと感じたのは、ペプチドリームにはさまざまな特許技術があり、ここでしか出来ない研究があると思ったからだという。自分のしたいことと企業の求める人材像とが一致するかも重要な基準だったと語る。

情報収集には企業のホームページを利用することが多かった。「くまなく読むことで多くの情報が得られ、企業が求める人材像やそこでできることが見えてきます」

就活を控える東大生に向けて「大企業だけではなく、ベンチャー企業も考えてほしい」と語る。「大企業かどうかではなく、その企業の将来性などを重視してほしいです」

何を成す人生にするか

三菱UFJ銀行

西川《にしかわ》 敦《あつし》さん
リサーチ&アドバイザリー本部戦略調査部(取材当時)、現・人事部採用・キャリアGr 次長
99年経済学部卒

顧客企業、産業の調査とコンサルティングを中心に担うリサーチ&アドバイザリー本部戦略調査部に所属(注：取材当時)。融資に際し業界全体への調査を行うことで、銀行には業界の将来性についての見識が蓄積される。西川さんはその見識を基に、顧客へのコンサルティングでどのような提案をするか、また組織としてどのような調査を行うか立案する。

100人ほどの部全体をまとめるのには苦労もあるが、顧客に受け入れられる提案や意義のある調査の戦略を練る仕事は刺激的で、やりがいを感じている。「コンサルティングは銀行としては比較的新しい業務です。仕事の中で金融のみならず多様な分野に関わることで、お客様に産業の将来について興味を持ってもらえるような提案ができるようになります」

学生時代を振り返り「大学時代の勉強は仕事の役に立ちます」と語る。藤本隆宏教授の授業で学んだ「自動車産業は情報産業である」という考え方は特に印象的で、自動車メーカーの担当者との会話では授業の話題で盛り上がったことも。アカデミックな見識が仕事に生きているからこそ「今学生だったらもっと勉強する」と当時を回想する。また、学生時代に起業や留学など、多少リスクがあってもチャレンジをしておくべきとも語った。

就活は初めから金融業界に絞り、最初に内定をもらえたところに就職しようと考えていた。「遠くない業種なら、就職先で迷っても結果はあまり変わらないので、最初から決めていたのは良かったと思います。迷うほど後悔も大きくなります」。東大生にも「就活を深刻に考え過ぎないで」と呼び掛ける。「出身大学より実力が重視される今だからこそ、就職先のステータスを気にせずに、人生で何がしたいかを広く考えられるということに気付いてほしいです」

視野を広げて

河北新報社

高橋《たかはし》 一樹《かずき》さん
編集局報道部経済取材班
14年教養学部卒

２０１８年度から仙台市にある本社の報道部経済取材班に所属。所属後の2年間は主に金融機関を担当し、20年度からは製造業の担当に。製造業の景気の様子や新しい取り組みなどについて、中小企業の経営者や幹部を中心に取材し記事にする。

取材相手が答えにくい質問もしなければならないなど大変さを感じることもあるが、苦労の分やりがいも大きい。「取材相手にうまくまとめてくれたねと言われたり、読者から反響があったりするとうれしいです」

中学生の頃から文章を書いて人に伝える仕事をしたいと感じていた。学部2年次に卒業後は新聞社に就職したいと考え、幅広い分野を学ぶために教養学部に進学。就活は新聞社に絞って行った。

出身地は埼玉県。地方紙にはなじみがなかったが、新聞社について調べていく中で、街の人に同じ目線で話を聞き、伝えることのできる地方紙に興味を持った。大学時代に所属していた自転車サークルで地方を旅し、日本にはさまざまな場所や人が存在すると感じたことも、地方で就活をする大きな理由となった。

東日本大震災から3年後の２０１４年に河北新報社に入社。震災関連の業務に関われることが入社の決め手となったわけではない。面接を振り返って、震災に関連しない質問も多くされたことなどから「会社側も多様な背景を持つ人材を求めていたのではないでしょうか」。福島県での3年間の勤務も経た今では、震災の記憶を被災経験のない人々にも伝えるためには、震災を直接経験していない自分のような立場の人が発信することも重要と感じるようになった。

就活で気を付けたことは、自分のやりたいことをぶらさずに伝えること。「いろいろな先生と話して、いろいろな考え方を持ってください。サークルや読書などを通して視野を広く持つことも、就活にも、社会に出てからも大切です」

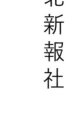

「自分のための就活」を
ＰｗＣコンサルティング

筒井《つつい》 健介《けんすけ》さん
BT-Customer
18年工学系研究科修了

マーケティングや営業改革を行う部署に所属する、コンサルタントの筒井さん。新型コロナウイルスの流行で対面での営業が難しくなる中、オンラインでの営業を改革しサポートする。コロナ禍での仕事に対するヒントとなったのが、東日本大震災の復興業務として道の駅の経営に携わった経験だ。「自分では変えることができない環境の中で、工夫を凝らしたのが今につながっています」

コンサルタントの出番は、顧客の企業が変わろうとしている時。やりがいを感じる一方で、結果が求められるためプレッシャーが伴う。

学生時代は建築を学びながら、伊豆大島でのフィールドワークに打ち込んだ。ある時、本来は島の人だけが参加できる地域の祭りに招かれて「調子に乗っていました」。その際、同行していた教員に「『客人の特権』を履き違えてはいけない」と釘を刺された。地域に密着しつつも、外部の人間としての役割やすみ分けがあることを痛感した経験が、企業と協働する今の仕事にも生きている。

就活をする際にコンサルティング業界を選んだのは、ビジネスを通じてお金の動きを知り、人を動かせるようになりたいと思ったからだ。「人を動かすにはお金が重要」。学生時代に携わった駒場での街づくりの中で「変わろうとする街に積極的に協力する人は多くはない」という課題に向き合ったことが、業界選択につながった。

就活を通じて、ＰｗＣには他社にはないダイバーシティを尊重する雰囲気を感じたという。「勤める方々の懐の深さに引かれました」と話す。

これから就活を迎える学生には「自分のための就活」をしてほしいという。「就活は、将来やりたいことを真剣に考えさせてくれると思います。自分を見つめ直す機会と思って、ぜひ楽しんでください」

COLUMN

コロナと就活

オンラインでのインターンや面接など、コロナ禍での新たな就活の在り方が注目を集めている。実際2020年度に就活をした筆者が、その生の体験を語る。

留学から就活、という落差

筆者が就活を始めたのは3年次の7月のことだった。コロナ禍ではあったが、秋から交換留学に行くという希望を捨ててはいなかったため、結果的には出遅れることになった。

幸か不幸か交換留学の派遣中止の通知が来るや否や、興味のある企業のインターン用サイトへの登録を始めた。志望業界は新聞社・通信社・出版社に絞った。夏休み中に開催されるインターンの選考は目前に迫っていたため、ろくな準備もしていないままエントリーシートを書くことになった。

書き始めたのはいいものの、最初から滑り止め程度にしか考えていない会社の場合、志望動機などあるわけがない。売れないなりによく頑張っている——正直な言葉が頭に浮かんでは消えて、知らないうちに時間も消えていった。結果的に5社に応募し、合格したのは3社（うち2社は事実上選考なし）だった。2社はオンライン形式での動画配信、1社は本社での対面形式だ。

港区の本社に足を運んだのは、8月下旬。全参加者25人が集合後に大会議室に案内されると、2時間にわたる自己紹介タイムが始まった。実質的には自己アピールタイムだ。あまりに露骨すぎる、そして他の学生の話があまりにも退屈すぎる。といってもインターンとはそういうものなので、耐えねばならない。コロナ禍とは思えないにぎやかな昼食を終えると、編集部見学に向かった。当時の首相が辞任表明をした日だけあって、現場の忙しさを間近に目にできるいい機会ではあった。

他の2社はオンライン形式だったため、やる気も出ず。事実上1社のインターンに参加しただけで夏休みが終わった。

○○様への特別なご案内です。

3Aセメスターに入ると、いくつかのインターンに参加した他、夏のインターンに参加した企業からの案内で数回社員と会った。この時期にはもうコロナ禍に慣れてしまったのか、ほとんどが対面だった。

急展開を迎えたのは年末だ。11月に新たにインターンに参加した企業から選考の案内が来た。志望度も高かった企業なのでそれなりに準備してはいたが、通常選考の前の練習のつもりで臨んだ。ウェブでの書類選考・筆記試験と対面での面接を経た結果は合格。あまりにも意外な結果ではあったが、無事に就活を終えることができて安心した。

年末年始は、見る必要もないのに就活関連のサイトを見て過ごした。自己分析をしていなかったせいか、他人の失敗談を楽しんでいる己の性格の悪さをこの時になって初めて知った。

東大卒業生に聞く国家公務員の仕事

東大では、卒業後の進路として
国家公務員を選ぶ人も毎年多数いる。
現時点で国家公務員志望の人も、
全く考えたことがなかったという人も、
ここで民間企業とは一味違う国家公務員の仕事を
のぞいてみてほしい。

厚生労働省（事務系）

多様な人・価値観に触れる

大学入学前から、東大を卒業して国家公務員になることを考えていた。中高一貫校から東大へ進学するという恵まれた環境で育った自覚を持つ中で、社会的に弱い立場に置かれている人々などの人生に「良い意味で影響を与えたい」と感じていたという。

当初警察庁とも悩んでいたが、運動会での活動などによりほとんど準備できないまま官庁訪問へ。前提知識が不足していながらも、厚労省は良い意味で敷居が低く、官庁訪問でもさまざまな受験者を幅広く受け入れていた。

厚労省に感じた魅力は、他省庁と比べても非常に広い分野の仕事に携われることだ。サービスの行き届いていない行政のはざまに、ゼロから制度を作れるところにも魅力を感じた。官庁訪問時に話をした職員の雰囲気にも引かれるものがあったという。

現在担う業務は主に二つある。そのうち監視指導では、法令に違反した製薬会社に対して都道府県と連携しながら行政処分を検討する。医薬品の生産ラインが適正に管理されていることを担保するのも仕事の一部だという。もう一つの麻薬対策では、現在大麻などの薬物について検討会を行い、時代に合った法整備を進めている。「検討会では激しい議論になることもありますが、うまく報告書を取りまとめることには、大変さだけでなくやりがいも感じます」

職場には行政官は少なく、自治体からの出向職員、医師、薬剤師など「さまざまなバックグラウンドを持つ人と仕事を行うので、多様な人・価値観と触れ合えますね」。総合職では人事院の派遣研修制度を使って留学に行く人も一定程度いるといい、平間さん自身も留学し公衆衛生を本格的に勉強したいという気持ちが強まっていると語る。

学生には、進路について視野を広く持って考えるようアドバイスを送る。「いろいろなことに興味関心を持ち、制度を変えることにワクワクする人はぜひ国家公務員を目指してください」

厚生労働省医薬・生活衛生局
監視指導・麻薬対策課
平間《ひらま》 将史《まさふみ》さん

厚生労働省
（技術系）

専門性を生かして社会に貢献

これまでお世話になった人に恩返しするために社会に貢献したい、という思いから国家公務員を目指した鈴木さん。他省庁とも迷う中、官庁訪問期間中に厚労省の職員からもらった職務内容についての電話をきっかけに、想像以上に幅広い分野の仕事があることを知った。実際に訪問し出会った職員の「面白さ」に引かれて厚労省に決定。「文系だけではなく、理学・工学・農学といったさまざまな専門性を持つ厚労省の職員の方々が、地道に黙々と仕事をしている姿に面白さを感じました」。穏やかさの中に情熱を持つ人が多かったことが印象的だったという。

所属部署の業務は労働者の衛生管理。定期健康診断やストレスチェックなどを事業者に義務付け、実施を促している。その中でも鈴木さん自身は、他部署・他省庁との調整・やりとりを担っているという。「行政の仕事にストレートなやりがいを感じるのはなかなか難しいですが、作った制度が開始された時や社会の反応があった時はうれしいですね」。仕事の質・量に波がある点は大変だというが、オンとオフのメリハリを付けようとの意識が職場全体で年々高まっているそうだ。

さまざまなジャンルの仕事を所掌し、それらに多様なバックグラウンドを持った職員がおのおの知見を出し合って取り組んでいるところが厚労省の魅力だと鈴木さんは語る。「行政への風当たりが強まる中でも、負けずに社会のために頑張っていきたいです」

「探してみると官庁・民間問わず各フィールドにいろいろな仕事があるので、よく調べてみてほしい」と語る鈴木さん。その上で「最終的にはそこで働いている人と馬が合うかがとても大事です」。大学時代の酒配達のアルバイト経験で身に付けた安全意識や事故防止の大切さが、現在の労働政策を考えるに当たって役立っていることから、国家公務員を目指す学生には「自分の経験が思わぬところで役立つことがあるため、さまざまなことにトライしてほしい」とエールを送った。

厚生労働省労働基準局
安全衛生部労働衛生課
鈴木《すずき》 一聡《かずとし》さん

第4章

スポーツ庁

個人の力にアプローチ

スポーツ庁参事官（民間スポーツ担当）付（取材当時）
白川《しらかわ》 由梨《ゆり》さん

文科省が扱う分野はどれも、人が自らの未来を切り開く土台づくりに関わると考え「文科省の政策のためだったら頑張れる」という思いが芽生えた。

試験は法律区分で受験。3年次の春から1年程度予備校に通い過去問を反復。多くの人が解ける問題を落とさないことを意識した。官庁訪問前は、どんな質問も答えられるよう教育に対する自分の基本的な考え方を整理。キャリアサポート室や友人を活用し模擬面接を行った。普段から新聞を読み興味を掘り下げ、思考を深めていたことも役立った。「当日の待合室は人脈が生まれる場でもあり、意外に明るい雰囲気です」

現在（注：取材当時）はスポーツ庁に所属。現場からの意見を受け政策を立案・検討する仕事にやりがいを感じるが「賛否両論ある問題に一つの答えを見出すことは大変です」。最近はスポーツのイベントが中止や延期になりがちで、支援予算や税制改正の検討が喫緊の課題だ。

「文科省は個人の力にアプローチし、各自の生き方、ひいては社会全体に影響を与える」と白川さん。今後は「現場に頼られる公務員」を目標に政策に関する国際動向や理論などの知識を網羅していきたいという。

「一つのテーマについて突き詰めて考える」という学部での営みは、今も役立っている。「東大での学びは、最先端の知に触れ、熱くなれる分野を発見できるぜいたくな時間。幅広い分野に触れ、自分なりの視点や問題意識を形成していってください」

文化庁

多様なアクターを意識して

文化庁文化資源活用課
長谷川《はせがわ》 智《さとし》さん

義務教育の在り方に関心があり、教育学部総合教育科学科教育行政学コース（当時）に進学。学校教育政策の情報が最も集まるのではないかと文部科学省入省を選択肢として考え始めた。

就職活動では民間企業・教職含め教育に携わる多くのアクターを検討、民間への就職活動と並行して進めた。Ⅰ種（現・総合職）の中でも学部での学習内容と出題が直結する、人間科学Ⅱ（教育・福祉・社会系）の区分で受験。自己分析など基本的なことは就職活動全般の中で進めたが、受験には短期集中で臨み、官庁訪問を見据えて「先に入省した先輩に頼んで論理的な議論の仕方を特訓したこともありました」。試験・官庁訪問時はもとより、入省後にも筋の通った主張や意見を述べる能力が必須だが、その基礎は政策や社会課題を議論する自主ゼミや大学祭実行委員会での企画立案などを通し、大学時代に培われたと感じるという。

現在は文化庁に所属し、全国の文化財の保存・活用に向けた法令の解釈・整備を担当。観光資源としての文化財の整備と、歴史的価値の保存を両立するには、関連する法律の運用、他省庁との調整や専門家との折衝も必要だ。「関係者同士の理想像が対立し合うこともありますが、他省庁や専門家との針の穴を通すような調整を終えたときにはほっとします。それが行政の面白さかもしれません」

現在の業務の中心は大学で専門に選んだものとは異なる分野だが、教育も文化財の取り扱いも、長い時間軸で捉え、各関係者の理想を束ねながら決定を進める必要があるという点で、共通点があると感じている。将来国内外の専門家とも対等に議論ができるよう、学術的なトレーニングにも取り組み、さらに経験を積んでいきたいという。

公務員を目指す学生には「就職を希望する分野について深く調べ、官民多くのアクターの存在を認識してほしい。各々の強みを多角的に理解し、公務員も含めて自分がコミットしたい形を選択してほしいです」と語った。

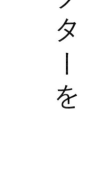

2020年度学部・大学院別就職先データ

法学部（179人）

【官公庁】
外務省……6
金融庁……1
経済産業省……4
警察庁……6
公正取引委員会……2
厚生労働省……3
国土交通省……4
財務省……10
衆議院事務局……1
人事院……1
総務省……12
東京地方検察庁……1
東京都……4
内閣府……1
日本銀行……4
農林水産省……2
防衛省……3
陸上自衛隊……2
不明……1
【独立行政法人】
国際協力機構……1
【食料品】
不明……1
【化学】
住友化学……1
【鉄鋼】
日本製鉄……1
【非鉄金属】
住友金属鉱山……1
【機械】
IHI……1
【電気機器】
ソニー……1
【輸送用機器】
日立製作所……2
日本ケーブル……1
【その他製品】
クマヒラ……1
【電気・ガス業】
ガスパル……1
自然電力……1
大阪ガス……1
東京電力……1
日本原子力発電……1
【陸運業】
JR東海……1
JR東日本……1
【海運業】
日本郵船……1
【空運業】
ANA……1
JAL……1
【情報・通信業】
NHK……2
NTT東日本……1
エイエイエスティ……1
ハイエレコン……1
バンダイナムコスタジオ……1
フジテレビジョン……1
ブレインパッド……1
マクロミル……1
ヤフー……1
三菱総合研究所……1
野村総合研究所……3
不明……2
【卸売業】
伊藤忠商事……2
三井物産……5
三菱商事……2
住友商事……2
【小売業】
Genky Drugstores……1
ファーストリテイリング……1
三越伊勢丹……1
【銀行業】
国際協力銀行……1
三井住友信託銀行……2
三菱UFJ銀行……3
信金中央金庫……1
【証券、商品先物取引業】
ゴールドマン・サックス証券……1
みずほ証券……1
大和証券……3
野村証券……3
【保険業】
三井住友海上火災……1
損害保険ジャパン……1
東京海上日動火災……2
【その他金融業】
三井住友カード……1
三菱UFJ国際投信……1
日本政策金融公庫……1
日本政策投資銀行……1
不明……1
【不動産業】
住友不動産……1
森ビル……1
東京建物……1
【サービス業】
A.T.カーニー……1
RIDDLER……1
WDB……1
アーティス……1
アクセンチュア……1
キャピタルメディカ……1
クニエ……1
クレイア・コンサルティング……1
ケネディクス……1
セコム……1
デロイト トーマツ コンサルティング……2
マッキンゼー・アンド・カンパニー……3
ヤベ学習塾……1
リクルート……1
ローランド・ベルガー……1
楽天……2
森・濱田松本法律事務所……1
西村あさひ法律事務所……3
長島・大野・常松法律事務所……1
桃尾・松尾・難波法律事務所……1
【新聞・出版・広告】
電通……2
読売新聞社……1
日本経済新聞社……1
博報堂……1
【教員・研究員・図書館等】
東京大学……1
【その他】
不明（運輸業、郵便業）……1

経済学部（274人）

【官公庁】
環境省……1
金融庁……3
経済産業省……1
警察庁……1
財務省……2
衆議院事務局……1
総務省……1
東京都……2
内閣府……1

第4章

日本銀行	7
防衛省	1
【鉱業】	
INPEX	2
【建設業】	
清水建設	1
【食料品】	
サントリーホールディングス	4
【繊維製品】	
東レ	1
【化学】	
P&Gジャパン	1
オルビス	1
旭化成	1
資生堂	2
日本ロレアル	2
富士フイルム	3
【医薬品】	
第一三共	1
【鉄鋼】	
日本製鉄	3
【機械】	
DG TAKANO	1
旭化成エレクトロニクス	1
【電気機器】	
日本IBM	1
日立製作所	1
【輸送用機器】	
SUBARU	1
トヨタ自動車	1
ホンダ	2
【その他製品】	
パラマウントベッド	1
マザーハウス	1
【電気・ガス業】	
東京ガス	1
東京電力	1
北陸電力	1
【陸運業】	
JR貨物	1
JR九州	1
JR西日本	1
JR東海	2
【海運業】	
商船三井	1
日本郵船	1
【空運業】	
日本航空	1
【情報・通信業】	
DiDiフードジャパン	1
INCLUSIVE	1
KDDI	1
KOHII	1
NHK	2
NTT	1
NTTコムウェア	1
NTTデータ	2
NTTデータ・アイ	1
NTTドコモ	2
NTT西日本	1
NTT東日本	1
ON SET	1
アイヴィス	1
ソフトバンク	1
ディーバ	1
テラデータ	1
フジテレビジョン	1
ブレインパッド	1
野村総合研究所	2
不明	1
【卸売業】	
伊藤忠丸紅鉄鋼	1
伊藤忠商事	2
住友商事	4
双日	2
丸紅	3
三井物産	2
三菱商事	6
【小売業】	
Genky Drugstores	1
三越伊勢丹	1
良品計画	1
【銀行業】	
バンク・オブ・アメリカ	1
みずほフィナンシャルグループ	4
りそな銀行	1
国際協力銀行	3
三井住友銀行	10
三菱UFJ銀行	9
【証券、商品先物取引業】	
SMBC日興証券	2
クレディ・スイス証券	1
ゴールドマン・サックス	2
ゴールドマン・サックス証券	1
みずほ証券	4
三菱UFJモルガン・スタンレー証券	1
大和証券	4
野村証券	5
【保険業】	
三井住友海上火災	2
住友生命	1
第一生命	2
東京海上日動火災	4
日本生命	4
【その他金融業】	
JPモルガン・チェース	1
ポートフォリア	1
東京中小企業投資育成	1
日本取引所グループ	1
日本政策投資銀行	6
農林中央金庫	1
不明	1
【不動産業】	
オープンハウス	1
三井不動産	2
三菱地所	4
住友不動産	2
森ビル	1
東急不動産	1
野村不動産	2
【サービス業】	
Aver	1
ARETECO HOLDINGS	1
EYストラテジー・アンド・コンサルティング	1
GCA	1
PwCコンサルティング	6
ventus	1
ZSアソシエイツ	1
アーティス	1
アクセンチュア	4
アビームコンサルティング	1
クニエ	2
コーン・フェリー・ジャパン	1
シンプレクス	1
セノン	1
ディー・エヌ・エー	1
デロイト トーマツ コンサルティング	4
デロイト トーマツ ファイナンシャルアドバイザリー	2
ナレッジソサエティ	1
ファインドスター	1
プラップジャパン	1
プロレド・パートナーズ	1
ベイカレント・コンサルティング	2
ベイン・アンド・カンパニー	3
ボストンコンサルティンググループ	1
マッキンゼー・アンド・カンパニー	3
リブ・コンサルティング	1
レイス	1
レイヤーズ・コンサルティング	1
楽天	3
京未来	1
船井総合研究所	1
東京ドーム	1
日本M&Aセンター	1
日本中央競馬会	1
西日本高速道路	1
東日本高速道路	1

不明……2

【新聞・出版・広告】
電通……2
日本経済新聞社……2
博報堂……1

【病院】
友志会……1

【教員・研究員・図書館等】
不明……1

【その他】
EY新日本有限責任監査法人……4
PwCあらた有限責任監査法人……1
あずさ監査法人……2
有限責任監査法人トーマツ……3
不明……1

文学部（221人）

【官公庁】
経済産業省……1
厚生労働省……1
国土交通省……1
財務省……2
千葉県……1
中国総合通信局……1
東京消防庁……1
東京都……3
富山県……1
日本年金機構……1
農林水産省……1
防衛省……1
藤沢市……1
横浜市……1

【独立行政法人】
海上技術安全研究所……1
国際協力機構……1
国立文化財機構……1

【建設業】
鹿島……3
日鉄エンジニアリング……1
日本国土開発……1

【繊維製品】
東レ……2

【化学】
コーセーコスメポート……1
住友化学……1
日本ロレアル……1
富士フイルム……3

【医薬品】
ジョンソン・エンド・ジョンソン……1

【鉄鋼】
JFEスチール……1
日本製鉄……1

【非鉄金属】
JX金属……1
アルコニックス……1
古河電気工業……1
住友電気工業……1

【機械】
ダイキン工業……1
三菱重工業……2

【電気機器】
NEC……1
アクセル……1
パナソニック……1
富士通……1

【輸送用機器】
日立Astemo……1

【その他製品】
バンダイ……1
ポケモン……1
ヤマハ……1
宝印刷……1
凸版印刷……1

【電気・ガス業】
Looop……1
九州電力……1
中部電力……1
中部電力パワーグリッド……1
東京ガス……1

【陸運業】
JR東海……2
京浜急行電鉄……1

【情報・通信業】
AEVIC……1
Cygames……1
KDDI……1
NHK……5
NTTコミュニケーションズ……1
NTTデータNJK……1
PR TIMES……1
RPAテクノロジーズ……1
Sansan……1
Septeni Japan……1
TBSテレビ……1
インフォメーション・ディベロプメント……1
ヴァンテージIT……1
キャピタル・アセット・プランニング……1
コーエーテクモホールディングス……1
スクウェア・エニックス……1
スタメン……1
ソフト・オン・デマンド……1
テレビ朝日……1
ねこじゃらし……1
バンダイナムコエンターテインメント……2
ボーダーライン……1
ゆめみ……1
ランク王……1
ルクレ……1
情報セキュリティ……1
日本コントロールシステム……1
野村総合研究所……1

【卸売業】
伊藤忠丸紅鉄鋼……1
伊藤忠商事……1
国分グループ本社……1
丸紅……2
三井物産……1
三菱商事……4

【小売業】
アマゾンジャパン……1
コアスタッフ……1
パルコ……1
三越伊勢丹ホールディングス……1

【銀行業】
バンク・オブ・アメリカ……1
みずほフィナンシャルグループ……1
国際協力銀行……1
三井住友銀行……2
三井住友信託銀行……1
三菱UFJ銀行……2
商工組合中央金庫……1
新生銀行……1
静岡銀行……1
千葉銀行……2

【証券、商品先物取引業】
SMBC日興証券……1
モルガン・スタンレー……1
証券保管振替機構……1
大和アセットマネジメント……1
大和証券……1
野村証券……1

【保険業】
メットライフ生命保険……1
三井住友海上火災……1
損害保険ジャパン……1
東京海上日動火災……2
日本生命……1

【その他金融業】
JCB……2
日本政策金融公庫……1

【不動産業】
オープンハウス……1
三井不動産……1
森ビル……1
東急不動産……1

【サービス業】
ADK……1
ANYCOLOR……1
DOC TOKYO……1

第4章

EYストラテジー・アンド・コンサルティング …… 1
FMC …… 1
PwCコンサルティング …… 1
ZIHEN …… 1
Z会 …… 1
ZUU …… 1
アクセンチュア …… 1
アビームコンサルティング …… 1
ウォーライト …… 1
クイック …… 1
クニエ …… 3
コーン・フェリー・ジャパン …… 1
サイバーエージェント …… 1
ジャパンエレベーターサービスホールディングス …… 1
しんせい綜合税理士法人 …… 1
スプリックス …… 1
ソフトプレックス …… 1
デロイト トーマツ コンサルティング …… 2
デロイト トーマツ ファイナンシャルアドバイザリー …… 1
ニューピース …… 1
パーソルキャリア …… 1
ビービット …… 1
ビズリーチ …… 1
フューチャー …… 1
プロレド・パートナーズ …… 1
ベネフィット・ワン …… 1
マイム …… 1
マッキンゼー・アンド・カンパニー …… 2
マンパワーグループ …… 1
モチベーションアカデミア …… 1
リクルート …… 1
リンクコーポレイトコミュニケーションズ …… 1
旭化成アミダス …… 1
学習支援室 よしか塾NEXT …… 1
四季 …… 1
新国立劇場運営財団 …… 1
日本入試センター …… 1
船井総合研究所 …… 1
三菱地所コミュニティ …… 1
楽天 …… 8

【新聞・出版・広告】

KADOKAWA …… 3
ジェイアール東日本企画 …… 1
メディックス …… 1
秋田書店 …… 1
朝日新聞社 …… 1
講談社 …… 2
光文社 …… 1
集英社 …… 1
日本経済新聞社 …… 3
博報堂 …… 1
光村図書出版 …… 1

【教員・研究員・図書館等】

開智学園 …… 1
国立科学博物館 …… 1
東京大学 …… 2
特別支援教育支援員 …… 1

【その他】

EY新日本有限責任監査法人 …… 1
PwCあらた有限責任監査法人 …… 1
全国共済農業協同組合連合会 …… 1
不明 …… 3

教育学部（51人）

【官公庁】

茨城県 …… 1
会計検査院 …… 1
経済産業省 …… 1
厚生労働省 …… 1
総務省 …… 1
千葉県 …… 1
東京家庭裁判所 …… 1
東京都 …… 1
豊橋市 …… 1
法務省 …… 1
文部科学省 …… 1

【独立行政法人】

国際協力機構 …… 1

【繊維製品】

ミキハウス …… 1

【化学】

三菱ケミカルシステム …… 1

【ガラス・土石製品】

日本ガイシ …… 1

【電気機器】

日立製作所 …… 1

【陸運業】

JR東日本 …… 1

【情報・通信業】

10ANTZ …… 1
NHK …… 1
NTT東日本 …… 1
ナレッジセンス …… 1
フジテレビジョン …… 1
ランク王 …… 1
ワークスアプリケーションズ …… 1
野村総合研究所 …… 1

【卸売業】

伊藤忠商事 …… 1
丸紅 …… 1
三菱商事 …… 1

【銀行業】

三井住友信託銀行 …… 1
三菱UFJ銀行 …… 1
中国銀行 …… 1

【保険業】

日本生命 …… 1

【その他金融業】

オリックス …… 1
三井住友トラスト・アセットマネジメント …… 1

【サービス業】

Kerze …… 1
LITALICO …… 1
アドバンテッジ リスク マネジメント …… 1
アビームコンサルティング …… 1
クニエ …… 1
デロイト トーマツ ファイナンシャルアドバイザリー …… 1
ナガセ …… 1
パーソルキャリア …… 1
リブ・コンサルティング …… 1
楽天 …… 2
経営共創基盤 …… 1

【新聞・出版・広告】

光村図書出版 …… 1
読売新聞社 …… 1

【教員・研究員・図書館等】

中山中学校 …… 1
田名部高校 …… 1
東京大学 …… 1

教養学部（95人）

【官公庁】

外務省 …… 3
財務省 …… 1
総務省 …… 1
防衛省 …… 1
北海道 …… 1
横浜市 …… 1
不明（県庁） …… 1

【独立行政法人】

国際協力機構 …… 1
日本芸術文化振興会 …… 2

【水産・農林業】

さかなデザイン …… 1

【建設業】

大林組 …… 1
大気社 …… 1

【食料品】

REPUBLI9 …… 1
味の素 …… 1

【パルプ・紙】

日本製紙 …… 1

【化学】
クラレ……1
【医薬品】
中外製薬……1
【非鉄金属】
テックス・テクノロジー……1
住友電気工業……1
【機械】
ダイキン工業……1
三菱パワー……1
【電気機器】
アスペクト……1
日本テキサスインスツルメンツ……1
三菱電機……1
富士通……1
【その他製品】
任天堂……1
【電気・ガス業】
北陸電力……1
【海運業】
商船三井……2
日本郵船……1
【情報・通信業】
ＮＨＫエデュケーショナル……1
ＮＴＴコミュニケーションズ……1
アドソル日進……1
イーソル……1
キーエンスソフトウェア……1
テレビ朝日……1
バンダイナムコエンターテインメント……1
ブックウォーカー……1
野村総合研究所……1
弥生……1
不明……1
【卸売業】
伊藤忠商事……1
丸紅……1
三井物産……1
三菱商事……1
住友商事……1
【小売業】
プラステ……1
【銀行業】
バンク・オブ・アメリカ……1
みずほフィナンシャルグループ……1
国際協力銀行……1
三井住友銀行……1
新生銀行……1
【証券、商品先物取引業】
Mizuho Securities Asia Limited……1
みずほ証券……1
クレディ・スイス証券……1
三菱ＵＦＪモルガン・スタンレー証券……1
【不動産業】
ＮＴＴ都市開発……1
【サービス業】
baton……1
ＪＨＡＴ……1
ＫＰＭＧコンサルティング……1
ＰｗＣコンサルティング……3
アクセンチュア……1
クニエ……2
コスモスホテルマネジメント……1
シーユーシー……1
シンプレクス……1
テックス・テクノロジー……1
デロイト トーマツ コンサルティング……2
baton……1
ベイカレント・コンサルティング……1
ベネッセコーポレーション……1
リクルート……1
楽天……2
吉本興業ホールディングス……1
数塾……1
日本タタ・コンサルタンシー・サービシズ……1
【新聞・出版・広告】
講談社……1
日本経済新聞社……2
博報堂……1
【教員・研究員・図書館等】
京華女子高校……1
東京大学……2
【その他】
Ridilover……1
自由民主党……1
城内実事務所……1
日本音楽著作権協会……1
不明……2

工学部（87人）

【官公庁】
経済産業省……3
国土交通省……1
東京都……2
特許庁……1
日本銀行……2
福岡県……1
防衛省……1
【独立行政法人】
都市再生機構……1
【建設業】
ＵＴコンストラクション……1
鹿島……1
前田建設工業……1
村上建築工房……1
大野建設……1
日立プラントコンストラクション……1
【機械】
ＡＢＢ……1
ダイキン工業……1
【電気機器】
アルトナー……1
富士通……1
【輸送用機器】
トヨタ自動車……1
【電気・ガス業】
トーエネック……1
自然電力……1
東京ガス……1
北陸電力……1
【陸運業】
ＪＲ東海……1
【空運業】
ＡＮＡ……1
ＪＡＬ……1
【情報・通信業】
ＥＡＲＳ……1
Earth Technology……1
ＮＴＴコミュニケーションズ……1
ＮＴＴデータ……1
palan……1
pluszero……1
ＳＡＴＯＲＩ……1
ＳＩer……1
アイヴィス……1
ウェザーニューズ……1
プロシップ……1
ベンド……1
兼松エレクトロニクス……1
要……1
不明……1
【卸売業】
伊藤忠エネクス……1
伊藤忠商事……1
三井物産……1
三菱商事……1
不明……1
【小売業】
アマゾンジャパン……2
【証券、商品先物取引業】
クレディ・スイス証券……1
バークレイズ証券……1
野村証券……3
【保険業】
東京海上日動火災……1
【不動産業】
住友不動産……1

東急 1
三井不動産 1

【サービス業】
Compass Pioneering 1
GCA 1
VALUES 1
アクセンチュア 3
アマゾンウェブサービスジャパン 1
エスアールディ 1
オースビー 1
コントレス 1
ソニーミュージックグループ 1
デロイト トーマツ コンサルティング 3
ハウテレビジョン 1
ベイカレント・コンサルティング 1
マッキンゼー・アンド・カンパニー 3
不明 1

【新聞・出版・広告】
イザ 2
電通 1
博報堂DYメディアパートナーズ 1

【その他】
EY新日本有限責任監査法人 1
不明 1

理学部（19人）

【官公庁】
気象庁 1
警察庁 1

【食料品】
サッポロビール 1

【金属製品】
C&Gシステムズ 1

【情報・通信業】
Flatt Security 1
カプコン 1
グーグル 2
テクバン 1
バンク・オブ・イノベーション 1
フィックスターズ 1

【銀行業】
りそな銀行 1
三菱UFJ信託銀行 1

【証券、商品先物取引業】
野村証券 1

【保険業】
アクサ生命保険 1

【サービス業】
baton 1
ヴァリューズ 1
ディーエムエム・ドット・コム 1

【教員・研究員・図書館等】
開智学園 1

農学部（73人）

【官公庁】
外務省 1
農林水産省 5
府中市 1

【建設業】
GARP 1

【食料品】
日本たばこ産業 1

【繊維製品】
東レ 1

【化学】
ユニ・チャーム 1

【医薬品】
アステラス製薬 1
栄研化学 1
中外製薬 1

【電気機器】
AlphaTheta 1
日立製作所 1

【精密機器】
ミスミグループ本社 1

【陸運業】
JR東日本 1

【情報・通信業】
NHK 1
NTT東日本 1
TDAI Lab 1
イクス 1
イノベーションワーキングカンパニー 1
コア 1
ソフトバンク 1
野村総合研究所 1

【卸売業】
住友商事 1
三井物産 1
三菱商事 1

【銀行業】
みずほ銀行 1
八十二銀行 1

【証券、商品先物取引業】
UBS証券 1
みずほ証券 1
大和証券 2

【その他金融業】
アセットマネジメントOne 1
インキュベイトファンド 1
ゴールドマン・サックス・アセット・マネジメント 1
日本政策投資銀行 1
農林中央金庫 1

【不動産業】
ザイマックス 1
住友不動産 1
三菱地所 1

【サービス業】
EYストラテジー・アンド・コンサルティング 1
GUNCY'S 1
PwCコンサルティング 2
アビームコンサルティング 2
スマートブルー 1
デロイト トーマツ コンサルティング 1
ヒラソル銀座ダンススクール 1
ベイン・アンド・カンパニー 1
ボストンコンサルティンググループ 1
マッキンゼー・アンド・カンパニー 2
リクルート 1
楽天 2
どうぶつの総合病院 1
みなみ野動物病院 1
久山獣医科病院 1
大和高原動物診療所 1

【新聞・出版・広告】
小学館 1
電通 1

【教員・研究員・図書館等】
農業・食品産業技術総合研究機構 1
北海道大学 1
東京大学 1

【その他】
JA全中 1
あずさ監査法人 1
十勝農業共済組合 1
千葉県農業共済組合 1
有限責任監査法人トーマツ 1

薬学部（12人）

《薬学科（7人）》

【官公庁】
特許庁 1

【医薬品】
大正製薬 1
中外製薬 1
日本新薬 1

【金属製品】
TANAKAホールディングス 1

【サービス業】
エムスリー 1

【病院】
東京大学医学部附属病院 1

第4章

《薬科学科（5人）》

【情報・通信業】
Cygames 1
【卸売業】
三井物産 1
【その他金融業】
日本取引所グループ 1
【サービス業】
Asobica 1
シンプレクス 1

医学部（120人）

《医学科（107人）》

【独立行政法人】
東京都健康長寿医療センター 3
【サービス業】
TXP Medical 1
マッキンゼー・アンド・カンパニー 1
【病院】
JR東京総合病院 4
NTT東日本関東病院 1
さいたま赤十字病院 2
一宮西病院 1
茨城県立中央病院 1
横浜労災病院 1
関東中央病院 1
関東労災病院 1
亀田総合病院 2
京都大学医学部附属病院 1
虎の門病院 3
公立昭和病院 2
公立相馬総合病院 1
国保旭中央病院 4
国立国際医療研究センター病院 5
佐渡総合病院 2
埼玉病院 1
自治医科大学附属
さいたま医療センター 1
湘南鎌倉総合病院 1
湘南藤沢徳洲会病院 1
焼津市立総合病院 3
聖隷佐倉市民病院 1
聖路加国際病院 1
青梅市立総合病院 1
静岡赤十字病院 1
仙台厚生病院 1
千葉徳洲会病院 1
川崎市立川崎病院 1
大垣市民病院 1
竹田綜合病院 1
長野赤十字病院 1
島田市立総合医療センター 1
東京大学医学部附属病院 22
東京逓信病院 5
東京都立松沢病院 1
東京都立多摩総合医療センター 1
藤枝市立総合病院 6
日本赤十字社医療センター 4
日立総合病院 1
名古屋大学医学部附属病院 1
【その他】
不明 11

《健康総合医学科（13人）》

【機械】
ダイキン工業 1
【情報・通信業】
日本通信サービス 1
【サービス業】
KPMGコンサルティング 1
アクセンチュア 1
エムシー・アイ 1
ギミック 1
グリーンダイス 1
【病院】
上尾中央総合病院 1
東京大学医学部附属病院 5

法学政治学研究科（29人）

《修士課程（8人）》

【官公庁】
日本銀行 1
【電気機器】
日本IBM 1
【卸売業】
三井物産 1
【証券、商品先物取引業】
みずほ証券 1
モルガン・スタンレーMUFG証券 1
【その他金融業】
日本取引所グループ 1
【サービス業】
有澤法律事務所 1
【教員・研究員・図書館等】
東京大学 1

《博士課程（10人）》

【官公庁】
外務省 1
【情報・通信業】
野村総合研究所 1
【教員・研究員・図書館等】
華東政法大学 1
東京大学 4
日本学術振興会 2
日本国際問題研究所 1

《専門職学位課程（11人）》

【電気機器】
ソニー 1
【サービス業】
デロイト トーマツ コンサルティング 1
ポールヘイスティングス法律事務所 1
【教員・研究員・図書館等】
国立情報学研究所 2
東京大学 3
【その他】
不明 3

経済学研究科（72人）

《修士課程（68人）》

【官公庁】
茨城県 1
東京都 1
【食料品】
江崎グリコ 1
【電気機器】
日本IBM 2
富士通 1
【陸運業】
Beeプロジェクト 1
【情報・通信業】
NECソリューションイノベータ 1
NetEase, 1
サイボウズ 1
テンセント 1
ナビタイムジャパン 1
バイドゥ 2
方正 1
【小売業】
ノジマ 1
当当 1
【銀行業】
ゆうちょ銀行 1
国家開発銀行浙江省支行 1
三井住友銀行 2
三井住友信託銀行 3
【証券、商品先物取引業】
CITIC Securities Company Limited 1
SMBC日興証券 1
みずほ証券 1
三菱UFJモルガン・スタンレー証券 1
大和証券 1
【保険業】
住友生命 1
第一生命 1
日本生命 1

【その他金融業】
GCIアセット・マネジメント 1
JPモルガン・チェース 1
アセットマネジメントOne 1
ニッセイアセットマネジメント 1
【サービス業】
EYストラテジー・アンド・コンサルティング 2
Lilith Games 1
アクセンチュア 5
アビームコンサルティング 2
アリスタゴラ・アドバイザーズ 2
イー・ビジネス 1
カルティベーション 1
デロイト トーマツ コンサルティング 1
ボストンコンサルティンググループ 1
マッキンゼー・アンド・カンパニー 2
レイヤーズ・コンサルティング 1
価値総合研究所 1
作業帮教育科技 1
税理士法人ファルベ 1
三菱総合研究所 2
楽天 1
【その他】
PwCあらた監査法人 2
あずさ監査法人 1
中国深セン 1
有限責任監査法人トーマツ 2
不明 1

《博士課程（6人）》
【情報・通信業】
三菱経済研究所 1
【その他金融業】
GCIアセット・マネジメント 1
【教員・研究員・図書館等】
早稲田大学 1
東京大学 2
名古屋大学 1

人文社会系研究科（96人）

《修士課程（50人）》
【官公庁】
外務省 2
厚生労働省 1
東京高等裁判所 1
八王子市 1
【独立行政法人】
日本貿易振興機構 1
【情報・通信業】
NTTコミュニケーションズ 1
エムティーアイ 1
ソフトバンク 1
ドリコム 1
網屋 1
日鉄日立システムエンジニアリング 1
三菱総合研究所 1
野村総合研究所 1
【サービス業】
IQVIAソリューションズジャパン 1
Media Theater 1
アビームコンサルティング 1
ウィンキューブホールディングス 1
コネット東京 1
スプリックス 1
トランスコスモス 1
ビジョン・コンサルティング 1
横浜進学ゼミナール 1
楽天 1
高宮学園 1
博展 1
【新聞・出版・広告】
講談社 1
日本経済新聞社 1
【教員・研究員・図書館等】
サンリツ服部美術館 1
浅野学園中高 2
学習院大学 1
国立国会図書館 2
豊島岡女子学園中高 1
日本学術振興会 2
【その他】
日本電気協会 1
未定 9
不明 3

《博士課程（46人）》
【官公庁】
群馬県 1
【教員・研究員・図書館等】
大阪大学 1
大田区立郷土博物館 1
お茶の水女子大学 1
國學院大学 1
国立歴史民俗博物館 1
自治医科大学 1
就実大学・就実短期大学 1
秀明大学 1
情報・システム研究機構 1
総合研究大学院大学 1
高崎経済大学 1
東京国立博物館 1
東京大学 13
東京通信大学 1
東京農業大学 1
名古屋商科大学 1
日本学術振興会 8
北京外国語大学 1
法政大学 1
山梨学院大学 1
早稲田大学 2
【その他】
執筆業 1
未定 3

教育学研究科（44人）

《修士課程（26人）》
【官公庁】
横浜市 2
経済産業省 1
【独立行政法人】
国際協力機構 1
【建設業】
大和ライフネクスト 1
【非鉄金属】
JX金属 1
【電気機器】
美的集団有限公司 1
ソニー 1
【情報・通信業】
ByteDance 1
NTTデータ 1
セック 1
セプテーニ 1
共同通信社 1
【証券、商品先物取引業】
フィリップ証券 1
【不動産業】
森トラスト 1
【サービス業】
PwCコンサルティング 2
ラーニングエージェンシー 1
【新聞・出版・広告】
電通 1
【教員・研究員・図書館等】
実践学園中高 1
修道中高 1
成城学園 1
聖霊女子短期大学付属高校 2
卯ノ里小学校 1
高浜中学校 1

《博士課程（18人）》
【官公庁】
調布市 1
農林水産省 1
【教員・研究員・図書館等】
茨城キリスト教大学 1
慶應義塾大学 1
国立国会図書館 1
作新学院大学女子短期大学部 1

山梨学院短期大学……1
石巻専修大学……1
千葉大学……1
川村学園女子大学……1
洗足こども短期大学……1
長谷川メンタルヘルス研究所……1
東京学芸大学……1
東京工業大学……1
東京大学……2
立教女学院高校……1

【その他】
不明……1

総合文化研究科（151人）

《修士課程（110人）》

【官公庁】
宮城県……1
東京都……1
防衛省……1

【独立行政法人】
国際協力機構……1

【建設業】
大和ハウス工業……1

【食料品】
アンハイザー・ブッシュ・インベブ……1
ジェイ農園……1
白鶴酒造……1

【化学】
ノエビア……1
花王……1
日産化学……1

【医薬品】
Meiji Seika ファルマ……1
タカラバイオ……1
塩野義製薬……1

【機械】
ディスコ……1
栗田工業……1

【電気機器】
アドバンテスト……1
キオクシア……1
シスメックス……1
シャープ……1
ソニー……2
三菱電機……1
日本IBM……1
日立製作所……2
富士フイルムビジネスイノベーション……1

【輸送用機器】
デンソー……1

【その他製品】
タニタ……1
ポケモン……1
凸版印刷……1

【電気・ガス業】
中部電力パワーグリッド……1
東京電力……1

【情報・通信業】
DeepFlow……1
FIXER……1
GMOインターネット……1
NHK……1
NTTデータ……2
NTTデータNJK……1
NVIDIA……1
SHIFT……1
アイヴィス……1
イー・ビジネス……1
クラウドエース……1
ソフトバンク……1
テクノデジタル……1
ビッグツリーテクノロジー&コンサルティング……1
レルモ……1
沖縄セルラー電話……1
学研プラス……1
三菱UFJインフォメーションテクノロジー……1
東京ガス・iネット……1
日鉄ソリューションズ……1
日本タタ・コンサルタンシー・サービシズ……1
日本マイクロソフト……1
野村総合研究所……2
不明……1

【小売業】
Genky DrugStores……1
アマゾンジャパン……1
ニトリ中国販売……1
日本マクドナルド……1

【銀行業】
りそな銀行……1
商工組合中央金庫……1
日本マスタートラスト信託銀行……1

【保険業】
アフラック生命保険……1
かんぽ生命保険……1
中国平安保険グループ……1

【サービス業】
BRICK's……1
RIDDLER……1
アイレップ……1
アクセンチュア……3
アビームコンサルティング……1
アマゾンウエブサービスジャパン……1
イオンエンターテイメント……1
エスイージー……1
バンダイナムコエンターテインメント……1
みずほリサーチ&テクノロジーズ……2
リブ・コンサルティング……1
リブセンス……1
楽天……2
中崎・佐藤法律事務所……1
日本入試センター……1
名校教育グループ……1

【新聞・出版・広告】
朝日新聞社……1
電通……1
読売新聞社……1
名古屋大学出版会……1

【教員・研究員・図書館等】
慶應義塾大学……1
山梨大学……1
西大和学園……1
仙台二華中高……1
船橋啓明高校……1
東京大学……1
北海道大学……1

【病院】
JAとりで総合医療センター……1

【その他】
Teach For China……1
グローカルアカデミー……1
コロロ学舎……1
ピースウィンズ・ジャパン……1
松下政経塾……1
東京動物園協会……1
日本赤十字社……1
日本台湾交流協会……1
不明……1

《博士課程（41人）》

【医薬品】
ノバルティス ファーマ……1
中外製薬……1
田辺三菱製薬……1

【電気機器】
マイクロンメモリ ジャパン……1

【情報・通信業】
構造計画研究所……1

【サービス業】
バトン……1

【教員・研究員・図書館等】
アジア経済研究所……1
タイ地理情報・宇宙技術開発機関……1
横浜国立大学……1
京都産業大学……1
京都大学……1
熊本学園大学……1

国際基督教大学 1
国立遺伝学研究所 1
四国大学 1
自然科学研究機構 1
盛岡大学 1
大英博物館 1
追手門学院大学 1
東京工業大学 1
東京大学 11
東京農業大学 1
日本学術振興会 4
兵庫県立大学 1
理化学研究所 2

【その他】

立正佼成会 1
不明 1

工学系研究科（811人）

《修士課程（643人）》

【官公庁】

警察庁 2
海上保安庁 1
環境省 2
経済産業省 3
国土交通省 7
新潟県 1
東京都 2
特許庁 1
文部科学省 2
兵庫県警察 1
防衛省 1

【独立行政法人】

国際協力機構 1
都市再生機構 2

【鉱業】

ENEOS 1
三井金属鉱業 1

【建設業】

RMJM 1
tomito architecture 1
オンデザインパートナーズ 1
セントラルエンジニアリング 1
ティーハウス建築設計事務所 1
旭ビルウォール 1
安井建築設計事務所 1
空間構想 1
隈研吾建築都市設計事務所 1
三菱地所設計 1
市浦ハウジング&プランニング 1
新日本空調 1
森村設計 1
清水建設 11
積水ハウス 1
千代田化工建設 1
千葉学建築計画事務所 1
前田建設工業 1
大成建設 4
大林組 5
大和ハウス工業 1
竹中工務店 2
鉄建建設 1
日揮グローバル 1
日揮ホールディングス 1
日建設計 6
日本設計 1

【食料品】

森永製菓 1
味の素 1

【繊維製品】

帝人 2
東レ 4

【化学】

P&G 2
P&Gジャパン 1
TOYO TIRE 1
タイカ 1
ホーユー 1
ライオン 1
旭化成 3
花王 4
三井化学 1
三菱ケミカル 4
住友ベークライト 1
住友化学 4
昭和電工マテリアルズ 1
日亜化学工業 2
日本コルマー 1
日本ゼオン 3
富士フイルム 5

【医薬品】

BeiGene 1
アステラス製薬 2
メルク・アンド・カンパニー 1
小野薬品工業 1
第一三共 2
中外製薬 3
日本メジフィジックス 1
日本臓器製薬 1

【鉱業】

JX石油開発 1
INPEX 2
中国石油天然気 1

【ゴム製品】

ブリヂストン 3

【ガラス・土石製品】

AGC 3
イソライト工業 1
太平洋セメント 1
日本ガイシ 1

【鉄鋼】

JFEスチール 2
神戸製鋼所 1
日本製鉄 5
日本冶金工業 1

【非鉄金属】

YKK AP 1
古河電気工業 1
三菱マテリアル 1
住友電気工業 2

【機械】

DMG森精機 2
IHI 1
クボタ 1
ダイキン工業 2
中国船舶工業 1
ディスコ 1
三井E&Sマシナリー 1
三菱重工業 3
住友重機械工業 1
小松製作所 3

【電気機器】

ABB日本ベーレー 1
Hirain Technologies 1
NEC 3
アズビル 1
アンリツ 1
エンビジョンAESCジャパン 1
キオクシア 4
キーエンス 1
キヤノン 2
コニカミノルタ 1
ジーエス・ユアサ コーポレーション 1
シャープ 1
セイコーエプソン 3
ソニー 15
ソニーセミコンダクタソリューションズ 5
パナソニック 8
ファーウェイ 2
ファナック 6
ブラザー工業 1
マイクロンジャパン 1
マイクロンメモリ ジャパン 4
安川電機 1
京セラ 2
三菱電機 5
小米科技 1
村田製作所 1
東京エレクトロン 2
東芝 1

第4章

ディーエムエム・ドット・コム	3
デロイト トーマツ コンサルティング	2
トライグループ	1
パシフィックコンサルタンツ	3
フューチャー	2
プログレス・テクノロジーズ	1
ベイカレント・コンサルティング	2
ベイン・アンド・カンパニー	1
ボストンコンサルティンググループ	2
マッキンゼー・アンド・カンパニー	8
メイテック	1
よみうりランド	1
ランドブレイン	1
リクルート	4
リブ・コンサルティング	1
ワールドインテック	1
岡高志行政書士事務所	1
経営共創基盤	2
阪急阪神ホールディングス	1
大日本印刷	2
大和総研	1
中央復建コンサルタンツ	1
中日本高速道路	2
日建設計総合研究所	1
日水コン	1
日本工営	4
乃村工藝社	1
博報堂コンサルティング	1
豊田中央研究所	1
【新聞・出版・広告】	
電通	1
博報堂	4
博報堂DYメディアパートナーズ	1
【教員・研究員・図書館等】	
アジア開発銀行研究所	1
ペラデニヤ大学	1
宇宙航空研究開発機構	1
渋谷教育学園	1
東京工業大学	1
東京大学	1
【その他】	
National Building Research Organization	1
National Water Supply and Drainage Board	1
Vientiane Capital Water supply state Enterprise	1
タイ運輸省	1
タイ天然資源・環境省	1
ヤンゴン市開発委員会	1
地域おこし協力隊	1
中国国際貿易促進委員会	1
日本海事協会	2
不明	5

《博士課程(168人)》

【官公庁】	
岡山県	1
総務省	2
日本銀行	1
【建設業】	
鹿島	1
大成建設	1
竹中工務店	1
柳澤設計事務所	1
【化学】	
JSR	2
LG化学	1
旭化成	2
三菱ケミカル	1
日亜化学工業	1
日産化学	1
武蔵テクノケミカル	1
【医薬品】	
Sinovac Biotech	1
協和キリン	1
第一三共	1
中外製薬	1
【鉄鋼】	
JFEスチール	1
【機械】	
IHI	2
ウエスタンデジタル	1
牧野フライス製作所	1
【電気機器】	
ASMインターナショナル	1
NEC	2
アバールデータ	1
キーエンス	1
キオクシア	1
サムスン電子	5
シスメックス	1
ソニー	1
ソニーLSIデザイン	1
ソニーセミコンダクタソリューションズ	2
タワー パートナーズ セミコンダクター	1
ファーウェイ	2
マイクロンジャパン	3
村田製作所	1
東芝	4
日立製作所	1
【精密機器】	
ThrustMe	1
【その他製品】	
凸版印刷	1
【情報・通信業】	
NTT	1
NTTデータ	1
Synspective	1
コーピー	1
テラバイト	1
構造計画研究所	1
【小売業】	
アマゾンジャパン	1
【サービス業】	
Finatext	1
TMI総合法律事務所	1
イーソリューションズ	1
リクルート	2
楽天	2
東電設計	1
豊田中央研究所	1
【新聞・出版・広告】	
ニュートンプレス	1
【教員・研究員・図書館等】	
NTT物性科学基礎研究所	1
Zhejiang Lab	1
カセサート大学	1
カリフォルニア大学アーバイン校	1
カントー大学	1
コペンハーゲン大学	1
スイス連邦工科大学ローザンヌ校	1
トリブバン大学	1
パブナ科学技術大学	1
バンドン工科大学	1
フランス国立科学研究センター	1
マサチューセッツ工科大学	2
宇宙航空研究開発機構	2
岡山大学	1
海上・港湾・航空技術研究所 海上技術安全研究所	1
海洋研究開発機構	1
広東実験中学	1
高知工科大学	1
国土技術政策総合研究所	1
国立高雄師範大学	1
重慶大学	2
新エネルギー・産業技術総合開発機構	1
千葉工業大学	1
早稲田大学	1
筑波大学	1
中央大学	1
長沙理工大学	1
東京医科歯科大学	1
東京医科大学	1
東京工業大学	1
東京大学	43

東京都立産業技術研究センター……1
東京農工大学……1
同済大学……1
日本学術振興会……1
日本女子大学……1
日本大学……1
物質・材料研究機構……1
名古屋大学……2
明星大学……1
理化学研究所……5
不明……4

《専門職学位課程》

データなし

理学系研究科（239人）

《修士課程（133人）》

【官公庁】
気象庁……3
経済産業省……1
山梨県……1
総務省……1
東京都……1
日本銀行……1
農林水産省……2
文部科学省……1

【独立行政法人】
産業技術総合研究所……2

【鉱業】
INPEX……1

【建設業】
LIXIL……1

【食料品】
アサヒビール……1
日本たばこ産業……1

【パルプ・紙】
レンゴー……1

【化学】
P&G……1
ポーラ化成工業……1
花王……1

【医薬品】
杏林製薬……1
大正製薬……1

【ガラス・土石製品】
AGC……1

【鉄鋼】
藤木鉄工……1
日本重化学工業……1
日本製鉄……1

【非鉄金属】
三菱マテリアル……1
住友電気工業……1
不明……1

【機械】
エバ・ジャパン……1
クボタ……1
ソニーLSIデザイン……1
ダイキン工業……1
三井物産プラントシステム……1
豊栄製作所……1

【電気機器】
TDK……1
キオクシア……3
キヤノン……1
ソニー……1
パナソニック……2
マイクロンメモリ ジャパン……1
三菱電機……1
富士通……4
富士電機……1

【輸送用機器】
三菱ふそうトラック・バス……1

【精密機器】
キヤノンメディカルシステムズ……1
タムロン……1
ニコン……1

【その他製品】
河合楽器製作所……1

【電気・ガス業】
東京ガス……1

【陸運業】
JR東日本……1

【空運業】
国際航業……1

【情報・通信業】
KandaQuantum……1
NHK……1
NTT……1
NTTコミュニケーションズ……1
NTTデータ……1
NTT東日本……1
Relic……1
SALTO……1
SHIFT……1
Speee……1
イーソル……1
インタープリズム……1
エヌシーアイ総合システム……1
エリジオン……1
コーエーテクモホールディングス……2
セガ……1
テクノスデータサイエンス・エンジニアリング……1
パクテラ・テクノロジー・ジャパン……1
プロメテック・ソフトウェア……1
ボスコ・テクノロジーズ……1
ヤフー……1
伊藤忠テクノソリューションズ……1
日テレITプロデュース……1
日本総合研究所……1
網易……1
野村総合研究所……2
不明……1

【卸売業】
住友商事……1

【小売業】
ゼンショーホールディングス……1

【銀行業】
三井住友銀行……1
三菱UFJ銀行……1

【証券、商品先物取引業】
大和証券……1

【保険業】
東京海上日動火災……1
明治安田生命……1

【不動産業】
オープンハウス……1
東京建物……1

【サービス業】
アーサー・D・リトル・ジャパン……1
PwCコンサルティング……3
アイレップ……1
アクセンチュア……4
アドウェイズ……1
アビームコンサルティング……1
アマゾンウェブサービスジャパン……2
ヴァリューズ……1
オンサイト……1
シミック……1
シンプレクス……1
データアーティスト……1
ボストンコンサルティンググループ……1
みんなのマーケット……1
楽天……2
西村あさひ法律事務所……1
船井総合研究所……1

【新聞・出版・広告】
日本経済新聞社……1

【教員・研究員・図書館等】
医薬品医療機器総合機構……1
宇宙航空研究開発機構……1
篠崎高校……1
神戸学園……2
石油天然ガス・金属鉱物資源機構……1
鉄道総合技術研究所……1

【その他】
PwCあらた有限責任監査法人……2
日本気象協会……2

第4章

《博士課程（106人）》

【官公庁】
警察庁……1
原子力規制庁……1
国税庁……1
【独立行政法人】
産業技術総合研究所……1
【水産・農林業】
リージョナルフィッシュ……1
【建設業】
高砂熱学工業……1
【化学】
DIC……1
JSR……1
三菱ケミカル……1
昭和電工……1
富士フイルム……1
【医薬品】
コスモ・バイオ……1
旭化成ファーマ……1
協和キリン……2
小野薬品工業……1
中外製薬……1
【ガラス・土石製品】
ナルックス……1
【機械】
住友重機械工業……1
【電気機器】
NEC……1
キオクシア……2
セイコーエプソン……1
京セラ……1
東芝……1
日立製作所……2
【輸送用機器】
トヨタ自動車……1
【精密機器】
ニコン……1
【電気・ガス業】
電力中央研究所……1
東芝エネルギーシステムズ……1
【情報・通信業】
Arithmer……1
BonBon……1
Photosynth……1
QunaSys……1
ウェザーニューズ……1
ソフトバンク……1
モルフォ……1
ヤフー……2
ラティス・テクノロジー……1
【証券、商品先物取引業】
SMBC日興証券……1
野村証券……2
【その他金融業】
みずほ第一フィナンシャルテクノロジー……2
【サービス業】
Preferred Networks……1
クニエ……1
みずほ情報総研……1
【教員・研究員・図書館等】
CIC nanoGUNE……1
アリゾナ大学……1
ストックホルム大学……1
チューリッヒ大学……1
バーゼル大学……1
パリ大学……1
ペンシルベニア州立大学……1
韓国基礎科学研究院……1
京都大学……3
九州大学……4
高エネルギー加速器研究機構……3
国立遺伝学研究所……2
国立環境研究所……2
国立天文台……1
埼玉大学……1
上海交通大学……1
新潟大学……1
千葉工業大学……1
東京工業大学……1
東京大学……19
南洋工科大学……1
日本学術振興会……3
福岡大学……1
豊橋技術科学大学……1
理化学研究所……3
不明……1

新領域創成科学研究科（417人）

《修士課程（320人）》

【官公庁】
岩手県……1
経済産業省……3
厚生労働省……1
国土交通省……1
静岡県……1
特許庁……2
文部科学省……1
流山市……1
【独立行政法人】
国際協力機構……1
産業技術総合研究所……1
都市再生機構……2
農林水産消費安全技術センター……1
【鉱業】
ENEOS……1
INPEX……3
コスモエネルギーホールディングス……1
石油資源開発……1
【建設業】
K.S.P……1
久米設計……1
熊谷組……1
構造計画プラス・ワン……1
佐藤宏尚建築デザイン事務所……1
佐藤淳構造設計事務所……1
山下設計……1
鹿島……1
清水建設……1
大林組……2
竹中工務店……2
東京メトロ都市開発……1
日揮グローバル……3
日建設計……1
日本設計……1
平岩構造計画……1
済南市政設計院……1
【食料品】
アマモス・アマゾン……1
かどや製油……1
やおきん……1
ヤマサ醤油……1
森永製菓……1
雪印メグミルク……1
渡辺農事……1
東海漬物……1
日本たばこ産業……1
敷島製パン……1
【繊維製品】
東レ……1
【化学】
P&G……1
P&Gジャパン……1
コーセー……1
デンカ……1
ライオン……1
協和発酵バイオ……1
三菱ケミカル……2
昭和電工……1
昭和電工マテリアルズ……1
富士フイルム……1
【医薬品】
Qilu Pharmaceutical……1
Syneos Health……1
アステラス製薬……1
ジョンソン・エンド・ジョンソン……1
協和キリン……1
住商ファーマインターナショナル……1
第一三共……1

日本クレア …… 1
徐州品学教育信息咨询有限公司 …… 2
有人宇宙システム …… 1

【新聞・出版・広告】
博報堂DYメディアパートナーズ …… 1

【教員・研究員・図書館等】
科学技術振興機構 …… 1
材料科学技術振興財団 …… 1
石川工業高等専門学校 …… 1
東京大学 …… 1
上海有機化学研究所 …… 1

【その他】
特許業務法人 創成国際特許事務所 …… 1
日本海事協会 …… 2
有限責任監査法人トーマツ …… 1
不明 …… 39

《博士課程（97人）》

【官公庁】
シンガポール科学技術研究庁 …… 1
東京消防庁 …… 1

【独立行政法人】
産業技術総合研究所 …… 3

【化学】
DIC …… 1
昭和電工マテリアルズ …… 1
太陽インキ製造 …… 1

【医薬品】
アステラス製薬 …… 1
旭化成ファーマ …… 1
協和キリン …… 1
大日本住友製薬 …… 1
中外製薬 …… 3
田辺三菱製薬 …… 1

【非鉄金属】
古河電気工業 …… 1

【電気機器】
コニカミノルタ …… 1
サムスン電子 …… 1
パイクリスタル …… 1
安川電機 …… 1
三菱電機 …… 1
東京エレクトロン テクノロジーソリューションズ …… 1
日立製作所 …… 2

【輸送用機器】
現代自動車 …… 1
豊田自動織機 …… 1

【精密機器】
セイコーホールディングス …… 1

【陸運業】
JR東日本 …… 1

【情報・通信業】
VASP Software GmbH …… 1
アイヴィス …… 1

【不動産業】
東急不動産 …… 1

【サービス業】
LocationMind …… 2
MS&ADインターリスク総研 …… 1
Topological Arts …… 1
エア・リキードグローバルE&C ソリューションズジャパン …… 1
カラクリ …… 3
サステナブル・ラボ …… 1
総合地質調査 …… 1

【教員・研究員・図書館等】
KDI School of Public Policy and Management …… 1
アジア開発銀行研究所 …… 1
ハーバード大学 …… 1
ベイラー医科大学 …… 1
マックス・プランク研究所 …… 1
リンショーピング大学 …… 1
沖縄科学技術大学院大学 …… 1
京都大学 …… 2
九州大学 …… 2
国立感染症研究所 …… 1
千葉工業大学 …… 1
東京大学 …… 19
東京理科大学 …… 1
日本原子力研究開発機構 …… 1
日本大学 …… 1
武漢大学 …… 1
福井県工業技術センター …… 1
北海道大学 …… 1
理化学研究所 …… 1

【その他】
早雲会 …… 1
不明 …… 15

情報理工学系研究科（186人）

《修士課程（160人）》

【官公庁】
群馬県 …… 1
警察庁 …… 1
日本銀行 …… 1

【鉱業】
PETRONAS …… 1

【化学】
三菱ケミカルシステム …… 1
富士フイルム …… 1

【医薬品】
ネクスジェン …… 1

【機械】
Mujin …… 1
ダイキン工業 …… 2

【電気機器】
アドバンスト・マイクロ・デバイセズ …… 1
キーエンス …… 3
ソニー …… 14
パナソニック …… 2
ファナック …… 2
三菱電機 …… 2
日立製作所 …… 5
矢崎総業 …… 1

【輸送用機器】
ティアフォー …… 3
デンソー …… 1
川崎重工業 …… 1
不明 …… 1

【精密機器】
島津製作所 …… 2

【その他製品】
ヤマハ …… 1
任天堂 …… 3

【情報・通信業】
ALBERT …… 1
ByteDance …… 1
LegalForce …… 1
MC Digital …… 1
NECソリューションイノベータ …… 1
NTT …… 1
NTT研究所 …… 2
NTTデータ …… 2
NTTドコモ …… 2
PKSHA Technology …… 1
rinna …… 1
Sky …… 1
Stake Technologies …… 1
アイビス …… 1
アカツキ …… 1
キャディ …… 1
グーグル …… 3
クリプトン・フューチャー・メディア …… 1
ゲームフリーク …… 1
コーエーテクモホールディングス …… 1
ソフトバンク …… 5
テンセント …… 1
ナウキャスト …… 1
ピクシブ …… 1
フィックスターズ …… 1
フューチャー …… 3
ブレインパッド …… 1
ヤフー …… 4
三菱総合研究所 …… 1
日鉄ソリューションズ …… 2
日本IBMデジタルサービス …… 1

日本通信……1
野村総合研究所……1

【卸売業】
三井物産……1

【小売業】
アマゾンジャパン……5

【銀行業】
三菱UFJ銀行……1
三菱UFJ信託銀行……1

【証券、商品先物取引業】
ゴールドマン・サックス……2
みずほ証券……1

【保険業】
AIG損保保険……1
東京海上日動火災……1
明治安田生命……1

【その他金融業】
PayPay……1
野村アセットマネジメント……1

【不動産業】
三井不動産……1

【サービス業】
EYストラテジー・アンド・
コンサルティング……1
LINE……5
pluszero……1
Preferred Networks……3
PwCコンサルティング……2
Ridge-i……1
アウトソーシングテクノロジー……1
アクセンチュア……1
アマゾンウェブサービスジャパン……8
エスタイル……1
グッドパッチ……1
ディー・エヌ・エー……1
デロイト トーマツ コンサルティング……2
ピー・アンド・イー・ディレクションズ……1
ビズリーチ……1
ボストンコンサルティンググループ……1
マッキンゼー・アンド・カンパニー……2
メルカリ……1
リクルート……3
楽天……1
三菱UFJトラストシステム……1

【新聞・出版・広告】
数研出版……1

【教員・研究員・図書館等】
NTT研究所……2
栄光学園中高……1

《博士課程(26人)》

【鉱業】
日本製鉄……1

【建設業】
竹中工務店……1

【電気機器】
日本IBM……1
東芝……1
三菱電機……1

【情報・通信業】
AnyMind Group……1
CyberAgent Inc.……1
NHK……1

【サービス業】
Preferred Networks……1
豊田中央研究所……1

【教員・研究員・図書館等】
沖縄科学技術大学院大学……1
慶應義塾大学……1
東京工業大学……1
東京大学……12

【その他】
国立障害者
リハビリテーションセンター……1

数理科学研究科(33人)

《修士課程(16人)》

【官公庁】
国税庁……1
神奈川県……1

【銀行業】
みずほフィナンシャルグループ……1

【証券、商品先物取引業】
みずほ証券……1

【保険業】
第一生命……1
東京海上日動火災……1

【サービス業】
KADOKAWA Connected……1

【その他】
不明……9

《博士課程(17人)》

【官公庁】
日本銀行……1

【教員・研究員・図書館等】
海上技術安全研究所……1
京都大学……1
東京大学……4
東京理科大学……1
理化学研究所……2

【その他】
不明……7

農学生命科学研究科(231人)

《修士課程(178人)》

【官公庁】
外務省……1
環境省……2
京都府……1
経済産業省……2
国土交通省……2
水産庁……2
特許庁……1
農林水産省……3
富山県……1
林野庁……1

【水産・農林業】
サカタのタネ……1
タキイ種苗……1
ヤマゲン……1
日本水産……2

【建設業】
アウェア……2
フジタ……1
モッコク江舎……1
山下設計……1
鹿島……3
住友林業……1
小西泰孝建築構造設計……1
清水建設……1
日特建設……1
不明……1

【食料品】
アサヒビール……1
アサヒ飲料……1
アピ……1
キッコーマン……1
キリンホールディングス……1
サントリーホールディングス……2
ニチレイフーズ……1
ニップン……5
ピックルスコーポレーション……1
マルハニチロ……1
ヤマサ醤油……1
ユーグレナ……1
月桂冠……1
湖池屋……1
香林館……1
東洋新薬……1
山崎製パン……2
雪印メグミルク……1
日清フーズ……1
不二製油……1
味の素……2
明治……1

【パルプ・紙】
レンゴー……1

【化学】
カネカ……1

クミアイ化学工業	1
コニシ	1
タカラバイオ	1
ホーユー	1
ミルボン	2
旭化成	1
昭和電工	1
太陽ホールディングス	2
日本ロレアル	1
日本高純度化学	1
【医薬品】	
救急薬品工業	1
天野エンザイム	1
富士薬品	1
【機械】	
アドバンテック	1
クボタ	1
三一重工股份有限公司	1
【電気機器】	
ZMP	1
アズビル	1
キオクシア	1
ミネベアミツミ	1
三菱電機	1
日本IBM	1
富士通	3
【その他製品】	
ケープ	1
フジクリーン工業	1
【電気・ガス業】	
東京ガス	1
東京電力	1
【情報・通信業】	
NHKエンタープライズ	1
NSソリューションズ東京	1
NTTデータ	1
NTTデータ・フィナンシャルコア	1
キヤノンITソリューションズ	1
セック	1
ソフトバンク	2
テレビ朝日	1
テンセント	1
ブレインパッド	1
フレクト	1
マイプラス	1
マクロミル	1
三菱UFJ リサーチ&コンサルティング	1
日鉄ソリューションズ	3
野村総合研究所	1
フリーランス	1
不明	2
【卸売業】	
丸紅	1
三井物産	3
三菱商事	1
住友商事	1
双日	1
【小売業】	
三越伊勢丹	1
【銀行業】	
三井住友銀行	3
三井住友信託銀行	1
商工組合中央金庫	1
【証券、商品先物取引業】	
Soochow Securities	1
シティグループ証券	1
みずほ証券	1
モルガン・スタンレー	1
野村証券	2
【保険業】	
プルデンシャル生命保険	1
東京海上日動火災	1
日本生命	2
不明	1
【その他金融業】	
日本政策投資銀行	1
【不動産業】	
リオ・ホールディングス	1
森トラスト	2
【サービス業】	
EYストラテジー・アンド・コンサルティング	1
PwCコンサルティング	1
Wiz	1
いであ	1
オースビー	1
クニエ	1
サイネオス・ヘルス・クリニカル	1
サポート行政書士法人	1
チームラボ	1
テックスエンジソリューションズ	1
デロイト トーマツ コンサルティング	2
ヒューマンリンク	1
プリンスホテル	1
ベイカレント・コンサルティング	1
マッキンゼー・アンド・カンパニー	1
みずほリサーチ&テクノロジーズ	1
ワールドインテック	1
楽天	1
日本工営	1
不明	2
【教員・研究員・図書館等】	
十文字学園女子大学	1
東京大学	1
東都文化財保存研究所	1
不明	1
【その他】	
JA全中	1
PwCあらた有限責任監査法人	1
長岡市地域おこし協力隊	1
日本医師会	1
日本経済団体連合会	1
日本生態系協会	1
有限責任監査法人トーマツ	1

《博士課程（53人）》

【官公庁】	
長崎県	1
【化学】	
花王	1
住友化学	1
【医薬品】	
杏林製薬	1
協和キリン	1
新日本科学	1
第一三共	1
中外製薬	2
天野エンザイム	1
微生物化学研究所	1
【金属製品】	
シネジック	1
【機械】	
ダイキン工業	1
【情報・通信業】	
SHIFT	1
【銀行業】	
みずほフィナンシャルグループ	1
【サービス業】	
Economic Intelligence Center	1
Quantomics	1
TRVA動物医療センター	1
埼玉動物医療センター	1
【教員・研究員・図書館等】	
ちとせ研究所	1
テキサス大学	2
京都大学	1
広西大学	1
森林研究整備機構 森林総合研究所	1
千葉大学	1
相模中央化学研究所	1
中国農業科学院	1
東京工業大学	1
東京大学	14
東北大学	1
日本学術振興会	1
農業・食品産業技術総合研究機構	2
麻布大学	1
兵庫県立大学	1
理化学研究所	2

【その他】
未定……1
不明……1

薬学系研究科（83人）

《修士課程（44人）》

【官公庁】
千葉県……2
特許庁……1
【独立行政法人】
医薬品医療機器総合機構……2
【食料品】
カゴメ……1
サントリーホールディングス……1
【化学】
コーセー……1
三菱ガス化学……2
信越化学工業……1
太陽ホールディングス……1
【医薬品】
Meiji Seikaファルマ……1
小野薬品工業……2
大塚製薬……1
第一三共……1
武田薬品工業……1
中外製薬……4
【電気機器】
キーエンス……1
パナソニック……1
【情報・通信業】
ザイオソフト……1
トライネット……1
東京システム技研……1
日立医薬情報ソリューションズ……1
野村総合研究所……2
【卸売業】
住友商事……1
【証券、商品先物取引業】
ゴールドマン・サックス証券……1
【サービス業】
Finatext……1
PwCコンサルティング……1
WDB エウレカ社……1
アビームコンサルティング……1
シミックファーマサイエンス……1
デロイト トーマツ
ファイナンシャルアドバイザリー……1
パレクセル・インターナショナル……1
ボストンコンサルティンググループ……1
ワールドインテック……1
【その他】
不明……3

《博士課程（39人）》

【官公庁】
厚生労働省……1
【独立行政法人】
医薬品医療機器総合機構……1
【食料品】
日本たばこ産業……2
【化学】
花王……1
住友化学……1
東ソー……1
【医薬品】
アステラス製薬……3
ノーベルファーマ……1
ノバルティス ファーマ……2
ペプチドリーム……1
協和キリン……2
塩野義製薬……1
大日本住友製薬……1
第一三共……3
中外製薬……7
【教員・研究員・図書館等】
国立がん研究センター……1
千葉大学……1
東京大学……7
【病院】
Mayo Clinic……1
筑波大学附属病院……1

医学系研究科（277人）

《修士・博士前期課程（40人）》

【官公庁】
東京都北区……1
【化学】
ファンケル……1
【情報・通信業】
アイプランニング……1
【卸売業】
アルフレッサ……1
【サービス業】
ぐるんとびー……1
ロッツ……1
善光会……1
【病院】
東京大学医学部附属病院……1
武蔵野赤十字病院……1
【その他】
不明……31

《医学博士課程（181人）》

【官公庁】
名古屋市……1
【食料品】
キリンホールディングス……1
【化学】
P&G……1
【医薬品】
大日本住友製薬……1
田辺三菱製薬……1
【電気機器】
NEC……1
【銀行業】
三菱UFJ銀行……1
【サービス業】
エムスリー……1
オルトメディコ……1
【教員・研究員・図書館等】
医療科学研究所……1
医療経済研究機構……1
宇宙航空研究開発機構……1
国際開発センター……1
埼玉医科大学……1
自治医科大学……1
清華大学……1
千葉大学……1
川崎市立看護短期大学……1
大阪医科大学……1
筑波大学……2
東京医科歯科大学……1
東京大学……16
日本学術振興会……1
北京協和医学院……1
理化学研究所……1
【病院】
NTT東日本関東病院……2
がん研究会 有明病院……1
愛育病院……1
伊藤病院……1
横浜労災病院……1
虎の門病院……2
公立昭和病院……1
国際医療福祉大学三田病院……1
焼津市立総合病院……1
人生100年時代クリニック……1
大友医院……1
調布病院……1
帝京大学附属溝口病院……1
東京大学医学部附属病院……18
東京都立小児総合医療センター……1
日本赤十字社医療センター……2
地域医療機能推進機構
東京山手メディカルセンター……1
【その他】
UNICEF Kenya……1
国立がん研究センター……3
不明……100

《博士後期課程（30人）》

【サービス業】
医療の入り口サービス……1

【教員・研究員・図書館等】
東京大学……2

【病院】
地域医療機能推進機構
　東京山手メディカルセンター……1
Sunnybrook health sciences centre……1
がん研究会 有明病院……1
河北総合病院……1
下志津病院……1
虎の門病院……2
三井記念病院……1
国際医療福祉大学三田病院……1
大森赤十字病院……1
がん感染症センター
　東京都立駒込病院……1
東京大学医学部附属病院……10
地域医療機能推進機構
　東京山手メディカルセンター……1
米盛病院……1
北里大学病院……1

【その他】
不明……3

《専門職学位課程（26人）》

【医薬品】
アステラス製薬……1

【サービス業】
アクセンチュア……1

【新聞・出版・広告】
エルゼビア・ジャパン……1

【病院】
地域医療機能推進機構大阪病院……1
国際医療福祉大学成田病院……1
秋田大学医学部附属病院……1
東京ベイ・浦安市川医療センター……1

【その他】
日本医療機能評価機構……1
不明……18

学際情報学府（79人）

《修士課程（70人）》

【官公庁】
経済産業省……1
東京都……1

【独立行政法人】
情報処理推進機構……1

【化学】
P&Gジャパン……2

【機械】
DG TAKANO……1

【電気機器】
BOE……1
キーエンス……1
ソニー……5
ファーウェイ……1
日本IBM……2
日立製作所……1
不明……1

【輸送用機器】
いすゞ自動車……1
デンソー……1
トヨタ自動車……1

【情報・通信業】
bilibili……1
Freewill……1
Indeed Japan……1
NTTコミュニケーション……1
NTTドコモ……3
SAPジャパン……1
TBSテレビ……1
アニプレックス……1
コナミデジタルエンタテインメント……1
スマートニュース……1
トライシクル……1
ワークスアプリケーションズ……1
日本総合研究所……1
野村総合研究所……1

【卸売業】
三菱商事……1

【保険業】
中国平安保険……1

【その他金融業】
野村アセットマネジメント……1

【サービス業】
c……1
Nsketch……1
アクセンチュア……1
アマゾンウェブサービスジャパン……1
エクスモーション……1
シミックホールディングス……1
シンプレクス……1
チームラボ……1
デロイト トーマツ コンサルティング……1
ノメナ……1
リクルート……2
リュウズオフィス……1
美団……1
楽天……1
大日本印刷……1

【新聞・出版・広告】
博報堂DYメディアパートナーズ……1

【病院】
岡山大学病院……1
九州大学病院……1
新潟大学医歯学総合病院……1
東京大学医学部附属病院……1

【教員・研究員・図書館等】
国立国際医療研究センター……1
国立成育医療研究センター……1
国立精神・神経医療研究センター……1
東京医科歯科大学……1
武蔵野美術大学……1
ソニーコンピュータサイエンス研究所……1

【その他】
eightis……1
芸術資源開発機構……1
不明……1

《博士課程（9人）》

【官公庁】
総務省……1

【情報・通信業】
NEXON Korea Corporation……1

【サービス業】
社会安全研究所……1

【教員・研究員・図書館等】
青山学院大学……1
早稲田大学……1
東京医科大学……1
東京大学……2
桃山学院大学……1

公共政策学教育部（72人）

【官公庁】
外務省……4
環境省……1
熊本県……1
経済産業省……1
警察庁……2
厚生労働省……2
自衛隊……1
総務省……1
東京都……1
内閣府……1
農林水産省……1
防衛省……1
文部科学省……1

【独立行政法人】
国際協力機構……3

【鉱業】
中国石油天然気集団公司……1

【食料品】
ブリティッシュ・アメリカン・タバコ・ジャパン……1
【電気機器】
チャレナジー……1
パナソニック……1
ルネサス エレクトロニクス……1
東芝……1
【情報・通信業】
Bytedance……1
イー・ビジネス……1
三菱UFJリサーチ&コンサルティング……1
日本マイクロソフト……1
日本総合研究所……1
富士ソフト……1
【卸売業】
三菱商事……1
【小売業】
TOKYO BASE……1
日本調剤……1
【銀行業】
Reserve Bank of India……1
中国建設銀行……1
三井住友銀行……1
三井住友信託銀行……1
【証券、商品先物取引業】
Guotai Junan Securities……1
みずほ証券……1
野村証券……1
不明……2

【保険業】
日本生命……1
【その他金融業】
農林中央金庫……1
【サービス業】
CRD協会……1
KPMGコンサルティング……1
PwCコンサルティング……3
R&P China Lawyers……1
アクティブ アンド カンパニー……1
デロイト トーマツ コンサルティング……2
ベイン・アンド・カンパニー……1
マッキンゼー・アンド・カンパニー……1
ランスタッド……1
リクルート……1
東京駿河台法律事務所……1
楽天……1
不明……1
【新聞・出版・広告】
ポプラ社……1
【教員・研究員・図書館等】
アジア開発銀行研究所……1
コロンビア大学……1
【その他】
PwCあらた有限責任監査法人……2
日本証券業協会……1
有限責任監査法人トーマツ……1
不明……2

バックナンバーのご案内

『東大2020　考えろ東大』
インタビュー猪子寿之　ほか

『東大2021　東大主義』
インタビュー片山さつき　ほか

『東大2019　東大オモテウラ』
インタビュー三田紀房　ほか

バックナンバーの通信販売について

在庫状況および購入方法は、下記までお問い合わせください。

東京大学新聞社 03-3811-3506　　東京大学出版会 03-6407-1069

AD INDEX（50音順）

読者プレゼントのご案内

アンケートに答えて

プレゼントを手に入れよう！

東大2022を読んで、

アンケートに答えてくださった方の中から、

付属のアンケートはがきにご記入の上、2021年10月31日（当日消印有効）までにお送りください。
当選者の発表は、プレゼントの発送をもって代えさせていただきます。

また、アンケートにお答えいただいた方全員に、9月発行の『受験生特集号』をお送りいたします！
こちらは2022年7月31日まで受け付けておりますので、ぜひアンケートにご協力ください。

東大新聞オンラインを活用して他の受験生に差をつけよう！

東京大学新聞社では、より自由に・より広く情報を発信するため、オンラインメディア「東大新聞オンライン」を運営しています。

東大に関するニュース、東大生活や東大生の就職に関する情報に加え、受験生に向けたお役立ち情報を積極的に発信中！受験生の皆さんから送られてきたお悩みや相談事を基に東大生や東大の教員などに話を聞く連載企画「受験なんでも相談室」、受験生に向けた東大教員のインタビュー記事、毎年冬の連載企画「受験生応援連載」など受験生向けのコンテンツを豊富にそろえています。

東大に根ざした学生メディアだからこそ独自に発信できるお得な情報が満載の東大新聞オンライン。積極的に活用して他の受験生に差をつけましょう！

編集後記

主に「カラフルな東大」を担当させていただきました。駒場をはじめ各キャンパスに撮影に出向いたのですが、白金台にも東大のキャンパスがあるなんて知りませんでした。自分の通っている大学でも知らないことがたくさんあるのですね。受験生の皆さんも、勉強の合間に学校や自宅の周りをもう一度散策されてはいかがですか。今までは知らなかった素敵な何かが見つかると思います。

＊担当：カラフルな東大、後期学部紹介

（理Ⅰ・2年　安部道裕）

東大生に取材し、東大生が編集しているからこそ、この本には東大のリアルな魅力が詰まっているなと感じます。東大には魅力的な人がたくさんいます。私自身、東大新聞で活動を始めて、部内や取材先の東大生、教員の方とお話しするたびに新しい学びがあり、刺激を受ける日々です。そんな魅力が少しでも伝わり、この本が、読んでくださった受験生にとって有意義なものになることを心から願っています。

＊担当：科類紹介、大学院生活紹介、コラム

（理Ⅱ・2年　伊藤凜花）

僕はこの本の存在を東大新聞に入部してから初めて知りましたが、この本は東大についての情報が満載で、まさに受験生時代に欲しかったなあと思います。この本を手に取っている皆さんはある意味ラッキーだと思います。しかし、この本に書かれていることも東大のごく一部にすぎません。状況が許せばぜひ直接足を運び、キャンパスの雰囲気を肌で感じてみてください。そして、自分に合うかどうかを確かめてみてください。きっとそこからいろいろなものが見えてくるはずです。

＊担当：科類紹介、後期学部紹介、東大卒業生に聞く国家公務員の仕事

（文Ⅲ・2年　川田真弘）

受験はもう二度と経験したくないと言い続けてもう大学2年生になっていました。ただただ自堕落な日々を2年も送るとふとした時に受験生の時の自分に厳しかった時を思い出す…と言いたいところですが、受験生の時も自堕落だったのでその生活の延長ですわ。

＊担当：駒場生活徹底解説、後期学部紹介、東大卒業後の働き方、コラム

（理Ⅱ・2年・黒田光太郎）

「忘却はよりよき前進を生む」。ニーチェの言です。受験生にとって敵でしかない忘却も、人間としては、忘れたいことを忘れるありがたい代物なのかもしれません。そして、実のところ、大学に入れば受験生時代に覚えたものの多くは精彩を失います。そんな現実の中でいかに受験体験から「合格」以外の前進を得るのか？ 気持ちに余裕があれば、考えてみるのも有益かと思います。

＊担当：東大教員・東大生からの勉強アドバイス

（文Ｉ・２年　桑原秀彰）

誰しも入学後について夢見たことが一度はあるでしょう。かくいうわたしも、合格したら＝＝をしてやろう（恥ずかしいので詳細は内緒）構文でそれはもういろんな野望を抱いていました。それらが叶ったかというと……そんなに叶っていない気もします。でも＝＝の代わりに、当時は想像もできなかった多くのことを学べました。受験にはToDoリストが役立ちますが、大学での挑戦は今のあなたの想像なんて超えちゃうくらいが丁度いいんだと思いますよ。

＊担当：東大教員・東大生からの勉強アドバイス、進学選択制度紹介、東大卒業後の働き方、東大卒業生に聞く国家公務員の仕事、就職先一覧

（文Ⅲ・２年　鈴木茉衣）

浪人奮闘記と進学選択体験記を執筆させていただきました。初めて取材を行う中で、進路や将来やりたいことについての先方の考えに触れて、取材を行う自分自身も影響を受けていくという貴重な経験を得られました。素敵な出会いを心待ちにして、これからも新聞部で記者として活動していきたいです。

＊担当：浪人奮闘記、進学選択体験記

（文Ⅱ・２年　廣瀬太雅）

受験生にとっての東大は、球児にとっての甲子園に似ているかもしれません。憧れであり目標であり、その場所に立つために毎日努力を重ねる……。しかし、決定的に違うのは、東大に挑戦する権利は誰しもが持っているということです。案外、東大に合格するための一番の試練は、東大に行こうと思うことなのかもしれません。

「艱難汝を玉にす」。受験という壁に磨かれたみなさんと、キャンパスでお会いできるのを楽しみにしています。

＊担当：川窪慎太郎さんインタビュー、科類紹介、後期学部紹介、東大卒業後の働き方、アンケートでスクラッチ

（理Ｉ・２年　松崎文香）

自分が受験生だった２年前のことは、もうあまり思い出せません。苦労の末に合格したのに意外と忘れてしまうものですね。大学でいろいろなことを経験して、前を向いているからこそだと思います。受験生の皆さんにも、受験勉強なんて大したことなかったな、と思う日がきっときます。なので、深刻になりすぎずに遠くを見据えてください。でも、今に全力になれない人にその後はない、という考え方にも一理あります。この辺りのバランスって難しいですよね。頑張ってください、応援しています。

＊担当：合格体験記・浪人奮闘記、進学選択体験記、東大卒業後の働き方、アンケートでスクラッチ

（文Ⅲ・２年　山﨑聖乃）

先日「白い明太チーズクリームうどん」という食べ物を食べました。「俺の口にはそんなおしゃれな食べ物は合わないって」と思いな

がらも、友人に連れられて食べに行きました。食べてみると、案外おいしかったです。東大も、そんな味がします。

受験勉強は大変かと思いますが、頑張ってください。私はこれから、駒場に住む友人とサイファーをしてきます。

＊担当：信友直子さんインタビュー、東大教員・東大生からの勉強アドバイス、推薦入試制度紹介、大学院生活紹介、アンケートでスクラッチ　（文Ⅱ・2年　弓矢基貴）

大学生になったときには新型コロナウイルスが流行していた。私自身、想像していた大学生活とはかなり異なる1年を過ごし、不遇に感じなかったわけではない。しかし、この状況でも精力的に活動する東大生へのインタビューを通し、状況を活かせるか否かはその人次第であると痛感した。

東大も、もちろん恵まれた環境ではあるはずだが、存分に楽しめるかは各々の活かし方にかかっていると思う。やはり大学時代は、長い夏休みのようなものである。

＊担当：東大生が描くスクラッチアート、科類紹介、東大卒業生に聞く国家公務員の仕事
（文Ⅰ・2年　渡辺光）

進学選択の参考として位置づけられた後期学部紹介ですが、すでに進学済みの私でも興味深く読むことができました。進学先が分からない人だけでなく、確定した人にもその選択を考え直す機会を提供できたらと思います。これがあれば、私のように感覚で学部を選ぶことはないでしょう（もちろん現在の学部にも満足していますが）。

＊担当：後期学部紹介　（養・3年　谷賢上）

東大生活も気がつくと3年目。折り返し地点を過ぎました。ご存知の通り、東大では前半の2年間を教養学部で過ごします。

途方もないスピードで刻一刻と変化していく現代社会。役に立つ物事やスキル以外不要とされる風潮を感じます。しかし、役に立つものばかり追い求めては根無草になってしまう。その意味で、自分の興味に素直に従い色々な分野に触れられる教養学部での2年間は魅力的な時間でした。

皆さんの中には、なぜこんな将来役に立つとは思えない勉強をする必要があるんだと感じている人もいるでしょう。でも、役に立つか分からないことの中に物事の本質が隠れているかもしれない。そう思うと単調でつまらなくなりがちな受験勉強が少しは面白くなるかもしれません。

＊担当：東大教員・東大生からの勉強アドバイス、駒場生活徹底解説　（工・3年　友清雄太）

訳も分からないまま東大に入学し、気が付けば学部生活の半分が終わりました。この大学にはまだまだ変わらなければいけない部分が山ほどありますが、それでも、いやだからこそ、この本を読んで「東大いいじゃん」と思ってくれたあなたの入学を待っています。この本が不安の大きい入試や大学生活の一助となってくれればそれほど嬉しいことはありません。東大を目指すあなたに常

に寄り添うメディアであるべく、これからも精進します。

＊担当：部活・サークル紹介

（育・3年　中野快紀）

賢くて立派な東大生を相手に取材すると一時的にあらゆることへのモチベーションが波打つのですが「記事執筆後にしよう」という思いがテトラポット役を果たしてくれます。

＊担当：東大生が描くスクラッチアート、東大卒業生に聞く国家公務員の仕事

（育・3年　藤田創世）

よく考えると僕自身も受験生だということに気が付きました。東大の大学院入試を受けるからです。果たしてこんな本の記事を書きながら勉強していて本番に間に合うのでしょうか。数学と物理の問題も解かないといけないし、それ以上に英語の勉強をやらないとまずい。高校生のころ一番苦手だった科目です。でも僕は2カ月前から中国語の勉強にハマってしまったのでそちらも勉強したい。あ、そういえば卒業研究もやらないと。やばい〜。

＊担当：東大教員・東大生からの勉強アドバイス、大学院生活紹介

（工・4年　上田朔）

携わって4年目のこのシリーズ、中には例年踏襲の企画もあり、慌ただしい編集作業の中この作業ちょっと前にもやったぞ（もう1年経ってますよ〜）ということもあるのですが、やはり東大や東大受験の「今」を、「今」を生きる人々の新鮮な声を届けたい。その時々によって制度やトレンドや世の中の状況は微妙に移り変わっていくし、こうして毎年新しい人を取り上げていくことで、少しでも多様な経験を受験生の皆様に届けることができるのは、とても有意義に思います。というわけで、この本を読み終わったら、バックナンバーも見てみるといいかも？　と宣伝をば。

＊担当：駒場生活徹底解説、推薦入試制度紹介

（文・4年　長廣美乃）

受験生活では自分の勉強をこまめに総括していくことが重要です。模試の数学で「分からない問題はすぐにパス！」なんてしなきゃよかったとか、時間のある夏休みに苦手なベクトル方程式を復習すればよかったとか、反省点をまとめるだけでも得点力を上げる助けになるでしょう。これは大学入学後も変わりません。時給をよく確認してアルバイトを始めればよかったという初歩的なことから、ゼミでの発言には○○の視点が欠けていたという学術的なことまで、日頃の反省で少しは失敗が減ります。

……という具合に偉そうなことを書いてみた私ですが、「東大新聞での活動を総括せよ」という問いには上手く答えられません。ひとまず「分からない問題はすぐにパス！」としておきます。（反省不足）

＊担当：一般入試紹介&2次試験当日シミュレーション、コラム

（1章チーフ　養・4年　尾方亮太）

締め切りの日の夜、なかなか進まない編集後記の執筆。たった400字程度なのに……。ついつい後回しにしていると日付をまたいで時刻は深夜の3時。ああ編集長、お許しを。

編集後記の執筆一つをとっても、受験生と時と比べて自分がいかに変わってしまったのかを痛感しています。あの時は脇目も振らず机に向かい、早寝早起きで学校に通っていました。本性は怠惰な人間で、受験生の自分が特別さえていたのか、それとも長引く引きこもり生活で自分が劣化してしまったのか、どちらかは分かりませんが（多分前者だと思いますが……）、とにかく思いもよらず受験生時代を懐かしんでいるのは事実です。

もっとも、社会に出たら、何だかんだ大学生の自分は立派だった、とこれまた痛感するのかもしれません。みなさんはそんな前方不注意の後ろ向きな人生にならないよう、お気を付けください。

＊担当：東大教員・東大生からの勉強アドバイス、部活・サークル紹介、進学選択制度紹介

（2章チーフ　法・3年　中村潤）

高校生時代、進学選択データや部活・サークル一覧、就職先一覧の表をひたすらみながら「東大に受かったらどこのサークルに入ろうか」「どこに進学しようか」「卒業したらどこに就職しようか」と取らぬ狸の皮算用に興じていたのが今となっては懐かしく感じます。実際のところ、あの頃思い描いていた通りには大学生活は進みそうにありませんが、それでも充実したキャンパスライフを送っております。

コロナ禍で東大生であっても満足に校舎に立ち入れない今日この頃。今後のコロナの流行状況によっては、受験生は入試本番を除けばキャンパスを見ることはできない、となってしまいます。あまり東大生の大学生活の様子がわからない中、この本が幾らかでも皆さんが東大を知る一助になれれば幸いです。

受験生の皆さんは、くれぐれも体調に気をつけて受験勉強に励んでください。コロナはもちろんのこと不安な点があれば、早いうちにお医者さんに診てもらいましょう。皆さんの幸運をお祈りしています。

＊担当：ＰＥＡＫ紹介、推薦入試制度紹介

（副編集長　理Ⅱ・2年　池見嘉納）

この本を作りたくて東大新聞に入りました。念願かない、副編集長として編集に携われてうれしかったです。しかし喜びに浸かっていたのも束の間。始まってみると、編集作業は想像以上に大変で……。私は主に校正を担当したのですが、毎週40ページほどのゲラに目を通し、修正箇所を一つ一つ探す作業は、本当に地道で根気のいる作業でした。

しかしそんな大変な編集作業を通じて、一つ気付いたことがあります。それは、この本が「東大に入るまでの本」ではないということ。編集作業中、久々に本シリーズを読みましたが、東大受験生でなくなってもこんなに面白く読めるのか！　と驚きました（高校時代は勉強法アドバイスなどをよく読んでいたけれど、今はインタビュー

や就活体験記の方が面白く感じるといった変化はありますが）。読むたびに違った面白さや楽しさを見いだせるなんて最強ですね。だから皆さん、受かったからってこの本捨てちゃ駄目ですよ。

*担当：東大生が描くスクラッチアート、東大教員・東大生からの勉強アドバイス、駒場生活徹底解説、アンケートでスクラッチ、コラム　（副編集長　文・3年　森永志歩）

本シリーズを受験生として読んでいた頃から早3年、東大での生活も（多分）折り返し地点を過ぎ、周りで「就活」や「院進」などのワード飛び交うようになりました。東大入学後は受験生当時思い描いていたよりずっと楽しく、濃密な時間を過ごせているように思います。もちろんずっと行きたかった留学も中止になったし、キャンパスにもあまり行けていないなどコロナで失われたものは多くありますが、今ある環境の中で何ができるか考え実行することが重要だよな、と本書の作成を通して改めて思いました。本書『東大2022　東大スクラッチブック』は東大受験本であるだけでなく、この時代に大学生活や受験生生活を送った東大生たちの「記録」でもあるといえます。

一方、ワクチン接種も進み、時代は次のステップに向かっているようです。本書もオンラインを主流としながらも、校正作業や一部取材では対面を取り入れながら作業を進めました。これを読んでいる受験生の皆さんが大学生活を送る頃にはコロナ時代にできた新しい大学の在り方と、コロナ前のようなキャンパスライフが混在しているかもしれませんね。これを読んだ皆さんの中で「東大良いかもな」と思ってくれた人がいたら、それ以上にうれしいことはありません。本書の中から使えそうなものを抜き出して、あなたなりの「スクラッチアート」を描く一助としてください。

300ページを超える本の編集長と決まった時には大きな壁に立ち向かっているような気分でしたが、いざ終わってみるともう終わっちゃったのかという少し寂しい気分でもあります。大変なことも多くあったはずですが、楽しかったなという思い出の方が勝ります。人間都合よく忘れるようにできていますね。徹夜で愚痴を聞いてくれた仲間や、所構わずパソコンを開き作業していた私に付き合ってくれた友人たちには感謝してもしきれません。

最後になりますがこの本は多くの方々のご協力の下成り立っています。デザインを担当してくださったタイプフェイス渡邊さん・清水さん、素晴らしい表紙イラストを描いてくださったタイプフェイスネリサさん、プロの視点でアドバイスをいただいた竹内さん、東大出版会の阿部さん、そして編成・取材執筆・校正作業にご協力いただいた編集部員の皆様に心よりお礼申し上げ、結びとさせていただきます。

*担当：梅本和義さんインタビュー、東大生が描くスクラッチアート、外国学校卒業学生特別選考紹介、オンライン授業のリアル、進学選択体験記、高専からの東大編入、コラム

（編集長　養・3年　米原有里）

東京大学新聞

ⓒ2021 東京大学新聞社

創刊は1920年

『東京大学新聞』は1920年創刊の『帝国大学新聞』を前身とし、『大学新聞』『東京大学学生新聞』と名称を変えつつ、61年以来『東京大学新聞』として発行を続けてまいりました。現存する大学新聞では最も長い歴史を誇ります。学内外の問題に広く関心を持ち、大学院進学や就職を真剣に考える東大生にとって欠かせない情報源となっています。

公益財団法人東京大学新聞社の経営には学内外の有識者からなる理事会（理事長＝川出良枝・法学政治学研究科教授）が当たっています。『東京大学新聞』の編集・発行は、全員東大生・東大院生から成る編集部がいかなる団体からも独立した編集権の下で担っています。

定期購読をどうぞ

『東京大学新聞』は1部ごとでも販売していますが、お得な定期購読をお勧めしています。お申込みいただいた方には、毎月ご自宅まで『東京大学新聞』を直接郵送しています。

定期購読をご希望の方は、以下の方法で年間購読料をお振り込みください。ご送金が確認でき次第、最新号からお送りいたします。

また、電子メール・電話にてお問い合わせいただくと、見本紙を送付いたします（お一人様1回限り）。東大関係者以外の一般の方のご購読も歓迎いたします。

◎郵便局にてお支払い…専用の払込取扱票（振込手数料無料）を送付いたしますので、ご希望の際は、電子メール・電話にてお問い合わせください。また、郵便局に備え付けの払込取扱票を使用され、弊社宛（00150－3－7754）でもお手続きいただけますが、その際の払込手数料はお客様ご負担となります。

◎オンラインショップ「BASE」にてお支払い…「BASE」の東京大学新聞専用ページ http://utmp.shopselect.net/ にアクセスしていただき、定期購読用のバナーからお手続きにお進みください。コンビニ決済・銀行振込・クレジットカード払い等がお選びいただけます。

電話　03（3811）3506
電子メール　post@utmp.org
年間購読料
1年契約（13回）予定7300円
2年契約（26回）予定14200円

次号『東大2023』
来夏発行予定
鋭意構想中!!

東大2022　東大スクラッチブック

2021年9月10日発行

企画・編集・発行　公益財団法人東京大学新聞社
東京都文京区本郷7-3-1東京大学構内
TEL 03-3811-3506　FAX 03-5684-2584

発　売　一般財団法人東京大学出版会
東京都目黒区駒場4-5-29
TEL 03-6407-1069　FAX 03-6407-1991

印刷・製本　大日本法令印刷株式会社

ISBN 978-4-13-001305-5　Printed in Japan　